江苏"道德发展智库"成果

江苏"2011 计划""公民道德与社会风尚协同创新中心"成果

"道德国情与道德哲学前沿"江苏高校优秀创新团队成果

江苏省高校优秀青年思想政治理论课教师"领航·扬帆"计划资助项目

江苏省"青蓝工程"资助项目

江苏省社会科学基金一般项目"以人民为中心的绿色发展思想研究"
（18ZXB001）中期成果

国家社会科学基金重大项目"现代伦理学诸理论形态研究"
（10AZX004）中期成果

国家社会科学基金青年项目"发展中国家的生态文明理论研究"
（12CZX066）中期成果

江苏省社会科学基金重大招标项目："江苏率先建成生态文明建设示范区研究"
（13ZD005）中期成果

南京林业大学思想政治理论课专项基金资助项目

南京林业大学研究生课程："马克思主义哲学与当代中国"
（课程代码：83401）培育计划项目

生态困境的道德哲学研究

牛庆燕 著

中国社会科学出版社

图书在版编目（CIP）数据

生态困境的道德哲学研究/牛庆燕著.—北京：中国社会科学出版社，2019.11
ISBN 978-7-5203-2265-2

Ⅰ.①生… Ⅱ.①牛… Ⅲ.①伦理学—研究 Ⅳ.①B82

中国版本图书馆 CIP 数据核字（2018）第 059644 号

出 版 人	赵剑英
责任编辑	张　林
特约编辑	周维富
责任校对	周晓东
责任印制	戴　宽
出　　版	中国社会科学出版社
社　　址	北京鼓楼西大街甲 158 号
邮　　编	100720
网　　址	http://www.csspw.cn
发 行 部	010-84083685
门 市 部	010-84029450
经　　销	新华书店及其他书店
印刷装订	北京君升印刷有限公司
版　　次	2019 年 11 月第 1 版
印　　次	2019 年 11 月第 1 次印刷
开　　本	710×1000　1/16
印　　张	21.25
插　　页	2
字　　数	306 千字
定　　价	118.00 元

凡购买中国社会科学出版社图书,如有质量问题请与本社营销中心联系调换
电话：010-84083683
版权所有　侵权必究

总　序

东南大学的伦理学科起步于20世纪80年代前期,由著名哲学家、伦理学家萧焜焘教授、王育殊教授创立,90年代初开始组建一支由青年博士构成的年轻的学科梯队,至90年代中期,这个团队基本实现了博士化。在学界前辈和各界朋友的关爱与支持下,东南大学的伦理学科得到了较大的发展。自20世纪末以来,我本人和我们团队的同仁一直在思考和探索一个问题:我们这个团队应当和可能为中国伦理学事业的发展作出怎样的贡献?换言之,东南大学的伦理学科应当形成和建立什么样的特色?我们很明白,没有特色的学术,其贡献总是有限的。2005年,我们的伦理学科被批准为"985工程"国家哲学社会科学创新基地,这个历史性的跃进推动了我们对这个问题的思考。经过认真讨论并向学界前辈和同仁求教,我们将自己的学科特色和学术贡献点定位于三个方面:道德哲学;科技伦理;重大应用。以道德哲学为第一建设方向的定位基于这样的认识:伦理学在一级学科上属于哲学,其研究及其成果必须具有充分的哲学基础和足够的哲学含量;当今中国伦理学和道德哲学的诸多理论和现实课题必须在道德哲学的层面探讨和解决。道德哲学研究立志并致力于道德哲学的一些重大乃至尖端性的理论课题的探讨。在这个被称为"后哲学"的时代,伦理学研究中这种对哲学的执著、眷念和回归,着实是一种"明知不可为而为之"之举,但我们坚信,它是我们这个时代稀缺的学术资源和学术努力。科技伦理的定位是依据我们这个团队的历史传统、东南大学的学科生态,以及对伦理道德发展的新前沿而作出的判断和谋划。东南大学最早的研究生培养方向就是"科学伦理学",当年我本人就在这个方向下学习和研究；而东南大学以科学技术为主体、文管艺医综合发展的学科生态，也使我们这些 90 年代初成长起来的"新生代"再次认识到，选择科技伦理为学科生长点是明智之举。如果说道德哲学与科技伦理的定位与我们的学科传统有关，那么，重大应用的定位就是基于对伦理学的现实本性以及为中国伦理道德建设作出贡献的愿望和抱负而作出的选择。定位"重大应用"而不是一般的"应用伦理学"，昭明我们在这方面有所为也有所不为，只是试图在伦理学应用的某些重大方面和重大领域进行我们的努力。基于以上定位，在"985 工程"建设中，我们决定进行系列研究并在长期积累的基础上严肃而审慎地推出以"东大伦理"为标识的学术成果。"东大伦理"取名于两种考虑：这些系列成果的作者主要是东南大学伦理学团队的成员，有的系列也包括东南大学培养的伦理学博士生的优秀博士论文；更深刻的原因是，我们希望并努力使这些成果具有某种特色，以为中国伦理学事业的发展作出自己的贡献。"东大伦理"由五个系列构成：道德哲学研究系列；科技伦理研究系列；重大应用研究系列；与以上三个结构相关的译著系列；还有以丛刊形式出现并在 20 世纪 90 年代已经创刊的《伦理研究》专辑系列，该丛刊同样围绕三大定位组稿和出版。"道德哲学系列"的基本结构是"两史一论"，即道德哲学基本理论；中国道德哲学；西方道德哲学。道德哲学理论的研究基础，不仅在概念上将"伦理"与"道德"相区分，而且从一定意义上将伦理学、道德哲学、道德形而上学相区分。这些区分某种意义上回归到德国古典哲学的传统，但它更深刻地与中国道德哲学传统相契合。在这个被宣布"哲学终结"的时代，深入而细致、精致而宏大的哲学研究反倒是必须而稀缺的，虽然那个"致广大、尽精微、综罗百代"的"朱熹气象"在中国几乎已经一去不返，但这并不代表我们今天的学术已经不再需要深刻、精致和宏大气魄。中国道德哲学史、西方道德哲学史研究的理念基础，是将道德哲学史当作"哲学的历史"，而不只是道德哲学"原始的历史""反省的历史"，它致力探索和发现中西方道德哲学传统中那些具有"永远的现实性"的精神内涵，并在哲学的层面进行中西方道德传统的对话与互释。专门史与通史，将是道德哲学史研究的两个基本纬度，马克思主义的历史辩证法是其灵魂与方法。"科技伦理系列"的学术风格与"道德哲学系列"相接并一致，它同样包括两个研究结构。第一个研究结构是科技道德哲学研究，它不是一般的科技伦理学，而是从哲学的层面、用哲学的方法进行科技伦理的理论建构和学术研究，故名之"科技道德哲学"而不是"科技伦理学"；第二个研究结构是当代科技前沿的伦理问题研究，如基因伦理研究、网络伦理研究、生命伦理研究等等。第一个结构的学术任务是理论建构，第二个结构的学术任务是问题探讨，由此形成理论研究与现实研究之间的互补与互动。"重大应用系列"以目前我作为首席专家的国家哲学社会科学重大招标课题和江苏省哲学社会科学重大委托课题为起步，以调查研究和对策研究为重点。目前我们正组织四个方面的大调查，即当今中国社会的伦理关系大调查；道德生活大调查；伦理—道德素质大调查；伦理—道德发展状况及其趋向大调查。我们的目标和任务，是努力了解和把握当今中国伦理道德的真实状况，在此基础上进行理论推进和理论创新，为中国伦理道德建设提出具有战略意义和创新意义的对策思路。这就是我们对"重大应用"的诠释和理解，今后我们将沿着这个方向走下去，并贡献出团队和个人的研究成果。"译著系列"、《伦理研究》丛刊，将围绕以上三个结构展开。我们试图进行的努力是：这两个系列将以学术交流，包括团队成员对国外著名大学、著名学术机构、著名学者的访问，以及高层次的国际国内学术会议为基础，以"我们正在做的事情"为主题和主线，由此凝聚自己的资源和努力。马克思曾经说过，历史只能提出自己能够完成的任务，因为任务的提出表明完成任务的条件已经具备或正在具备。也许，我们提出的是一个自己难以完成或不能完成的任务，因为我们完成任务的条件尤其是我本人和我们这支团队的学术资质方面的条件还远没有具备。我们期图通过漫漫兮求索乃至几代人的努力，建立起以道德哲学、科技伦理、重大应用为三原色的"东大伦理"的学术标识。这个计划所展示的，与其说是某些学术成果，不如说是我们这个团队的成员为中国伦理学事业贡献自己努力的抱负和愿望。我们无法预测结果，因为哲人罗素早就告诫，没有发生的事情是无法预料的，我们甚至没有足够的信心展望未来，我们唯一可以昭告和承诺的是：我们正在努力！我们将永远努力！

樊 浩

谨识于东南大学"舌在谷"

2007年2月11日

目 录

导言 生态困境与道德哲学 ……………………………………… (1)
    一 现代性视野下的生态困境及其伦理审视 ……………… (2)
    二 拯救生态困境的道德哲学视野 ………………………… (8)
    三 可能的创新、研究方法及思路 ………………………… (18)

上 篇

第一章 生态困境之"原罪" ……………………………………… (29)
  第一节 生态困境 …………………………………………… (30)
    一 "生态"与"生态困境" …………………………… (31)
    二 生态困境的三种样态 …………………………………… (33)
    三 自然生态系统的"退化"与人类自身的"退化" ……… (37)
  第二节 生态困境的历史轨迹 ……………………………… (39)
    一 生态困境之孕育与萌发 ………………………………… (40)
    二 生态困境之形成与激化 ………………………………… (41)
    三 审视与反思 ……………………………………………… (42)
  第三节 生态困境之"原罪" ………………………………… (44)
    一 走不出的怪圈:"丛林原则"与主体性悖谬 ………… (47)
    二 "类本质"意境的消解 ………………………………… (49)
    三 最后的救赎:"类"意识的深层觉醒与生命的自由之境 …… (57)

第二章　自然观与生态困境 (67)

第一节　人与自然关系的历史嬗变 (68)
一　"古朴和谐"与自然之"附魅" (69)
二　"冲突对抗"与自然之"祛魅" (74)
三　"共生和谐"与自然之"返魅" (79)

第二节　"自然观"与生态困境的道德哲学演绎 (87)
一　"自然为人立法" (87)
二　"人为自然立法" (97)
三　"人为自身立法" (104)
四　人与自然的伦理关系 (108)

第三节　马克思主义"自然观"的回归 (113)
一　人与自然关系的异化 (114)
二　劳动实践：必要的中介 (117)
三　"人与自然界的完成了的本质的统一" (120)
四　人与自然和谐共生的"自然观" (124)

第三章　科技观与生态困境 (130)

第一节　生态视阈中的"科技理性" (131)
一　"理性"与"科技理性" (132)
二　科技理性的生态价值 (137)

第二节　"科技理性"的生态悖论 (139)
一　科技异化的价值困惑 (139)
二　科技理性悖论的文化批判 (148)

第三节　"科技理性—生态理性"的合理"生态"体系 (153)
一　科技理性的合理性限度 (153)
二　生态理性的道德合法性 (155)
三　"科技理性"成为"生态理性" (158)

第四章　人性观与生态困境 (165)

第一节 对峙自然的人性发展轨迹 …………………………（166）
　一 上帝神性的"笼罩" ………………………………（167）
　二 凡人幸福的"关照" ………………………………（170）
　三 理性启蒙的"神话" ………………………………（173）
第二节 现代性中的人性危机与生态困境 …………………（177）
　一 生态视野下"人"的存在之维 ……………………（177）
　二 理性与价值整合的"人性"设计 …………………（181）
　三 现代性中的人性危机 ……………………………（183）
第三节 生态人格的重塑与"爱自然"的人性生成 …………（190）
　一 生态人格的重塑 …………………………………（191）
　二 "爱自然"的新人性观 ……………………………（193）

下　篇

第五章 "伦理—道德悖论" …………………………………（203）
第一节 问题的提出 …………………………………………（205）
　一 "伦理的实体与不道德的个体" …………………（205）
　二 隐匿的"道德风险" ………………………………（207）
第二节 必要的生态推进：个体—集体—实体 ……………（211）
　一 个体道德生活的悲剧 ……………………………（212）
　二 集体行动的困境 …………………………………（214）
　三 潜隐的"实体个人主义" …………………………（216）
第三节 可能的生态觉悟："伦理的实体"成为"道德的主体" …（221）
　一 生态视阈中的"道德主体" ………………………（222）
　二 从"伦理的实体"到"道德的主体" ………………（228）
　三 "伦理—道德"的生态觉悟 ………………………（231）

第六章 走出生态困境的伦理"冲动力" ……………………（234）
第一节 生态视域中的"伦理冲动" …………………………（234）

一 "冲动"与"伦理冲动" …………………………………………（235）
　　二 伦理冲动的"精神"：意志与情感 …………………………（238）
第二节 "伦理冲动"之情感形态 ……………………………………（241）
　　一 "伦理感" ………………………………………………………（242）
　　二 "道德感" ………………………………………………………（249）
第三节 伦理实体"冲动力的合理体系" ……………………………（254）
　　一 "以情摄理"的伦理合理性 …………………………………（255）
　　二 "冲动力的合理体系"与生态文明 …………………………（258）

第七章 生态世界"预定的和谐" ……………………………………（271）
第一节 伦理世界"预定的和谐" ……………………………………（274）
　　一 "真实"的精神世界 …………………………………………（274）
　　二 伦理世界"预定的和谐" ……………………………………（278）
第二节 道德世界"预定的和谐" ……………………………………（288）
　　一 "自身确定"的精神世界 ……………………………………（288）
　　二 道德世界"预定的和谐" ……………………………………（290）
第三节 走向"生态和谐" ……………………………………………（303）
　　一 从"冲突对立"到"生态和谐" ………………………………（304）
　　二 从"灰色危机"到"绿色生机" ………………………………（306）

结语 "启蒙之后的启蒙"与"觉悟之后的觉悟" ……………………（308）

参考文献 …………………………………………………………………（313）

后　记 ……………………………………………………………………（327）

导　言

生态困境与道德哲学

在人类文明由农业文明向工业文明迈进的历史进程中，人类对自然的征服和控制便取得了彻底的"胜利"，但是，这个"胜利"并没有把人类引向"伊甸园"，而是把人类拖入了空前的困境与危机之中。生态或环境问题的凸显似乎正在颠覆一个时代，同时也在缓慢地拉启着另一个时代的帷幕，因为，一方面，"生态"或"环境"的概念已经越来越脱离它们始源的事实性描述或价值中立的内涵而为新的时代所赋义，在生态困境难题日益显著的当前社会，回归一种"生态"或"和谐"的境界成为人们共同的渴望与企盼，于是，"生态"概念也便涵摄了一种鲜明的反思性与批判性的思想特质从而打上时代的印记，它们承载着人们的自责、悔恨、焦虑、困顿、愤怒和对生命和未来的深深的忧患；另一方面，它们也承继着人类新的价值预期，希望能够通过对生态困境根源的探寻以及经过痛彻的价值反省之后的自我拯救而开辟出新的生存通途。生态伦理学的发展带动了近现代以来"绿色思潮"的勃兴，如果说它起始于人类对自身生存命运的关注，那么重建人与自然的伦理关系，正视自人类产生之初便或隐或显伴随的"生态困境"难题，并努力寻求应对策略，便是整个人类的共同使命。

如果说，生态学从19世纪只适用于自然界，到20世纪中叶扩展到人类社会，代表着一种深刻的文明跃迁，那么，伦理学从传统只适用于调整人与人之间的关系，扩展到新的历史视野下关注人与自然的关系，则体现着时代忧患意识的觉醒和文化的进步。于是，一种关注人类和整个生态世界命运的全新的交叉学科——生态伦理学，伴随着时代脉搏的跳动跃然于世，它是一种崭新的生态智慧学科和全球性的生态觉悟，它从诞生之日起就有强烈的现实批判和价值关怀的意蕴，包含着对人类的责任、义务、伦理使命、生命安顿的真诚关切。它在现实性上起始于对人与自然的关系的反思，发端于对人类生存环境、对人类文明未来发展命运的关注，这种潜在于人类文明的胚胎之中经过漫长发展而回归的文明觉悟，从一开始就蕴含着极为深刻而普遍的哲学意义，是人类文明发展的辩证复归。由于人与自然的关系是人类文明的基础，因而人对自然的态度的变化、人与自然关系的重大调适以及从道德形上哲学的高度应对自然生态困境的努力，将不再仅仅局限于道德哲学家们的概念话语转换域界，它应当也必将成为整个人类伦理精神的价值自律，必然带来人类世界观、价值观和文化精神的深刻变革，也必会推动人类世界生态文明的进步。

一　现代性视野下的生态困境及其伦理审视

伴随着人类科技文明脚步的向前迈进，人类世界涌现出数不胜数的并令人欢欣鼓舞的现代科技成果，在控制理论、信息技术和相对论的综合研制开发基础之上，系统空间模拟技术、电子微观控制技术、基因克隆技术等高新技术成果相继呈现并潜移默化地渗透影响着当今世界。如果说，18世纪开始的工业革命使机器生产代替了手工操作，使人类社会进入了一个崭新的"机器时代"，那么，20世纪的电子信息技术革命则以历史前沿的高端科技的面貌作用于整个世界，把人类社会带入一个快速便捷的"数字化时代"，不仅极大地提升了社会生产力水平，而且创造出不计其数的物质财富，人类在现代化的轨道上真真切切地体验着高科技带给世界的恩惠，科技发展、经济繁荣与文明进步是人类对历史未来发展的预期展望。然而，人类社会发展和繁荣的背后却潜隐并伴随着严峻的生态困境，自恃"理性"的人类运用科技的利器向自然开战，以一种近乎疯狂的贪婪欲和占有欲片面追求社会物质财富，经济的单边发展势必引发蔓延全球的生态困境乃至不可逆性的生态危机，大气污染、土壤沙化、臭氧层的耗损与破坏、全球气候变暖、淡水资源短缺、生物多样性减少、森林锐减、能源匮乏、环境公害持续出现等严峻的形势已向人类敲响了生态危机的警钟,生态难题的凸显不仅触动了整个人类生存和发展的"底线",甚至把人类赖以生存的整个生态系统推到了濒临灭绝的边缘。痛定思痛,具有理性意识能动性的人类开始警醒并反思人的生存状态。直面环境污染、资源短缺与生态失衡问题,不能仅仅依赖法律和经济手段,还必须同时诉诸伦理信念以唤起人们的醒悟和良知,这样才能使环境保护运动从幼稚走向成熟,从强制走向自觉。

　　面对日益严峻的生态困境,美国学者蕾切尔·卡逊以一本"绿色"图书《寂静的春天》震撼了整个世界,它向我们揭示了当代人类在工业化发展过程中所面临的环境难题和生态危机,昭示了20世纪中叶以后逐渐显露出的人与自然关系的总体性危机,"控制自然这个词是一个妄自尊大的想象产物,是当生物学和哲学还处于低级幼稚阶段时的产物",[1] 这是对人类幼稚行为的理性警告,是为唤醒人类环境危机意识的深层表达,此书震惊了包括美国在内的多个国家,随即掀起了一场世界范围内的对环境问题的讨论和关注,并开启了一系列为应对生态困境而开展的环境保护运动。为应对威胁人类生存底线的全球性的生态困境难题,许多国家和政府从人口增长、技术行为、经济政策和法律规则层面等各个视角寻求解决良策,探究生态困境根源,虽然经过意识深层警醒的人类已经意识到了这一严峻的时代困境,但是从外部措施的视角阐释困境并寻求根源却不是消解危机的根本途径。伴随着20世纪后半叶环境保护运动的深入进行,人们逐渐意识到,生态困境的解读审视及其根源的探寻最终必将落实于行动背后的文化价值观念,生态困境在一定程度上是人与自然关系的困境,是人类在运用理性意识能力认识自然过程中的价值意义世界失衡的表现,从而必然带来人与自然生态世界的外部困境乃至不可逆性的生态危机。

---

[1] [美]蕾切尔·卡逊:《寂静的春天》,吕瑞兰、李长生译,吉林人民出版社1997年版,第263页。

20世纪中叶以来，为回应和辩答这一全球性的生态困境难题，人类伦理思维的触角极大地向前延伸了，生态伦理，历经了近半个世纪的沧桑岁月，由孤寂而愈益受到关注，由理论舞台的边缘而逐渐走向中心，这一切无不标志着人类伦理思想的一次新的转折。它从文化的深层视野关注生态问题，探寻最适合人"类"生存与生活同时也最适合自然生态系统永续存在的伦理方式，这不仅是人类生态实践的迫切要求，同时也是时代发展的必然趋向。生态伦理的发展突破了单纯注解和延续传统伦理思想的文化模式，第一次把伦理道德的范围从人与人的关系扩展到人与自然的关系，引导人们以崭新的视角来审视人与自然的关系以及人与自然关系背后的人与人的关系，倡导人类运用自身的理性和能动性，遵循自然规律，恢复生态平衡，在维护生态系统稳定与繁荣的基础上建设人与自然和谐共生的生态文明，一定程度上标志着人类在对自身存在的价值和意义方面开拓了一个全新的思维方向和研究领域。从人际伦理到生态伦理观念的拓展是人类伦理思想史上的革命，其道德关怀对象范围的不断扩展标志着人类伦理文化观念的革新，它着眼于人类文明甚至整个宇宙世界的普遍进化，在人类漫长的演化发展史上，必将经历这样一个逐步摆脱种族歧视—性别歧视—物种歧视枷锁的思想价值观念的境界提升过程。一个多世纪以前，进步人士为解放奴隶、争取人权而斗争，一个多世纪后的今天，生态主义者为解放自然、实现生态和谐而奔走呼号。

在生态伦理的理论视阈中，对于生态困境根源的探寻、对人类生存意义的终极价值关怀的关注以及对人类生存困境的伦理隐忧的关切，以非人类中心主义对人类中心主义的质疑和批判为突出表现，认为肇始当前生态困境的人类中心主义及其"征服自然"的理性意识是当前困境的深层思想理论根源，"人类中心主义在许多涉及所谓生态危机的文章中是个贬义词"，[①] 生态伦理的合理性的论证主要建基于对人类中心主义的文化批判之上。人类中心主义的最早明确表述源于古希腊哲学家普

---

① ［美］W. H. 默迪：《一种现代的人类中心主义》，《哲学译丛》1999 年第 2 期。

罗泰戈拉的"人是万物的尺度",它把人的主体地位凸显出来,此后伯里克利延续此论断,明确指出"人是第一重要",公元前1世纪,犹太教、基督教的"上帝创世说"从理论的深层侧面再次印证了一种思想上对于人的主宰地位的认同,宗教世界观使上帝成为世界的主宰的同时也使人类在上帝的特别关照下被赋予了地球的看护者和管理者的独特地位,公元2世纪,天文学家托勒密的"地球宇宙中心说"再次给予人类以宇宙中心的体系证明,到了文艺复兴时期,人类中心主义逐步形成自身完整的理论体系,表现为诺顿(Bryan G. Norton)的弱的人类中心主义、帕斯莫尔(J. Passmore)的开明的人类中心主义以及默迪(W. H. Murdy)的现代人类中心主义,认为人是万物的尺度,道德只是调节人与人之间关系的规范,人的需要和利益的满足与实现是道德原则的唯一相关因素,人是唯一的道德代理人(moral agent),也是唯一的道德顾客(moral patient),只有人才有资格获得道德关怀,人是唯一具有内在价值的存在物,其他存在物质只具有工具价值,即使承认自然的内在价值也只是人的评价系统发挥作用的结果,而不是自然本身固有的"内在价值",由此把人类身处其中的自然生境绝对化为自己的能量摄取地,从而便为对自然的功利性的疯狂攫取提供了理论上的价值辩护,在此价值观念指导之下,培根的"知识就是力量"将人类中心主义由理论推向实践,经过法国哲学家笛卡尔的"二元论"的机械强化,人类中心主义作为一种主宰世界的世界观、价值观以及一种既定思维方式便开始潜移默化地熏陶渗透于人类的生产与生活实践过程,甚至一度成为时代发展的"价值坐标"。

基于对人类面临的现实的生态困境的忧思,生态中心主义"对一切人类中心主义框架下的理论和决定保持警惕",在漫长的历史发展过程中,非人类中心主义历经哲学伦理学以及文化价值观层面上的辩证融合,逐渐形成由浅入深的生态伦理派别:包括以辛格(P. Singer)和雷根(T. Regen)为代表的动物解放/权力论、以史怀泽(A. Schweitzer)的"敬畏生命"和保尔·泰勒(P. Taylor)的"尊重大自然"为表征的生物中心论,尤其是以阿尔多·利奥波德(A. Leopold)的"大地伦理学"、阿伦·奈斯（Arne Naess）的"深层生态学"和罗尔斯顿（H. Rolston）的"自然价值论"为代表的生态中心论，其影响辐射面覆盖整个生态伦理领域，并逐渐发展成为现代西方环境运动的一种主流意识形态。它们针对人类中心主义自身的理论弊端分别提出了积极的应对策略，从人类自然观、价值观、伦理观的理论思维层面和生态实践层面以及制度层面进行了一定深度的理论原则探寻，从而在理论价值观的意义上为人类重新认识和处理人与自然之间的关系以及重新审视近代工业文明成果和人类生存方式，提出了一种以促进人与人、人与自然、人与社会、人与自身的"生态和谐"为旨归的文化伦理价值观念，这是生态中心主义面对当前日益严峻的生态难题对困境根源的理论探寻，同时也是生态伦理自身的理论旨趣所在。在生态中心视野的关注下，伦理学的权利、价值、义务的概念范围突破了原来的伦理框架向前发展，在权利问题上，它打破了物种的局限，认为自然同样享有生存和发展的权利，理应受到人类的生态尊重，认为非人类存在物不仅具有相对人类而言的工具价值、使用价值，更重要的是因占据生态自然系统各自相互不可替代的"生态位"而拥有本身固有的内在价值和系统价值，于是，在人类履行环境义务方面，因所有生命权利的等同而要求人类必须善待一切自然存在，由此，"过去的伦理学是不完整的，因为它认为伦理只涉及人对人的行为。实际上，伦理与人对所有存在于他的范围之内的生命的行为有关，只有当人认为所有生命，包括人的生命和一切生物的生命都神圣的，他才是伦理的"。[①]"只有体验到对一切生命负有无限责任的伦理才有思想根据。"[②] 所以，生态伦理应当是一种走出"中心"的整体主义大伦理观，这是一种人与自然一体相依的"整体思维"和"绿色思维"。

因为，从根本上说，人类是整体自然生态系统的内部要素，人类作

[①] 王正平等：《现代伦理学》，中国社会科学出版社2001年版，第347页。
[②] ［法］阿尔贝特·史怀泽：《敬畏生命》，陈泽环译，上海社会科学院出版社1995年版，第9页。

为自然之子，首先是一种自然存在，人与自然二者具有内部同一性，人类依靠自身理性的力量可以能动地改变自然却不能脱离自然而孤立存在，所以，人能够超越自身却永远不能够超越自然本身，只有在有意识地维护自然的和谐与稳定的前提下才能够确保人类自身的永续与繁荣，人与自然生态系统的整体稳定运行有利于维护地球生物圈的完整、稳定和美丽，这是人类社会与自然生态系统和谐运行本身的内在目的和应有之义。所以，在一定意义上说，生态伦理是一种基于人与自然和谐一体的文化伦理理念和哲学形上了悟，是人类在经过痛彻的自我反省之后的"自我发现"，是对拯救生态危机并探求可持续发展的深切的人文忧患，是一种对客观自然规律科学认知基础之上产生的谦恭和敬畏的伦理心态，是"真"与"善"相伴而行的伦理使命和伦理责任。它站在"全球视野"的文化高度关注整体的生态难题，力图融合整个国际社会的意志和道德行为，从而共同面对和处理人类世界的生态困境，寻求一种"诗意栖居"的绿色文明生活境界，它既是人类道德意识形态的完善和进步，更是地球文明形态的进展和飞跃，是整体人"类"共同的伦理价值诉求，虽然在国际政治文化发展纷繁复杂的今天，这种愿望带有理想化的色彩，但是，毕竟这是一种努力方向。

生态伦理是应对生态困境的理论突破口，它是作为"类"的人的道德关怀范围的扩展，是人类对包括自身在内的自然生境、社会以及物种自然界的系统完整的道德关怀，更是人类对整体自然生态系统的道德意识的觉醒和自身意识形态的进一步完善，在传统人际伦理的文化背景下开拓生态伦理的崭新视野，要求人类应当在文化价值观念的深层重新检讨和审视自身，自恃"理性"的强大而认为人类可以无往而不胜，实际上是犯了非常幼稚而可笑的错误。生态困境下的人类的道德认知层面的"自然观""科技观"以及"人性观"都存在一定的理论误区，人源于自然并与自然一体相依，人类既是一种自然存在也是一种社会存在，居于自然与社会联结枢纽之上的人类应当进行一种全新的价值判断和意义思考，站在狭隘的人类中心立场难以真正对自然生态系统引发一种由内而外的热爱、尊重与敬畏情感，人类只有依靠生态道德意识的觉醒，动员情感的"道德冲动"力量，基于"类本质"的人性"普遍物"，用真心、伦理精神和道德思维去培养对自然的"爱"的情感，关爱自然万物，真诚关注作为整体的生态系统和生态困境难题，进行道德哲学形上高度的价值了悟和统摄性的生态把握，为当前的一系列生态难题的解决提供方法论的指导和探究，如此，不仅是关爱人类自身的情感影射，而且是应对资源短缺、环境污染和生态失衡等生态难题的可能的有效之途。

二 拯救生态困境的道德哲学视野

当前社会，人类在解决了经济学意义上的生存问题的同时却陷入了生态学意义上的生态困境，甚至引发了深层意义的生存危机。对于生态困境难题，生态伦理学界已经在详尽考察生态困境问题的发生和发展过程的基础上进行了一系列的详尽论证，指出了生态困境问题的重要性和紧迫性，并针对当今引发生态困境的根源问题进行了不同层面的理论探究，为生态困境问题的解决提出了一系列的应对策略和行动方案。学术界许多观点认为是由于经济和技术不够发达以及国际经济政治关系的不平衡和社会的非正义导致生态困境，解决生态问题的关键是发展、合作和公正，呼唤环境正义，当然，这是一种合理并可期盼的困境解决之道，应当说此种理论研究具有极其重要的理论价值和实践意义。然而，如果仅仅诉诸公正的秩序和进行制度的重建只能努力造就社会的和谐有序，并且总体上看，即使在这一维度上的研究也缺乏系统和深入的论述，这些研究大多或者局限于从外部环境诉诸社会结构、社会体制以及社会关系问题来寻求拯救生态困境的实践依托，或者囿于生态伦理学的理论框架从人类中心主义与非人类中心主义争论对立的焦点"自然内在价值"问题上展开难解难分的争论，为应对生态困境寻找理论依据，或者仅仅从生态困境现状的表面诉诸灌输式的环境伦理教育方式强化生态道德规范与行动原则，又或者突出对生态困境问题的实证性研究，即使有些研究对生态困境根源问题展开一定程度的探究，但也流于浅层的表面论述，或者散见于对其他问题的研究之中，缺乏系统、全面、专门及深层的道德哲学层面上的挖掘阐发,并且如果仅仅把生态困境难题的产生归于客观性的社会、经济与文化后果,便极易把人类自身排除在生态危机乃至文明危机之外,甚至直接消解人的道德责任意识与伦理使命。道德形而上学的缺位,往往使对于"生态困境"根源的探究停留于感性经验的诉求与生活世界的表面分析,最终因缺乏基本概念和价值的有机体系的托载与统摄而"碎片化"。

把生态困境问题的研究置于道德哲学的框架下来把握,一方面能够为此问题的探讨提供形上高度的统摄,这本身是"哲学"的内在使命;另一方面能够把对生态困境根源的探寻建构在人的价值体悟与内在思想观念层面,这本身又是深层的"道德"探究范畴,如此,从道德哲学的形上高度研究生态困境根源,便为探讨历史深层的现实紧迫问题,一方面提供了哲学的托载和统摄,另一方面又承继人类社会经过漫长的历史发展而积淀下来的宝贵的价值思想和伦理资源,道德哲学视角的生态研究和把握从一定程度上来说具有历史紧迫性和实践必要性。

在现实的道德生活和道德哲学体系中,在精神哲学层面对生态困境问题进行深层的透视是重要的形上课题,以一种严肃而精致的学术态度进行把握,可以分别从"理论的态度"和"实践的态度"的视角展开论述。实践"冲动"是"意志论"的核心范畴,"伦理精神至少有两种形态,思维形态或认知形态的伦理;冲动形态的伦理"。[①] 所以,认知和冲动构成了伦理的两种形态,即道德哲学体系是内在地包含认知形态的伦理与冲动形态的伦理辩证一体的有机生态系统。对此两种形态的区分最初导源于康德的《实践理性批判》,他认为:"心灵有两个能力,即认识能力和欲求能力的先天原则从现在起就被查明了,它们应用的条件、范围和界限也就得到了规定,不过,稳固的基础也因此为作为科学

---

① 樊浩:《道德形而上学体系的精神哲学基础》,中国社会科学出版社2006年版,第271页。

的、成体系的理论哲学和实践哲学奠立起来了。"① 即认知能力与欲求能力的区分构成了理论哲学与实践哲学的基本形态底蕴。在黑格尔那里,理论进一步向前发展,黑格尔在其《法哲学原理》中指出,"法的基地一般说来是精神的东西,它的确定的地位和出发点是意志",② 而"精神一般说来就是思维,人之异于动物就因为他有思维",这里,思维和意志并不是精神的两种不同的官能,"意志不过是特殊的思维方式,即把自己转变为定在的那种思维,作为达到定在的冲动的那种思维",即意志是冲动形态的特殊思维方式,它隐含着把思维实现出来转化为定在的冲动力量,所以,"思维和意志的区别无非就是理论态度和实践态度的区别",③ 这里,黑格尔的"理论态度"和"实践态度"的区分以及上面提到的康德的"认知能力"与"欲求能力"的辨别共同为理论哲学与实践哲学的概念区分划定了基础,然而,现代完整的道德哲学体系应当通过哲学的回归和把握来谋求两种能力和两种态度的辩证一体,因为,伦理道德的基地是理性,但又不能停滞于理性;理性必须走向行动,但尚未到达行动,理性、行动以及理性向行动的过渡必然归于一个完整过程而不可分离,理论态度最终必然指向实践外化的定在过程,共同的终极归宿潜隐着道德哲学体系对以上诸过程的包容和涵盖,即认知与欲求、理论态度和实践态度具有天然的内在一致性。在理论源头上对中西方传统道德哲学体系与规范进行辩证回归与比较,便会发现其二者存在一种天然的内在相通性,西方文化的"认知"与"欲求"恰恰对应于中国传统道德哲学的"知"与"行",排除外在不同的文化背景和人性设计,应当说,二者在道德形上哲学的高度上存在某种"通合",而认知结构与欲求结构的统一同时印证了中国传统道德哲学的"知行合一",由知向行的转化,或者说哲学形态上实现由理性走向行为的过程,需要一个必要的过渡和中介,即诉诸生命直觉的"伦理

---

① [德] 康德:《实践理性批判》,韩水法译,商务印书馆2003年版,第9—10页。
② [德] 黑格尔:《法哲学原理》,范扬、张企泰译,商务印书馆1996年版,第10页。
③ 同上书,第12页。

冲动"，由此，本书围绕生态困境根源问题着重进行"理论的态度"的研究，以及作为向实践形态的伦理过渡和转化的"实践的态度"的考证。

从道德哲学的形上视角关注生态困境问题，目前的学术界基本处于个别的论断以及一般意义上的关注和呼吁层面，缺乏系统整体以及实质性的认识和总体把握，难以形成一种整体的认知和前瞻性的思考，然而，对生态困境的现实问题唯有进行一种哲学高度的深刻剖析和全面理解，才是真正把握困境根源的关键所在，才是应对难题的理论上的真正突破口，体现生态伦理研究在道德哲学的高度所应有的理论价值和实践效应。由此，对当前现实生态困境问题的研究，其道德认知方面的不足居于精神哲学分析框架中的"理论的态度"，而道德哲学中的意志、实践与行为方面的缺憾则是居于人的精神欲求的"实践的态度"，如此，对于当前紧迫的生态困境根源的具体问题的关注便具有认知形态的伦理与冲动形态的伦理两种研究形态，或者说，道德认知、认识、理性、实践与行为分别构成了对生态困境问题进行研究的"理论的态度"与"实践的态度"，而二者恰恰构成了道德形上哲学的完整形态，本书主要立足于此研究视角展开对生态困境根源问题的具体探讨。分别在"理论的态度"和"实践的态度"的层面追踪生态难题，应当首先确定何谓"生态困境"？何种"生态困境"？走出生态困境的理念根基在何处？又当以何种认识视野反观造成困境的道德哲学根源？理论走向实践又将遭遇何种生态实践困境？在道德哲学的形上视野如何确定走出困境的理论归宿，实现精神价值世界与生态自然世界"和谐"的辩证复归？

（一）生态困境

"生态"与"生态学"的概念是伴随着20世纪西方环境问题的呈现而被一部分理论学家提出的，"生态"的概念本身便含有对"困境"难题的忧虑、反思与合理应对的内涵，近年来，"生态"一词已经突破了原有的"生态学"的界限而推扩到许多交叉学科形成的"价值"领域，已经不单纯是"生物的居留场所"和"生命的存在状态"，更是一种"生存姿态"和"生活样态"，或者说是一种自得完满的"和谐"之境，如政治生态、经济生态、社会生态以及价值生态。在自然生命系统的层面考虑，"生态困境"主要是由于人类在不合理的文化价值观念的指导下开发利用自然所引发的生态难题，是生态系统结构失调、环境污染、能源短缺乃至生命保障系统崩溃瓦解的外部自然生态困境乃至"生态危机"，那么，从"生态"概念的广义层面来讲，"生态困境"还是内部人格生态困境以至"精神危机"，而后者是生态环境恶化的深层根源，对此不加以认真审慎的反思与警醒，势必引发潜在于人类文明深处的价值生态链条的扭曲与断裂，带来不可逆性的文化困境甚至是"文明困境"，而这又将会演化成为一场真正意义上的"文明危机"。由此，自然生态困境不仅是自然生态系统的退化，更是人类自身的退化，在"丛林原则"的支配下必然发生人类主体性的悖谬和"自由"的悖论，即人被重新沦为一种"工具性"的存在，在追寻"自由"的生命历程中把自身置于"不自由"的境地，这是对人的"类本质"的遗忘和生命的自由之境的消解，从而引发人与自然、人与社会、人与人、人与自身的矛盾和生命冲突。所以，探寻生态困境的根源，应当着眼于人类的精神价值理念，建构内部人格生态的平衡。

（二）"精神自由"与"解放"

在黑格尔的理念中，真正的意志"自由"是以"解放"的姿态实现的，外在自然与社会控制下的"解放"和内在物性情欲束缚下的"解放"构成了完整的人"类"自由的实现过程，是伦理精神"自由"与道德精神"自由"的辩证复归。在启蒙所塑造的现代社会中，人类希求从混沌的自然束缚中和盲目必然性下解放出来，即从动物式本能和各种蒙昧、野蛮状态下"挣脱"出来，通过人类改造自然的能力的加强，似乎正在向"文明人"迈进，从异己的物化状态和身外之物的"羁绊"中走出来，然而，要获得精神自由的"解放"，摆脱内在的情欲束缚，需要以"类本质"的精神价值理念规范生物本能的生命冲动。人类区别于动物的高明之处，在于不仅拥有一般的"生物进化"系统，而且因人类独特的自我意识反思性、能动创造性与文字语言交往性而创造了属于人类自身的"文化进化"系统，人之为人，恰恰在于源于文化进化所拥有的根本区别于动物本能式生存方式的"类本质",这种特殊的文化进化方式使人作为一个"类"的整体从动物本能世界中超拔和提升出来,人的存在的本真价值被赋予文化属性的"类本质"的内涵而真正凸显,因而,人类能够以伦理和道德的生命力量体现"类本质",使个体内在的生命秩序在道德价值的引导下与社会生活秩序相契合,规范引导人类摆脱不合理的物质欲求,追求富有道德价值和生命意义的合理"得"到,体现超越于自然物种本能式生存的"类"本质和"类"的生存方式。然而,现代性遮蔽了人的道德认知,在改造自然的生态实践行动中,人类的"文化进化"过程出现偏颇和错位,拥有强大的文明和文化进化成果的人类却在履行动物本能式的生存职能。寻归"精神自由"的理念,尝试分析探究不可逆性的生态危机之前的自然生态困境的"理论的态度"根源,应当从人类自身分析开始,确切地说,是人类世界观和价值观的偏颇导致人类精神意义世界的失落。

(三)理论的态度

追踪造成"生态困境"的"理论的态度"根源,应当考虑需要回到"原点",即"究天人之际",自人类社会产生以来,人类便无时无刻不在进行着与自然"打交道"的活动,随着人类意识和自我意识的"萌发",便产生了认识自然、改造自然的各种思想价值观念和认知指导理念,即"自然观"。探寻人与自然的关系,主客一体的原始思维模式塑造了人与自然在远古文明时期的古朴和谐关系,囿于时代的局限,建基于"主客一体"的经验直觉思维基础上的生态理念具有直观混沌的总体特性,并缺乏对自然规律的科学体认以及过多地强调了人对自然的先天依附性,人类的意识与自我意识被自然强大的威慑力所掩盖,自然被赋予生命和灵魂,具有无限的神性和灵性,掌控和驾驭着自然生命世界的一切,人类在自然面前只能遵循和顶礼膜拜,此时,自然之"魅"是原初直观混沌的极致状态,这是特定时代"自然观"的生态印记。当人类文明步入一个新的历史时空,近代自然科学的进步和社会经济文化的发展使指导人类实践活动的道德认知理念发生了变化,主客二分的工具论和认识论思维模式导致了"天人相分"的机械论自然观,即工业文明时代人与自然激烈的冲突与对抗，在否定自然的实践行动中实际上又在不断地否定人类自身，"天人相分"的自然观促使了人类对自然掠夺和征服的实践活动，是人类本性异化的展现。因而，不应当是"人为自然立法"，而应当向内追索，使"人为自身立法"，在"主客一体"的思维理念下，建构"本体论—认识论—价值论"有机契合的系统生态"自然观"，唯有如此，人类才经历"自卑""自负"之后真正开始"自省"。并且，回归马克思主义"自然观"视域，在精神文化追求的基础上探寻"自然观"之"实践—认识—审美"链条的辩证契合是现代性视野下直面困境、走向和谐的可能路径。

"自然观"之历史变迁受制于人类改造自然、利用自然的力量的强弱变化，人类运用科技理性的力量向自然开战，曾一定程度上促进了物质财富的累积，然而，生态理性与价值理性的"缺位"却使科技理性的发展偏离了预定的"轨道"，科技理性已从实现人类生命自由和解放的工具变为奴役人和统治人的工具，科技"异化"了，人类沦为技术的奴隶，使自然沦为对象化的工具，人与自然的关系支离破碎、人与人之间的关系疏离瓦解，这就是"科技观"的歧途所引发的生态困境难题。对现代性视野下的生态困境进行"科技理性"反思，应当重新确立科技理性在人与自然和人与人之间的价值定位，在生态理性和伦理精神的信念支撑下，超越功利主义科技观与理性主义科技观，凸显科技理性内蕴的价值含义，注重科技理性应用的社会效应，对人类与整体生命自然世界进行总体的生态把握与关注，直面科技理性的膨胀所带来的人类的生存困境和生态难题，应当如何应对？那就是"生态理性"！生态理性是在系统有机的思维范式指导下所构建的科学理性、生态理念与价值关怀，"科技理性"在其诞生之初就带有人性关怀的价值因子，因此二者应当能够融会相通、辩证契合，经过具体的生态实践运作并保持适度的"张力"后，能够实现理性的"觉醒"，使"科技理性"成为"生态理性"，建构"科技理性—生态理性"辩证融合的合理生态体系。

科技理性对自然的"祛魅"曾一度带来了全球生态的恶化与人的

异化，在物欲追求和消费享乐面前，人的生存意义逐渐单面化，人在自然面前不再具有神圣性的敬畏感，失去了对生存家园眷恋和依赖的道德情感，由此带来人与自然关系的断裂，因此，在高技术时代，应当继续"寻找人性的意义"，人性确证的密码或许永远无法破译，但是人类认识自己的努力从未止息，从道德哲学的高度进行人性价值论的探求并建构符合生态文明发展的自然人性论是可能的理论努力方向。现代性下先进的科技理性手段曾经扩展了人们的交往空间、增强了交往频率并缩短了交往距离，但是人们却产生了前所未有的孤独感，在体制化的科技成果背后，人们遭受着"自由"的悖论，于是，自我生命存在的意义丧失，人的精神价值意义失落，现代性将人的"欲望"高度膨胀并合理化为人的生命本质，于是，人类被主观情欲所支配，并一度成为"欲望"的奴隶，精神失落的背后折射出"人性观"的偏差，从而成为引发生态困境的深层价值根源。不同的历史视野呈现出不同的人性观，无论把人类看作上帝神性关照的至上存在或者看作追求感官快乐和欲望满足的简单动物，都具有统治自然、掠夺自然的人性倾向，超越于自在的"生物自然人""理性经济人"的存在维度之后，应当寻求自觉追求和维护人与自然和谐发展的"道德生态人"，在生态道德理性和生态伦理精神的支撑下，自觉遵循自然生态规律，恢复人与自然关系的和谐之境。在理性主义人性论大行其道的当前社会，当人性的发展陷入困境并引发日益严峻的生态困境的时代背景下，应当进行理性与人文价值整合的人性设计，因为人类在现代性视野下已经遭遇必将继续遭遇生命终极价值实体"渐逝"的难题，历经启蒙运动之后的"上帝之死"，必将伴随而来的是"人之死"与"自然之死"，人不仅是社会之子，在生命的源头上考察，人更应当是自然之子，并且对自然抱有深深的眷顾之情与依恋之情，人性深层似乎应当重建精神理念的终极实体，那就是生命自然，从而能够得以形成关爱生命、热爱自然的新人性观，走出困境。

如此，在认知论层面对生态困境问题进行由外向内逐层深化的理论阐释与溯源，通过对人与自然关系、人类生存的外部生态环境的觉悟，透过生态道德哲学的了悟，不仅启示人们能够重新建构自然生态的平衡，更重要、更深层次的企望在于能够为唤醒人类价值理性和人文精神的生态觉悟尽一分微薄之力，能够重新建构人的精神生态、人格生态的平衡，应对自然生态困境，避免走上生态危机的不归之路。

（四）集体行动的难题

"由本体向认识、由认识向价值、由价值向行为过渡，是道德哲学体系必须探讨和建构的历史与逻辑过程。"① 因此，从自然观、科技观、人性观的"理论的态度"对"生态困境"根源问题进行探讨后，"理论的态度"进一步向"实践的态度"过渡。如果说，道德认识理念的"误区"能够影响生态实践行为，并与自然相冲突，造就实践的困境，那么，在科学合理的道德认识理念的引导下去进行生态实践行为，同样会遭遇生态自然世界中的实践困惑，这是绕不开的实践难题，并且是潜隐的需要加以严肃对待的实践难题，即集体行动的难题。由于目前学术界对生态困境根源问题的研究多注重"原子式的探讨"，一般局限于社会对个体的生态道德要求，或诉诸环境伦理教育对个人的伦理规约，或强调生态伦理规范，忽略了生态伦理世界中作为"整个的个体"的伦理实体的行动诉求，不能通过对当前生态困境问题的探讨揭示作为整体的深层的"意义世界的危机"、集体危机与社会危机，针对生态困境乃至生态危机的直接深层诱因，即最大的实践行动的难题"伦理的实体与不道德的个体"的"集体堕落"悖论不能提供深层道德形而上的合理解读，对生态困境的根源认识流于不彻底的浅层剖析。所以，对当今日益恶化的自然生态困境而言，单纯借助"原子式"的探讨，从社会外部体制、规章制度层面探寻困境根源以期解决难题还远远不够，还必须打破本体论研究范式，采用生态实体式的研究方法，进一步从道德哲学的实践冲动形态层面直面并化解生态伦理实践困境的最大的伦理难题即集体行动无意识的"伦理—道德悖论"。超越道德哲学的意识认知，不难发现，在充满竞争性和功利性的契约社会中，个体对自身和社会往

---

① 樊浩：《道德形而上学体系的精神哲学基础》，中国社会科学出版社2006年版，第270页。

往产生认同危机,从而造就"原子化"的世界,带来实践困惑,但是,真正灾难性和全球性的"生态困境"问题的呈现往往并不是任何个人力量使然,而恰恰是集体或实体的"造化",在具体的生态自然世界,作为"整个的个体"的集体或实体似乎应当是"单一物"与"普遍物"相统一的"至善"整体,原则上应当是"道德的个体",从而"理所当然"地逃逸于道德审判的舞台,当脱离了"类本质"的精神价值引领,一旦充分张扬"个体"的本能欲望,后果将不可预知,当"伦理的实体"成为"不道德的个体"时,必定会造成"伦理实体"与"伦理实体"、集体与集体的利益博弈,造成现时代不得不需要加以警醒和反思的实践难题。通过诉诸作为"整个的个体"的伦理实体的道德觉悟和精神价值底蕴找寻灵魂深处的"诺亚方舟",以生态的思维与伦理的思维两种思维向度实现所谓生态文明价值转向,使生态世界中伦理的实体作为整个的道德主体去行动,建构未来绿色和谐的生态自然世界,是思考"实践难题"的总体思路。

(五) 和谐之境

"冲突"与"和谐"的对立与角逐,自有人类历史以来便一直潜在或自在地存在,在某种程度上来说,整部人类文明史是人与自然相抗争的历史,同时也是消除"冲突"、追逐"和谐"的奋斗史。在具体的生态自然世界,人与自然的对立和斗争一刻也未止息,最为突出的是自工业文明以来日益凸显的生态困境的"现实",反映在人们的思想价值观念层面,便是精神生态失衡的"困境"。然而,无论如何,"和谐",并且唯有"和谐"才是生态伦理精神或者生态自然世界的价值"基地"与价值"目标"。"和谐"并非绝对的同一和一致,而是包含着差异、对立的多样性的平衡、协调与合作,是真正的"包容万物"和"兼收并蓄",在面对冲突、协调矛盾冲突并发挥各种要素效能的基础上实现"优势互补",在推动整体事物前进和发展的过程中实现"和谐之境"。生态自然世界在生命的演化史上以自身独特的方式维系着生命系统的"平衡","生态困境"问题的凸显打破了天然的"平衡态",对付生存困境、走向绿色和谐又成为当今世人孜孜以求的生命目标,因而,"和谐"是生态自然世界的价值基地。如何走出生态困境、走向和谐,人类应当首先克服精神生态困境,在道德哲学的意义上设置一种先定的"价值直觉"和"价值承诺",即"生态和谐",因为"和谐"不仅是现实生活世界的目标归宿,同时也是道德形上层面伦理世界与道德世界的"文化本性"和"文化本务",通过伦理精神的文化"解释系统"的努力设定"和谐"的价值目标,从而建构合理的精神价值生态世界与意义世界,以指导生态实践行动,对付"生存困境",建构"人—自然—社会"和谐的绿色世界。因此,"和谐"首先是人类生命存在的最高价值指向和"精神自由",是认知与意志、思维与理性、知与行的统一之境,而后得以塑造生态自然世界和生活世界的和谐之境。通过具体的生态自然世界之中的伦理实体之间、伦理规律之间、伦理个体与伦理实体之间建构伦理世界"预定的和谐",以及通过"道德"与"客观自然"、"道德"与"主观自然"、"道德规律"与"自然规律"建构道德世界"预定的和谐",都是作为一种文化"解释系统",在生命意义世界设定"和谐之境",对现实的生态困境难题进行反思与合理应对,以建构人与自然、人与社会、人与人以及人与自身的生态"和谐之境",实现精神价值世界与生态自然世界"和谐"的辩证复归。因而,唯有从道德哲学的高度对现实的生态难题进行统摄性的生态把握才是克服难题的可能之途,才是一种从"源头"上架构、探析生态困境根源并能够为未来的生态实践准备理论根基的合理方式。因此,从宏远的意义上来说,这不仅是生态伦理视阈中的"伦理启蒙"和"道德觉悟",并且是更深层意义上的"启蒙之后的启蒙"和"觉悟之后的觉悟"。

三 可能的创新、研究方法及思路

本书从分析困扰整个人类社会的生态困境的现状问题出发,旨在从道德哲学形上的价值层面揭示当今日益严峻的生态困境的深层根源,从道德哲学认识论,即"理论的态度"的层面向内追索,诉诸人类深层意义世界的精神价值底蕴探寻困境根源,分析生态困境"自然观""科技观"以及"人性观"的根源,以期为生态困境根源的追索提供一个整体、全面、有机的研究构架和思路视角，"理论的态度"进一步向"实践的态度"渗透，在"实践的态度"部分以生态实体论的研究方法分析生态困境的直接诱因"伦理的实体与不道德的个体"的生态"实践难题"，找寻生态困境的"集体行动"根源，推动"个体—集体—实体"的运动和"实体—主体"的提升，使生态视阈中"伦理的实体"成为"道德的主体"，扬弃"实体个人主义"，探寻走出困境的伦理"冲动力"，推动伦理世界和道德世界"预定的和谐"，实现精神价值世界与生态自然世界"和谐"的辩证复归，从道德哲学的形上视角逐层分析应对困境的深层思路。

（一）可能的创新

本书可能的创新之处表现在以下几个方面：

1. 选取新的理论视角。突破以往在分析现代性所导致的生态困境方面单纯以订立外部的伦理规约和道德规范的形式，以及诉诸灌输式的环境伦理教育来强化社会个体的道德责任与伦理义务的方式，以约束人们的行为为主要内容的研究路向，本书注重从道德哲学的深层，向内追索，从作为"类"的存在的人的精神价值观念以及"精神自由"与"解放"的理念视角寻找生态困境的内部根源，凸显现代性对人的观念的价值颠覆，力求对现代性带来的生态困境的理论根源进行细致分析，促进人的"类本质"的觉醒，并为人的生命自由之境的回归提供一个全面、整体、系统的探寻路径。

2. 构建新的理论框架。借鉴黑格尔古典哲学伦理学的学术资源和方法论资源，以"精神现象学"和"法哲学原理"为宏观理论蓝图，分别从"理论的态度"与"实践的态度"层面展开道德哲学的论证。在"理论的态度"篇，以精神自由和解放为理论指导，分别导引出"自然观"的误置、"科技观"的歧途以及"人性观"的偏差的困境根源，构成环环相扣、由浅入深的分析层次，并且每一部分都构成了自得相洽的有机体系，在合理的道德认识理念指导下，理论开始走向实践。在"实践的态度"篇，对生态伦理实践中的"伦理—道德"悖论的"集体行动"难题进行探究，以"生态实体性"探讨的思维方式代替机械性的"原子式"分析的方法,以"伦理"和"精神"的力量使生态个体向集体,由集体向实体以及实体向主体提升和跃迁,使实体的伦理性与"整个的个体"的道德性相统一,扬弃个体个人主义与实体个人主义,实现"道德世界观"到"伦理世界观"的转变,使生态自然世界中"伦理的实体"成为"道德的主体",并建构走出困境的"冲动力的合理体系",实现伦理世界与道德世界"预定的和谐",为形而上的道德哲学世界向形而下的生活世界的合理过渡找到了"实践的态度"的"衔接点",从而使"理论的态度"与"实践的态度"融会贯通,为生态困境根源问题的探析和阐释开拓了一个崭新和深入的道德哲学视角和理论构架。

3. 置于新的理论高度。本书的研究建立在现代性的自然生态困境的宏观背景下,系统分析生态困境根源的多重视角,运用现代生态自然科学、伦理学、社会学、逻辑学和历史学的方法审视人与自然的关系演变,站在道德哲学的形上高度追踪生态困境根源,使本书的研究全面深入,并具有一定的渗透性,最终归于实现精神价值世界与生态自然世界"和谐"的辩证复归,从而呈现出立体有机的伦理探究向度和理论高度。

(二) 研究方法

在研究方法上,本书立足于现代性生态困境这一宏观的历史背景,在总体上坚持辩证唯物主义与历史唯物主义相统一的思维方向,在具体问题的论述上坚持历史与逻辑相贯通,抽象与具体、单一与普遍相结合的思维方法,坚持系统整体有机的思维方式,以"实体式探讨"的思维方式替代旧有的"原子式研究"的思维方式,从道德哲学精神价值观念层面深入分析生态困境根源。

1. 破立结合法与逻辑和历史统一法。本书围绕生态伦理视阈下生态困境这一难题,对引发生态难题的深层根源进行层层剖析,在章节的展开和论述中采用了破立结合的研究方法与逻辑和历史统一法,首先提出困扰,然后探寻根源寻找解决策略,如在"自然观"根源的研究中指出人类社会漫长的演进历程中与自然相对抗的"自然观"视阈,以及人类文明发展史中历经原始文明崇拜自然、农业文明顺从自然、工业文明征服自然的人与自然的关系演进，继而在"破"的基础上"立"，指明人类早期东西方传统文化思想中已包含与自然和谐相处的思想萌芽，为此人类要走出"盲目"的误区，实现人与自然和谐共生的生态文明的辩证复归。后半部分导引出道德哲学的实践困境"伦理—道德"悖论，然后运用生态实体式的方法进行分析，在破的基础上继续"立"，提出应对实践难题的道德哲学思考，并且，此种破立结合法贯通渗透于各个章节，在深入分析现代生态困境根源的基础上，找寻合理的应对策略。

2. 具体—抽象—具体的辩证法。本书在整体的论述和把握上，尝试借鉴黑格尔的"具体—抽象—具体"的辩证思维方式建构理论体系，使理论的研究来源于现实生活世界的具体，即日益严峻的生态困境现状的现实，经过意义世界的螺旋式上升和否定之否定的辩证提升和建构，联结本体世界的澄明之境，最终又复归于现实生活世界，指导生活实践，在生态伦理实践中不断修正、补充、完善和发展。具体说来，本书的出发点源自生态环境困境与人的生态世界观价值观危机和精神意义世界的危机，因而要克服目前现代性所引发的生态困境，有必要从人的"自然观""科技观"以及"人性观"等价值理念深层出发，建构合理的道德认识论体系；克服生态自然世界"伦理—道德悖论"的实践难题，经过个体—集体—实体以及实体—主体的理论提升，使"伦理的实体"成为"道德的主体"，扬弃个体个人主义与实体个人主义，进而建构"冲动力的合理体系"与伦理世界和道德世界"预定的和谐"，实现生态价值世界与生态自然世界"和谐"的辩证复归，走出生态困境、走向生态和谐。

3. 学科交叉比较研究法。生态伦理学本身就是学科交叉研究的产物，本书着重以追寻当代生态困境根源为主线在道德哲学层面展开理论论证，因而本书融会贯通了生态自然科学、伦理学、社会学、历史学等领域，涉及人与自然关系的演进历程、科技理性的社会应用、人性价值论的生态展现以及与生态科学和社会生活践行相结合的问题。因此，本书的研究一方面使生态困境根源的道德哲学的探究具有生态科学和社会实践的现实依托以及伦理学（包括生态伦理、科学伦理等分支学科）的价值依据，另一方面又为具体现代性的生态困境根源的探寻找到内部的深层道德价值支撑。

4. 系统整体、有机关联的研究方法。自然生态大系统是由若干生态子系统按一定的结构和自然演化规律构成的系统网络整体，系统整体网络中的有机体各自占据一定的生态位，且相互紧密关联，对维护生态系统的完整、稳定和美丽起着不可或缺的作用，特别是物种的丰富性多样性和文化的丰富性与多样性。探究自然生态困境根源同样需要置于有机关联的整体系统中，在"理论的态度"根源中集中探讨了"自然观""科技观"以及"人性观"根源，作为生态世界中具有理性意识能动性的个体也应当完成个体—集体的运动与集体—实体的提升，使伦理实体作为"整个的道德个体"去行动，克服并扬弃实体个人主义的实践困境，无疑是应对生态实践难题的关键所在。

（三）研究思路

本书从道德哲学层面围绕自然生态困境的中心问题展开论证，着重解决两个问题：上篇"理论的态度"层面，从重新构建人类的精神价值意义世界的视角出发，在道德哲学的形上视野探寻触动人类生态文明大厦根基的生态困境乃至生态危机的认知论根源，在人类"精神自由"与"解放"的理念引导下，着重分析"自然观""科技观"以及"人性观"的困境根源，为生态世界中的人们的生态践行提供道德认识观念层面的指导；下篇"实践的态度"层面，进一步分析道德哲学向生态实践过渡的实践难题即"伦理—道德"悖论，从道德哲学形上层面分析"伦理的实体与不道德的个体"的生态伦理困境乃至危机的"集体堕落"难点，借鉴黑格尔精神现象学与法哲学原理中的思想资源，探寻走出生态困境的伦理"冲动力"，在具体的生态自然世界建构伦理世界与道德世界的"预定的和谐"，并实现精神价值世界与生态自然世界"和谐"的辩证复归，以期为未来和谐共生的生态文明世界的建立奠定深厚的理论根基。

导言中明确本书的研究主题、选题意义，阐释当今生态伦理学界对生态困境根源的研究现状，以及分别从"理论的态度"与"实践的态度"的视角探寻生态困境根源的重要性与必要性，指出本书具有创新性的理论知识点，阐明本书研究的理论价值与现实意义，进而明确本书的研究理路、研究方法和可能的创新之处。

前四章主要探讨生态困境的"理论的态度"根源，界定生态困境并从人的精神价值意义的道德认识论层面探究阐释生态困境的"自然观""科技观""人性观"根源，以期为生态困境根源的追索提供一个整体、全面、有机以及深入的研究构架和研究视野。

第一章探寻生态困境之"原罪"，通过界定"生态"与"生态困境"的概念，导引出"生态困境"的三种样态，认为生态困境问题的"原罪"归依于人类自身，生态困境是更深层次意义上的人类的生存困境、道德认识困境与实践困境，并进一步以历史与逻辑相统一的方法回顾生态困境的萌芽、发展与演进历程，分析人类社会的"丛林原则"与"自由"的悖论难题，认为"类本质"的遗忘与"精神自由"的失落是引发生态困境的道德认知渊源，从而导引出"自然观"的误置、"科技观"的歧途以及"人性观"的偏差的困境根源，通过人的"类本质"的觉醒与"精神自由"的体悟，重新归依生命的自由之境是从道德哲学视角探寻困境根源的理论根基和对人类的"最后的救赎"，从而使人类能够从容不迫地履行自己的生态道德责任与伦理义务。

第二章分析生态困境的"自然观"根源，全球性生态困境乃至生态危机的实质是人与自然关系的危机，同时也是人类认识自然理念和观念的危机，本章首先以历史和逻辑相结合的方法分析人与自然关系的历史嬗变，历经远古文明时期朴素和谐的天人一体、近代工业文明冲突对抗的天人相分，应当寻归人与自然和谐共生的生态关系，与之相伴随的是"自然观"历史发展视野下的自然之"魅"的发展轨迹，在自然认知思维模式影响下，"魅"之视野下的自然经历了附魅—祛魅—返魅的发展过程，超越于远古文明时期朴素直观的天人合一、工业文明时期的天人相分，不是"自然为人立法""人为自然立法"，而应当向内追索，

"人为自身立法",进一步尝试从马克思主义的理论视野探寻对自然观的困境超越,以此发现生态困境根源,实现"自然观"之"实践—认识—审美"链条的辩证契合,建构人与自然和谐共生的"自然观"。

第三章论述生态困境的"科技观"根源,分析科技理性本身的生态价值意蕴,并详细论述现代社会的科技异化难题与价值困惑,科技异化伴随而来的是人性的碎片化与单向度的人,并导致消费主义的泛滥,于是不可避免地引发人与自身生命本性的疏离,导致人性的沉沦,以及人与自然生命本体的背离,引发严峻的生态灾难,为此,进一步引入人本主义以及现代主义对科技理性进行的文化批判,实现科技理性的价值回归,应当以一种适度的"张力"实现科技理性与生态理性的辩证契合,二者在人的发展中,在生态伦理道德教育中,在真、善、美的生态伦理实践中保持适度的张力,最终使"科技理性"成为"生态理性",以此为缓解生态困境问题寻求科技理性之"道"。

第四章探讨生态困境的"人性观"根源,本章剖析不同历史视野下的"神性人性论""自然人性论"与"理性人性论",其共同具有对峙自然的人性倾向,进一步分析了现代性视野下的人性危机和可能的人性建构方向,现代性下的物质主义和消费主义的盛行带来人的理想信念的失落和人格的残缺,"在"的遗忘导致人类生态道德责任的遮蔽和消解,终极实体的渐逝,造成"上帝之死""人之死"乃至"自然之死",以理性与价值整合的人性设计理念超越"生物自然人""理性经济人",确立生态文明时代应当形成的"道德生态人",并且重新寻找人性确立的根基,这就是自然生命实体,进一步建构自然性与社会性相同一的人性观,在生态人格重塑的基础上,形成关爱生命、热爱自然的新人性观。

第五章到第七章着重分析生态困境的"实践的态度"根源,从探讨生态实践难题开始,层层分析化解难题的生态思路,实现精神价值世界与生态自然世界"和谐"的生态复归,为走出生态困境,走向未来生态自然世界的绿色和谐提供道德哲学的深层理论支撑。

第五章从道德形上层面针对当今生态困境乃至生态危机的"集体行

动"难题,即实践难题,分析向实践哲学过渡的"伦理—道德"悖论。在具体的生态自然世界,"伦理的实体"的行为往往逃逸于道德监督与审判的舞台,成为"不道德的个体",造成当今时代最为严峻的生态实践困境,即"伦理的实体与不道德的个体",这是生态困境的直接深层哲学诱因。进行生态视野中个体—集体—实体的必要转换与实体—主体的境界提升,使"伦理的实体"作为"道德的主体"去行动,以此扬弃和批判导致生态伦理实践困境的"个体个人主义"与"实体个人主义",实现生态视阈下"伦理—道德"的整体性生态觉悟。

第六章分析走出生态困境的伦理"冲动力",在克服"伦理—道德"悖论的基础上,分析向实践落实的必要的道德哲学中介即伦理"冲动"与"冲动力的合理体系"。认知形态的伦理与冲动形态的伦理是现代道德哲学辩证发展的两种伦理形态,意志与情感构成"伦理冲动"的两种不可分割、相依相补的人性机制和精神形态,伦理冲动的情感形态包括"伦理感"这种真实的冲动情感与"道德感"这种深层的伦理造诣感,在具体的生态自然世界,"伦理感"是伦理实体作为"整个的个体"的伦理冲动,包括个体归依于人的"类本质"的"'单一物'与'普遍物'的统一感",敬畏自然、敬畏生命的生态伦理的"实体感"以及建立生态伦理精神的"精神感","道德感"是生态世界中的个体自我确定性的道德冲动,包括对人的"类本质"和自然生命共体尊崇的"得道感"、对生态道德法则的"敬重感"和道德"责任感"与伦理"使命感",在现实而合理的伦理—经济生态与伦理—科技生态的整合下,建构与生态文明辩证互动的伦理实体"冲动力的合理体系",实现从传统的工业文明向生态文明的跃迁。

第七章立足于正视并应对生态困境难题基础之上,展望并确立生态自然世界的"和谐"之境,在道德哲学层面详细分析伦理世界"预定的和谐"与道德世界"预定的和谐"的价值承诺。伦理世界"预定的和谐"表现为生态自然世界中伦理实体之间、伦理规律之间以及个体与实体之间"和谐"的价值预设与价值承诺;道德世界"预定的和谐"主要通过"道德"与"自然"、"义务"与现实以及"道德规律"与

"自然规律"之间的"预定的和谐"来实现人的"精神自由",最终使"道德规律成为自然规律",建构人与社会、人与自然、人与人、人与自身之间关系的生态"和谐",这是精神价值世界与生态自然世界"和谐"的辩证复归,同时也是需要永远为之奋斗、永远有待完成的生态任务,为此,我们有理由勇敢正视并化解未来的生态困境难题,同时也是一种对未来绿色文明世界的理想托载和美好夙愿。

结语指出地球是人类的生命家园,大自然是人类的生存之根,经过"启蒙之后的启蒙"与"觉悟之后的觉悟"的人类应当反思自身并确立起明确的危机意识,从道德哲学的形上深层触动人们尘封已久的生态良知,透过道德、宗教、艺术、审美的文化视野感受生命自然,通过具体的生态道德实践行动升华生态实践主体的精神品格与道德情操,从而"诗意地栖居"。

生态伦理学的发展带动了近现代以来"绿色思潮"的勃兴,如果说它起始于人类对自身生存命运的关注,那么重建人与自然的伦理关系,正视自人类产生之初便或隐或显伴随的"生态困境"难题,并努力寻求应对策略,便是整个人类的共同使命。

上 篇

第一章

生态困境之"原罪"

20世纪以来，伴随着人类世界科学革命的持续进展以及技术难题的巨大突破，具有主体能动意识的人类在运用强大的科技手段作用于自然的过程中，一方面源源不断地为整个社会创造出了丰厚的物质财富，推动着人类物质文明向至高的顶点迈进；另一方面人类在某种误置的认知观念和价值理念的带动下，本应合理地开发运用自然的过程演变为向自然强力征服与无限索取的进程，在充分享受和沉醉于物质丰饶的背后，人类却付出了沉痛的代价，能源危机、环境污染与生态失衡的负面效应日益凸显，生态困境已切切实实呈现在世人面前，并有愈演愈烈并演化为整体性的不可逆转的生态危机之势，如果不能及时警醒，后果将不可预知。如果说人类社会内部的人际交往问题能够依靠自身的价值理念提升去克服和应对，或者进一步说，即使能源的短缺难题也可以依赖科学技术本身的更新和进展给予合理解决，那么，作为一场真正的生态灾难的环境污染与生态失衡则是科技力量本身所难以解决的，它直接对人类的生存乃至人类赖以生存的整个生态系统带来不可逆性的负面影响，于是，生态困境的难题进入了人类的视野并被广泛关注，促使人类从自身的生存方式与价值观念深层寻找根源，应对困境。因为，生态困境的引发乃至生态危机的爆发不是自然发生的，同样，走出困境，实现从"危难之境"向"再生之缘"的转化也不是自然发生的，它要经过人类意识深层的觉醒，依靠脚踏实地的努力和整体人类团结协作的力量给予恰当调整与合理应对才能真正实现。对人类的生存与发展来说，直面并关注不可逆性的生态危机发生之前的"生态困境",具有前瞻性和预见性的理论价值,生态困境的凸显一方面是资源短缺、能源危机与生态失衡问题的现实呈现;另一方面,生态困境问题的产生也为当今人类的生存和发展带来了一个转折和再生的契机,它迫使人类以强烈的忧患意识对自己的历史和未来进行认真反思,并对人类自身进行重新定位,反省人类以往的生存方式、认知模式与价值理念,从道德哲学的形上高度系统整体地把握当今日益严重的生态难题,以"生态"与"生态困境"的文化理念作为理论探寻的切入点,追究生态困境之"原罪",以"类本质"和"精神自由"的文化认知理念应对困境,走向生态和谐。

第一节 生态困境

任何一个民族的文化精神的背后都蕴含着对宇宙与人生的价值关怀,作为具有几千年历史文化积淀的中华民族同样拥有自身的精神支柱与终极价值依托,对"生态"概念与"生态困境"问题的追问应当回归最原初和本原问题的探讨,即对"生态"之"道"与"生态困境"之"道"的追问。"道"在中国传统哲学中既是"仁义之道",也是"本体之道";既是"自然之道",也是"圣贤之道";既具有历史的形上性格,又具有向形下器用转化的人伦生活色彩,历经几千年的风雨洗礼,已经呈现也必将继续呈现作为中华民族文化价值底蕴的精神光辉。对于个体人生的生命安顿来说,"道"是提升个体生命质量、实现生命价值的精神旨归;对于社会生活秩序的维系来说,"道"是应对困境、实现生态和谐的形上托载。特别是在生态困境日益凸显的当今时代,能源枯竭、环境污染与生态失衡严重困扰着人类世界,身与心的矛盾、灵与肉的冲突迫使具有理性能动意识的人类开始反省,从形上本体的"道"的理念思索以寻求化解人与自然、人与社会、人与人、人与自身矛盾和冲突的最佳路径。生态困境之"道"的探索作为至高层面和具有统摄意义的哲学本体的"道统"展现,是对"生态困境"问题的原初的含义界定和历史发展脉络呈现,它是一种"活的现在",通过对生态困境之"道"的追问和反省促发着人类思想深处真、善、美的觉醒，并且唯有首先系统完整地解析和理解生态困境之"道"，方能为形下生活世界的困境难题的超越提供合理的解决路径，如此，应当追问何谓"生态困境"？何种"生态困境"？

一 "生态"与"生态困境"

"生态学"完整意义上的提法源于 1866 年德国生物学家恩斯特·海克尔的《有机体普通形态学》，指生物居住环境的科学，主要用来研究生物有机体与其周围环境的密切关系，在共生互动、协调进化过程中推动总体生物圈的完整、稳定和美丽。生态学最初仅仅作为生物学研究领域的一个分支被讨论，在恩斯特·海克尔那里，"生态学"具有了"家园"的伦理意味，从词源上分析，在希腊文中，"生态学"一词即"Oikoslogos"，"oikos"具有"家"或"家园"的归属的意义，"logos"则更多地强调科学研究的含义，所以，"生态学"原本就内蕴着必要的人文关怀，生态学家 E.P. 奥德姆认为，"许多年来，我一直极力主张生态学已不再是生物学的一个分支领域，它源于生物学但已发展为一门独立学科。该学科结合了有机体、自然环境和人类——与生态学一词的词根'Oikos'的意义一致。"[①] 所以，"生态学"的学科研究边界逐渐突破原初的生物自然科学范畴而具有了人文社会科学的性质，成为系统探究有机体、自然环境和整体人类和谐共处的综合性的学科，它强调整个生态系统整体的有机性、多样性与复杂性，追求"人—自然—社会"的生态和谐，更多地具有了一种"伦理""价值"以及"善"的内涵，"当生态学发展到人和自然普遍的相互作用问题的研究层次时，就已经具有了哲学的性质和资格，它已经形成了人们认识世界的理论视野和思维方式，具备了世界观、道德观和价值观的性质"[②]。而生态学与伦理学的结合则是 20 世纪 30 年代以来环境恶化的结果，直到 1962 年美国

[①] 佘正荣：《生态智慧论》，中国社会科学出版社 1996 年版，第 40 页。
[②] 同上书，第 41 页。

女作家蕾切尔·卡逊出版了震惊西方世界的《寂静的春天》后,生态伦理学界才开始以一份道义责任感和伦理使命感关注人类的生存和生态自然系统的永续存在,以一种生态伦理精神的责任意识直面生态困境,促进人类主体的道德觉醒,唤醒人类的生存理性,化解难题,走向生态和谐。

所以,生态伦理学以一种问题的方式提出并逐渐引起广泛的关注,人类在今天所遇到的全新的生存困境迫使人类从自身开始反思对自然的态度和行为,唯有如此,才能够拯救自身并从征服自然的狂热中走向回归自然和谐的正途,"在生态学理论构成中,其'生'就是生气、生机、生命、生殖的意思,它所追求的目标就是使生物及其群落乃至整个系统如何能有正常兴旺的生机,使生命能健康地生存并显示出生机勃勃的状态。对生命的'亲和'以及崇生、惜生、护生、优生,正是生态观念的灵魂所在"。① 然而,资源短缺、能源危机、环境污染等造成的生态失衡的困境现状正日益遮蔽"生"的意义真谛,从而进一步表征着人们对"生"的意义回归的企盼以及对生命的存在状态的关注与思考。

实际意义上的"生态困境"并非一场自然灾害,它是由于人的活动介入特别是在不合理的文化价值观念指导下进行开发自然的活动过程中所引发的一种生态难题,如果不加以及时反省和深刻反思,生态困境的渐进和累积势必引起生态环境质量下降、生态秩序紊乱、生态系统结构功能失调、生物演进退化乃至生命保障系统崩溃瓦解,对人类及其所赖以生存的整个生态系统的合理存续造成严重的威胁,带来一场人类进化史上不可逆性的"生态危机"乃至生态灾难。从范围来看,生态困境已覆盖整个人类生存地域的角角落落,具有全球性;从影响辐射面来看,它不仅是单个人的生命存在困境,更是所有民族、所有国家、整体人类乃至整个生态系统的困境乃至危机,具有全人类性;并且生态困境带来的严重后果已到了不得不正视的程度,这是一种价值观的误置,是

---

① 李西建:《美学的生态学时代:问题与意义》,《新华文摘》2002年第9期。

科技的无序和野蛮使用对自然所造成的伤筋动骨的损害，世世代代的生物遗传隐患对整体生命自然系统的维系和进化带来不可估量的负面影响。由于生态系统自身的调节功能和自净能力是有限的，当生态系统遭受的损害和破坏超过了系统自身的承受阈值和弹性机制时，生态失衡便难以重新恢复到原本和谐有序、良性互动的平衡运作状态，造成漫长的生态进化史上永远的"生态遗憾"。生态困境由自然生态难题演化而来，必将渗透贯通人类精神价值层面乃至整体人类文明层面，因此，需进一步探寻生态困境的深层底蕴，为此问题的透视提供一个全面的文化视角。

二 生态困境的三种样态

德国著名的生态哲学家汉斯·萨克塞认为，"如果我们对生态问题从根本上加以考虑，那么它不仅关系到与技术和经济打交道的问题，而且动摇了鼓舞和推动现代社会发展的人生意义"。① 即人类在当前社会所面临的生态困境与环境难题不仅是表面浅层的技术与经济问题，其本质上更是人类精神价值意义深层的问题，是人类活动的行为目标取向和现实关注的问题，生态困境的显露反映了人类文化价值取向的偏离、人类精神信仰的匮乏，从而导致道德实践行为失范，引发困境难题。现代西方马克思主义的代表人物哈贝马斯在《合法化危机》中曾经指出，现代人类所面临的生态危机，包括外部自然生态的危机和内部自然生态的危机两个方面，前者导致自然生态平衡的破坏，后者导致人类学和人格系统的破坏，即生态困境乃至更深层意义上的生态危机不仅导致了"对生态平衡的破坏"，还造成了"对人格系统一贯要求的损害（异化）"，② 其实，以上两个层面生态困境的"合力"必然演绎出人类社会最大的文明灾难—人类文明"价值生态链"的断裂，因而，人类文明

---

① ［德］汉斯·萨克塞：《生态哲学》，文韬、佩云译，东方出版社1991年版，第3页。
② ［德］哈贝马斯：《合法性危机》，刘北成等译，上海人民出版社2000年版，第58页。

的生态智慧应当通过建构精神生态与人格生态的平衡,近而实现自然生态的平衡与人类文明价值生态的平衡。

(一) 外部自然生态困境——生态危机

外部自然生态困境主要是指在人类作用于自然的实践活动过程中所引起的人类及其所依赖的自然生态系统的持存难题,其渐进累积又势必引发人类演化史上的"生态灾难",即生态危机。这是一种生态系统的特殊的不可逆性的失衡状态,从地球几百万年的生态演化史来看,生态系统平衡的维系与失衡的调整都处在一种动态过程中,人类活动尚未涉足的地球生态系统本身具有自给自足的生态平衡机制,一般意义上的生态失衡可以依靠生态系统内在的调节机制经过一段时间或相当长的时间重新达到原有的稳定平衡态,恢复原来系统的结构与功能,维持系统自身物质与能量的循环运转。虽然生态系统的平衡态是动态和相对的过程,自然因素的偶然性和生命物种优胜劣汰的自然法则的运作不断地动摇系统内部的稳定性,但同时又不断地维系着系统内部的生态平衡,自然界通过自然选择的进化规律,能有效地保持自然生命物种之间以及每一个物种与其自然环境之间的和谐协调关系,所以,综合来看,自然生态系统向着一个平衡稳态的方向发展,实际上,"平衡—失衡—平衡"的系统演变秩序是一个否定之否定的进化演变过程,如此,生物自然界不断创造着自身的生命奇迹。然而,人类参与开发自然与改造自然的实践活动却带来了严峻的生态困境,"生态困境"渐进累积的生态后果将可能是一场不可逆性的"生态灾难",由此人类破坏自然生态平衡的速度与大自然恢复平衡的能力之间正在进行一场生死较量。整个自然界、整个地球上的生态系统,数十亿年来都在无意识地、自然而然地"寻求"优秀和卓越,有机物、植物、动物构成了无比精妙的动态生命网链系统,并通过它的无数尝试和进化,最终产生了人、产生了人的意识和灵性这一地球上最美丽的花朵,人类作为其中一种自然生命物种,同周围的生物与环境发生着相互依赖、不可分割的内在联系,在物种多样性的基础上应当担负起维系自然生态系统的完整、稳定和美丽的生态道德责任。然而,由于人类活动介入却引发了生态困境乃至生态危机,生态系统的失衡状态以让人始料不及的速度迅速蔓延到地球的每一个角落,并不单纯是局部的生态问题,而是带有全球性的特征,并且"生态困境"的持续有可能成为世世代代的生态遗传隐患,一旦超过了生态系统的自净能力阈值,便演化为不可逆性的"生态危机",它将对几百万年的生态进化成果进行"彻底"颠覆,随着自然物种"不自然"的灾难性的消亡,人类自身的生存也将难以为继,这并不是危言耸听。理念是行动的先导,探寻生态困境根源,应当着重关注自然生态困境背后的人的精神价值理念,倘若人类的存在失却了生命的价值意义与"类本质"的追求,便会导致内部人格生命系统的危机,生态危机的发生也便在所难免。

(二) 内部人格生态困境—精神危机

自文艺复兴、启蒙运动以来,人类和人类社会逐渐走入哲学的中心,科学、理性、价值与文化都建立在以"人为中心"的理论预设的基础之上,人逐渐取得了支配与统治世界的绝对"主体"地位。人类自恃"理性"的强大,在开发与改造自然的过程中却实际地充当着自然生态系统的破坏者,并且,在生态系统中也唯有人类才具有这种理性能动"意识"去围剿自然生命物种、耗损自然物质资源,打破物种自然界的天然平衡、导致能源的匮乏与短缺。因而,这不仅是一场客观自然生命系统的生态困境与生态危机,而且是人类主观精神领域的人格生态困境和"精神危机"。

自然生态失衡背后潜在的"精神危机"是生态环境恶化的深层根源,是"生态环境"失衡的深层诱因,唯有首先解决人格生态困境,才能真正走出自然生态困境。人类作为万物之灵,本身是灵与肉、物质与精神、自然性与社会性的辩证统一体,在市场经济占主流的当今社会,物质利益最大化的驱使使人类对"物"进行贪婪的占有和掠夺,由此打碎了人类千百年来积淀下来的精神、价值、道德与理想信念,科技理性走入歧途,人类发展趋于片面,自然价值倾向物化,极端物质主义、功利主义、享乐主义、拜金主义、消费主义、利己主义与实用主义成为人们普遍的主流指导价值观念,对"物质"的贪婪攫取和占有成为人们精神深处唯一可靠的生活信念，身与心、物质与精神在人类信念的"天平"上出现了角逐，并最终倾向了物欲的满足，于是，物欲横流、道德失范等一系列的环境与社会问题接踵而至，生命意义丧失、精神价值消解，精神生态紊乱，从而导致了严峻的生态困境甚至不可逆性的生态危机，这是人与人关系背后的更深层的人与自身自然本能冲动的矛盾与冲突的集中表现。罗马俱乐部曾明确指出，"生态环境"危机也是人的内部危机的表现之一。人的这种"内部危机"是人的生命的物化，即人类原有的物质欲求与精神追求之间原有的平衡被破坏，人的精神受制于人的自然生命本能、主观任意性与偶然性，人的精神自由被拒斥、压抑直至丧失。所以，人类主观自然与精神自由之间的失衡导致了人与客观自然的冲突。因此，生态伦理学的兴起正是要在人与自然相和谐的基调下探求完整意义上的人的本质力量，人的"类本质"的充分彰显能够推动人与自然、人与社会、人与人以及人与自身的生态"和谐"，表达对自然生命系统的终极价值关怀，由此，人类的"精神生态"系统的平衡能够促进客观自然生态系统的平衡。"与外部自然的社会化过程不同，内在自然的整合没有极限。如果说，对生态平衡的破坏标志着掠夺自然资源的程度，那么，人格系统则没有明确的承受界限。"[①] 人格生态系统具有开放性，是动态平衡的生命系统，在历史和文化的演进过程中，具有理性意识能动性的人类应当在科学的道德认知理念的基础上，依靠道德的自觉与自律意识强化人类应当具有的生态平衡理念，为生命共同体的完整、稳定和美丽做出自己的贡献。

（三）潜在人类文明的价值生态链的断裂—文明危机

外部自然生态困境与内部人格生态困境的交错融合与负面效应的长期累积，势必引发潜在于人类文明深处的价值生态链条的扭曲与断裂，带来不可逆性的文化危机甚至是文明危机，丧失历经长期的历史积淀而

[①] ［德］哈贝马斯：《合法性危机》，刘北成等译，上海人民出版社2000年版，第60页。

留存下来的人类精神文明的宝贵财富,从长远的意义上来说,这是最为严重的生态困境难题。文明危机与人格生态危机和道德危机有紧密的联系。在当今生态困境的背景下,对道德危机及其文明后果的忧患与反思,不仅是中国,更是整个人类世界在20世纪乃至21世纪必须面对并将继续面对的严峻课题。借鉴黑格尔的精神现象学与法哲学资源,从道德哲学的形上视角审视,生态困境下的社会道德信念和价值信仰危机潜隐着伦理文化理念放矢的生态难题,这本身既是道德认知理念的误置,更是人的"类本质"的"精神"消解,道德与伦理是民族生命的文化原素,伦理在文化的存在理念中是人"类"社会生命存在的"精神"共体,是单一物与普遍物相统一的价值实体,伦理冲动力是一种精神直觉力,在中国传统道德哲学系统中具有无须加以反思的"自然"秉性,它是"见父自然知孝,见兄自然知悌,见孺子入井自然知恻隐"的良知与良能。合理应对生态视野中潜隐的深刻的文明难题,需要以清醒理智的思维透视生态困境所遮蔽的深层的伦理精神和价值理念问题,从道德哲学的形上高度给予审慎的分析与把握。

三 自然生态系统的"退化"与人类自身的"退化"

由于生态困境难题具有可纵深发展的层次性,所以,首先直观地探讨外在层面的自然生态困境具有一定的理论必要性。生态困境以及生态危机是在某种误置的认知观念引导下由人类的片面性的实践活动所引起的不可逆性的生态失衡和生态灾难,是更深层次意义上的人类的生存困境、道德认识论困境与实践困境,因而,"生态困境"不仅是自然生态系统的"退化",更是人类自身的"退化"。

在自然生态系统演变进化的历史进程中,被赋予万物灵性的人类生命物种在自身理性意识的参与指导下,通过具体的实践活动作用于自然界,通过改变自然物质的原初形态维持自身的生存与绵延,在人类物质需要的"意义"深层赋予自然物质以"价值"的属性,在合乎"自然"存在与演化的意义上消费自然物质资源,参与生态系统物质能量的代谢与循环,在物种演化的"金字塔"中,人与其他生命物种依赖共同的自然生命系统生存和繁衍,并且,千百年来人类正是依靠与自然持续作用的实践活动而推动人类文明的不断进步。自然物质资源与自然环境状况是人类生存的生命基础,其优劣状况直接对人类自身乃至对人类文明的未来的发展产生至关重要的影响。土壤沙化、气候异常、资源短缺以及物种多样性的减少等生态困境的现状,无疑对人类文明成果带来极大的冲击和破坏,而生态困境更多的是由人类的实践活动所引起的并相对于人类生存和发展意义上的困境和灾难,是人类实践活动长期的不恰当运作对自然所带来的一种负效应累积,自有人类活动开始,人类便"从事着推翻自然界的平衡以利自己的活动",① 人类在改造自然的活动中既创造出丰富的物质财富,但同时也对人类赖以生存和生活的自然生态系统造成不可逆性的破坏,而人类社会再生产过程中的"社会再生产"和"自然再生产",也即社会生产力和自然生产力之间是辩证统一关系,自然界源源不断地为人类社会的再生产提供着生产资料与生活资料,自然生产力构成社会生产力天然的物质基础,而生态困境的发生恰恰是自然生产与社会生产这种天然平衡机制的破坏的结果。在一个相当长的历史时期内,自恃理性的人类以一种近乎"无知"的行为疯狂向自然开战,肆无忌惮地向自然排放污染,人类社会在谋求社会生产力的突飞猛进的过程中忽略了对自然生产力的修复与补偿,这种急功近利、变本加厉的行为最终突破了自然生产的再生修复能力和承受阈值,当社会生产的物质资料与能源需求的供给出现问题时,才深切关注到这种困境和危机的临近,因此,正确处理自然生产与社会生产的辩证统一关系,谋求二者天然的"生态和谐"是应对困境的必要环节。

自然生态系统在没有人类活动的介入下是一个稳定的自调节系统,本身具有天然的平衡的自净能力、再生能力与自我修复能力,当人类对自然的开发和利用突破了自然生态系统的承受阈值时,便达到了生态系统自我修复与再生能力的极限,此种不加反思的状况持续进行,必将使

---

① [英] J.D.贝尔纳:《历史上的科学》,伍况甫、彭家礼译,科学出版社1981年版,第535页。

原本自保持和自进化的生态系统面临崩溃和毁灭的危险，直接对人类的生存和发展带来严重的阻碍和冲击，所以，对生态困境进行深层的反思，便会发现，"生态困境"实际上是人类主体地位的困境，是人的"生存困境""道德认识论困境"和"实践困境"。生态困境乃至生态危机是由于人类实践活动的不合理进行所导致的环境污染、资源短缺、生物多样性的减少、生态失衡甚至生态秩序的退化以及毁灭的具有灾难性质的生态难题，是对人类赖以生存和生活的生态基础的破坏，是对人类自身、人类千百年来建立起来的文化基础、美好生活和全部文明的彻底毁灭和颠覆，所以，在一定意义上说，生态困境是人类生存的困境、整个自然生命系统的困境乃至整个人类文明的困境。在改造自然的实践活动中，人类依靠自身的主观能动性作用于自然，不断地创造着自然的辉煌和自身的奇迹，然而，在一种不合理的价值观念的引导下，人类对自然实践活动的负效应的不断累积、膨胀和深入却酿造了自然生态的失衡困境，这不仅是自然生态系统的退化，更是人类自身的退化，它否定着作为"类"的人的存在意义和价值，颠覆着人类在改造自然实践活动中的主体能动性。在人类作用于自然的能动性的实践活动中，重新沦为一种"工具性"的存在，在追寻"自由"的生命历程中把自身置于"不自由"的境地，这一方面是人的主体性悖论所引发的人与自然、人与社会、人与人、人与自身矛盾和生命冲突的现实体现，另一方面更是人的"类本质"的异化呈现。因此，在全面解析生态困境难题的基础上，从人的生命意义深层和道德哲学的形上高度找寻应对困境的可能路径是可以期盼的理论努力方向。

第二节 生态困境的历史轨迹

"生态困境"问题的凸显经历了一个孕育、萌发、形成与激化的历史过程，以逻辑与历史相结合的方法考察生态困境之原初含义以及寻迹"生态困境"在不同历史时期的演化和发展脉络，能够为"生态困境"问题的把握提供整体宏观的理论构架。

一　生态困境之孕育与萌发

原始采集狩猎社会与农业社会时期,"生态困境"基本处于孕育与萌发阶段,是"潜在—自在"形态的生态困境时期。原始采集和狩猎时期,由于当时的社会生产力水平极其低下,人类对自然的认识以及运用自然的能力有限,自然以其强大的优势力量支配着早期的人类,人处于被动的状态,其对自然的依赖是无条件的,人类的生存只能依靠大自然所能够提供的天然的植物和可供猎捕的动物得以存续,这种对天然食物链的紧密依赖使人类不能脱离自然而存活下去,由于人口总体数量较少和人类个体的力量软弱,为谋求生存只能依靠群体的凝聚力量和群居的生活共同应对自然的挑战。于是,人被融入地缘和血缘的自然"共同体"中,只有"群体"的概念,没有"我"的意志力量,在人类初年形成的族群共同体中形成的大写的"人"是原始的"类"的存在,他们与自然的关系是相对意义上的原始古朴和谐关系。原始人初级朦胧的意识形态是万物有灵观念,相信自然是能够驾驭人类生存和人类命运的"人格神"的存在,人类只能匍匐于自然的脚下顶礼膜拜。由于人类自身运用自然的能力局限和技术的有限性,基本的生存需要经常不能得到满足,当面临人力所不能及的天灾人祸之时只能束手就擒,但人类作为生命物种在自然演化史上是不断向前发展的,在类人猿向原始人类进化的过程中同时伴随着大规模的自然系统的生态退化,特别是人类得以栖居的热带雨林的逐渐消逝,使直立行走和制造工具的人类劳动成为可能,并极大地促进了思维意识能力的进化,为维持基本的生存,区域性的过度采集和狩猎活动经常展开,便会打破自然生态的静态平衡,带来一定范围内的食物危机和环境破坏,于是,人类不得不进行迁徙或改进生产工具以生产和猎获足够的食物维持自身的生存,在古朴和谐的背景下,人与自然的"敌对"观念逐渐萌发开来。农业社会,刀耕火种的发明使人类告别了茹毛饮血的野蛮时代,向文明社会迈出了决定性的一步,种植和养殖的广泛普及,使定居和稳定的生活成为可能,阳光、空气、土壤、气候与水利条件对农业社会的收获具有至关重要的影响,自然对于人类仍旧带有神秘和异己的意味，但人类已经开始部分地支配和掌握自然，农业文明时期创造出比原始社会更丰富的物质财富，促进了人口数量的大规模增长和社会的进步，为维持人类的生存就要生产更多的食物，创造更多的物质财富，就开始不断地扩大耕地面积、砍伐森林、竭泽而渔、开荒种地、放牧养畜，不加节制的生产与生活行为最终带来严重的生态困境，自然条件恶化，土地沙化、森林植被遭受破坏、气候异常、臭氧层耗损、温室效应聚积等负面问题接踵而至，在人类开始向自然宣战之时，自然已经实实在在地向人类开战。

所以，原始采集狩猎时期与农业社会的运作和发展共同伴随着早期先民向自然索取和开战的行为痕迹，只是在人类行为的破坏力没有超过自然本身的承受阈值时，这种困境和危机的后果没有如此明晰地呈现出来，在生态困境的演化史上，应当是"潜在—自在"形态的生态困境阶段。

二　生态困境之形成与激化

工业文明时期，经历了近代工业革命和自然科学的蓬勃发展，在科学与理性主义的旗帜下，逐渐摆脱了对自然认识的原始朴素、直观、混沌的思维模式，以侧重对自然进行分析与描述的机械思维方式，打破了过去几个世纪以来神权的羁绊和束缚，彻底扭转了神学玄思的思考问题的模式，高扬人类的理性和"主体能动意识"，崇仰人类的价值与尊严，这一时期是生态困境的形成与激化阶段，是"自在—自为"状态的生态困境时期。

人与自然关系的突破把人类社会带入一个崭新的工业文明时代，"知识就是力量"取代了上帝的神性和权威性，人类在高扬"主体性"的旗帜下凭借知识和理性的力量认识自然规律、探索自然奥秘、利用和征服自然，无论是经验主义者的经验归纳还是唯理主义者的演绎推理，都在一种共同的机械主义思维方式下认识世界，人与世界在可被解剖分析的认识论中被肢解为各个分散的机械零件，强调人与自然绝对意义上的主客分离与二元对立，强调人在对自然绝对把握和无限占有的基础上对自然进行征服与改造。然而，近代工业文明在成功地为世界创造了丰厚的物质财富，为人类真正幸福自由的生活的实现向前迈进了决定性意义的一步之时，却把人类推入了越来越"不自由"的境地，使人类与其赖以生存的自然生态系统陷入了深深的困境之中，人类在征服自然的同时自己也被自然所征服，人类在工具化世界的同时自己也被世界工具化。在工业社会的经济运作过程中，人类封建宗法制下的土地所有制被工业资本家的工厂所有制所取代，高度专业化的分工操作与标准化的流水线劳动使工人脱离了农业经济时代的顺天而作的生活方式，如此转变大大提高了劳动生产率，带来社会物质财富的迅速聚积，然而，单一的社会经济增长指标的背后却潜藏着贫富分化、政治腐化等社会问题与价值信仰危机背后的生态困境难题，物质主义与利己主义的观念指导下的经济先行，导致了对自然资源的掠夺式开发和大规模征服自然的活动，人类在改造自然、利用自然的过程中正在无度地破坏自然、损害人类赖以生存的自然生态系统本身，全球性的生态困境乃至生态危机不可避免，乱砍滥伐与掠夺性的开发导致水土流失、土壤沙化、植被破坏、能源枯竭甚至物种灭绝，农药的滥用、废水废气的大量倾弃、核废料的不恰当处理带来空气、水质、土壤污染以及臭氧层的耗损与破坏，最终破坏了生态系统的平衡，引发严重的生态困境乃至不可逆性的生态危机，阻碍生态系统的稳定和进化。

三 审视与反思

生态系统的失衡以及人与自然生态关系的失调所带来的生态困境，源于自然系统资源与能源的有限性，使自然本身可供发掘与开垦的生产与生活资料不足以承担日益膨胀的人口需求，但是，更深层和具有决定意义的因素却是具有理性意识能动性的人类对自然本身的误解与滥用，是人类自身道德认知与道德实践方面的偏执与误区、人类道德价值指导理念的错位与"类"意识的遮蔽促使生态困境的发生不可避免。

原始采集狩猎社会、农业社会与工业社会时期，经历了生态困境的孕育、萌发与形成和深化的过程，传统主客二元分立的思维方式造成了人与自然关系的长期对立，在人对自然的异化过程中带来自然对人的异化，自然被人类所阉割，人类被自然所肢解，人类在把自然当作僵化的机器进行操控和征服的过程中，自身正被逐渐卷入这种对自然机器的理性设计中不得解脱，最终成为机器的零件参与运转，人被"机器化"，彻底失却了作为真正人的意义的存在，这是人类决定论的"理性"模式和机械论世界观。以人类物质追求和物质需要的满足为目标的精神文化价值观念必然注重对自然的强力征服、对物质利益的贪婪占有和无限强烈追求，随着蔓延全球的生态困境乃至生态危机的日趋严重，此种价值观念的弊端日益凸显。当人类以异化的姿态疯狂向自然进军之时，忘却了人类与自然的一体相依性和整体有机的内在联系，近代生物科学的发展再一次证明，自然生命存在与宇宙万物依靠相互之间的整体有机的内在关联得以存续，并且在生态系统的整体中不断确证个体的存在价值与意义，宇宙中的任何生命物种在生态系统中各自占据不可或缺的"生态位"，共同维系着生态系统的整体、稳定、完整与美丽。所以，在具体的人类实践生活中，应当渗透贯通整体有机的生态原则，以人与自然和谐共生的生态理念审视和处理人与人、人与自然、人与社会以及人与自身的关系。

人类社会在经过产业革命以后，生产力和物质生活水平得到了极大的提升，普遍频繁的物质商品交换的背后是人类多方面物质与文化需求的膨胀，然而，若没有恰当合理的价值理念作为指导，便会演化为物质利益需求至上、利己主义盛行而精神价值萎缩的局面，因此，人类应当在明确的"类本质"的引领下前进，谋求人类全面"自由"的真正发展，这是"作为目的本身的人类能力的发展"。[①] 真正人类的全面发展在马克思《1844年经济学哲学手稿》中主要指，人能参与全面的活动，能适应不同的劳动需求，使自己的一切天赋（潜能）得到充分发挥，由此产生极大的创造力，并且，全体社会成员的才能都得到充分发挥，

---

① 《马克思恩格斯全集》（第25卷），人民出版社1975年版，第927页。

此外，人的个体发展和社会的整体发展相互协调。这是人类"自由"的真正实现，是人类在自然和社会面前完全摆脱了"异化"状态的一种境界，不再受自然力的驱使和压迫以及社会关系的强制和压抑，人类的天赋、潜能和创造力得到极大的张显。在人类主观意识层面，彻底摆脱了自然必然性的盲目认识，实现了摆脱内在情欲束缚的解放；在客观层面，摆脱了人与人、人与社会关系的束缚，实现了外在控制下的解放。然而，人类精神意识层面的"自由"却是实现自然解放和社会关系解放的先决条件，同时也是应对生态困境的根本路径，只有在全面系统把握自然与社会发展规律的基础上，合理调节人与人之间的关系，才能够自觉驾驭和调控人与自然之间的关系，确立生态文化的价值观念和绿色消费的文化理念，在探求人类生命本体存在意义的基础上，才能够确立人与自然之间的和睦、平等与协调发展的一体关系。自然，作为人类的无机的身体，二者唯有和谐共生才能够使人的"类本质"得到全面、完整、真实的展现，并且，唯有使人的生命存在与生活真正融入自然生态系统的进化历程，才能够在自身创造性的实践活动过程中不断推动"人类—自然—社会"生态链的整体和谐。因此，人类改造自然、进行物质文化生活与精神文化创造的过程同时也是应对生态困境、改造自身、不断提升自己以寻求人类全面自由发展的过程，所以，生态困境的"原罪"并不在自然本身，而恰恰是人类自身把自己置于生态困境的深渊之中。

第三节　生态困境之"原罪"

当前社会，环境污染、资源短缺与生态失衡已成为全球范围内被普遍关注的时代难题。生态困境不仅是自然生命系统的困境，同时是人类生存的困境和基于生存难题所引发的人的精神意义世界失落的困境。工业现代化以来，背负着沉重的"原罪"枷锁的人类在世代往复的生态实践中不断地追问、探寻走出生态困境的答案。如果说，宗教视野中的"原罪"的解脱依靠现世的辛勤劳作指向不能证实的"玄思来世"，那么，生态困境中的"原罪"的超越则需要经过"类"意识的深层觉醒和生命的"自由"之境的提升，从而建构能够达到、可以预知的"绿色文明"的生态世界。

"原罪"具有本原、初始的哲学意义。人类"原罪"的概念最早源于基督教的圣典——《圣经》，其中讲述了人类的始祖亚当、夏娃在蛇的引诱下，偷吃了伊甸园中智慧树上的智慧果，于是耳聪目明、智慧洞开，开始寻物遮丑掩饰身体赤裸的难堪，这严重地触犯了上帝的禁令，盛怒之下，上帝把他们逐出伊甸园，并让亚当与夏娃的后代子孙在人间承受劳作之苦和分娩之痛来偿还人类始祖犯下的这一"原罪"，于是，永远地失去了没有痛苦忧愁的伊甸园中的幸福自由的生活。《圣经》借助"原罪"的理念使人类世世代代背负上了沉重的"十字架"，人类违背了上帝的意旨，必定要在尘世蒙受苦难、承受肉体之痛。但是，至善至美的最高统摄"上帝"以宽厚博爱的胸怀为人类的子孙指明了摆脱"原罪"的救赎方式，即在尘世中辛勤劳作、恪守教规教义，履行宗教律条，以仁慈、律己和爱人的原则渗透思想深层，净化心灵、克己修行、行善积德，方能依凭现世的赎"罪"皈依上帝、获取来世的美好生活。因此，原始宗教教义中的"原罪"的摆脱凭借一种宗教神学的理念表达了尘世之人渴望认同、企盼超越的精神追求和灵魂慰藉，无形中搭建起世俗中人与"上帝"心灵沟通的桥梁，其导引世人向善、求善的效果具有了社会伦理与道德的价值意蕴。然而，这种对"上帝"理念的推崇和信仰以及对上帝恩泽的感激一定程度上又带有神学玄思的唯心弊端。

尼采曾经指出，西方自启蒙运动以来已使基督教的精神王国开始瓦解。自然科学在社会发展层面对未知的自然生态领域的开拓、哲学变革在思想意识深层对蒙昧世界观的冲击以及主体意识形态的觉醒对神学的扫荡与颠覆，使绝对的权威中心"上帝"在本体世界、意义世界与生活世界中失去了栖身之所，从而在世俗生活的冲击面前，上帝无法继续承载指引人精神价值追求的历史使命。因此，启蒙运动开启了人类精神价值追求的大门，在摆脱了神权教条枷锁束缚的状况下，自然科学主义与理性主义占据了人们的心灵,在没有上帝的日子里,人们用自然主义的武器寻找生活的价值目标与意义。但是,"上帝死了",人却没有得到救赎,人类的精神皈依和心灵安顿在世俗物欲羁绊和功利诱惑下成为无根基的浮萍,因此,从此种意义上来说,现代社会下引发的生态困境应当是一场人文困境和价值危机,使人类在利益追寻过程中制造了非生态与生态、物质与精神、眼前与长远、暂时与持续、自己与他人、当代与后代之间严重的对立与冲突,无论人类中心主义、物种歧视主义还是人类沙文主义都忽视了人类文化的"生态"内涵,割裂了自然价值、自然利益、自然存在与人类价值、人类利益、人类存在和人类文化的关系,知识经济与信息社会的到来,使人类运用科技和理性征服自然的能力达到了空前,这一切加速了人类"主体世界"与"对象化世界"的两极分化,撩拨着人类的物质征服欲,造成了带有始基、本原性质的生态难题,如同偷食禁果后的亚当夏娃不得不进入尘世承受苦难,与此同时,人们对科技无节制发展的忧虑和对自身力量的渺小的感慨也达到了一定的深度。

借用基督教中的"原罪"理念,从宏观的视野把握"原罪"所反映的精神内核,直面现实社会所存在的深层问题以应对日益严峻的生态困境难题,具有极其重要的理论必要性。如果说,人类在原始混沌的"自然"状态下与自然界能够保持直观朴素的和谐关系,那么,随着世界的日益世俗化,主体不断地打破客体的束缚并逆自然规律而行(正如偷食禁果的人类始祖),于是便开始招致大自然的报复,引发严峻的生态难题,被迫承受环境污染、资源短缺之"痛"。在宗教的理念链条出现断裂的当今时代,"彼岸世界"的招引和训诫失去了普遍效力,妄图借助宗教的魅力指引世人摆脱犯下的"生态困境"之"原罪"似乎不具备现实可行性,那么,当今时代,直面生态困境,"原罪"的本根源自何处?现时代的人类又当如何自我"拯救",获得"最后的救赎"?如果说,宗教视野中的"原罪"的解脱依靠现世的辛勤劳作指向不能确证的"玄思来世",那么,生态困境问题中的"原罪"的解脱却是经过人类不懈的人生境界的追求指向能够达到、可以预知的"绿色文明"

的生态世界。

一 走不出的怪圈："丛林原则"与主体性悖谬

生态困境是人与自然生命系统关系的失衡乃至崩溃，从自然生态系统方面来说，自然本身具有自我组织和自我调节的功能，以维系自身生态的天然平衡，在没有遭受巨大的外在破坏力的情况下，能够自动地保持动态的平衡和生态稳定，即使出现暂时的生态失衡现象，也能够依靠强大的自我修复能力和自净能力，经过一个漫长的时期逐渐回归生态平衡。因此，生态困境的"原罪"不是自然本身的原因使然，更主要的应当从人类自身着手考虑，人类作为自然进化"金字塔"中的特殊物种，依靠强大的理性意识能动性，在自身创造的文化价值观念系统的引领下不断地进行着开发、利用自然的实践活动，并且人类影响和控制自然生态系统的能力已经远远超过了其他任何生命物种，人类在不断的实践活动过程中逐渐酿造了生态困境的难题。检讨生态困境可以从人类社会活动所及的政治、经济、军事、文化等诸多方面着手，并且人类对工业化社会以来日益严峻的生态困境的现实已进行了一定程度的探讨，18世纪英国神父马尔萨斯的《人口原理》以及现代美国生物学家保罗·埃利希的《人口爆炸》等著作从人口增长和经济发展等方面探讨了地球面临的生态压力，人是地球上的一种特殊的栖居者和享用者，人口的飞速增长给生态系统中有限的自然资源和天然的生态平衡态带来了沉重的压力和毁灭性的灾难，直接威胁人类的安全生存和健康发展。面对日益恶化的生态境况，人类对自身的生存和发展以及整个生态系统的未来充满忧虑，有学者进一步认为，当代最有可能导致整个人类毁灭的事件，已经不是人类相互之间展开的核战争，而是人与自然的相互抗击。生态困境已成为全球范围内普遍关注的时代问题，它不仅是人类经济、政治、科技与文化系统的局部问题，更是整个人类文明发展的难题，是世界整体生命系统的危机。

但是，人类在社会生活领域中所进行的活动都是在一定的理性意识的支配和预期目的引导下所进行的自觉活动，所以，从人类价值观念的深层特别是从道德哲学的形上高度探寻生态困境根源，却是应当努力的方向。伴随着当今社会日趋契约化、法制化、民主化的进展，人们在改造自然的实践活动过程中，在处理人与人、人与社会、人与自身关系的历程中产生价值指导理念的偏颇与误区，整个社会出现日益世俗化和功利化的发展趋向，经济物欲泛滥的背后是人类精神世界的萎缩，个人主义、利己主义、享乐主义与虚无主义盛行，逐渐滋生了蔓延整个社会生活世界强大的消费文化，在引导人们竞相追逐流行、时尚消费和高档消费的过程中，以彰显物质消费背后的身份地位明证、价值理念与个性追求，从而"把无度的消费、物质享乐和消遣当作人生最大的意义和幸福。它使人改变着千年来人类积累下来的高尚道德价值观念，把消费水平当作衡量人的尊卑、贵贱、荣辱的尺度"。[①] 于是，使整个社会文化向着一种"平面"型的建构方向发展，原本丰满的具有"类"本质属性的人成为建基于消费层次上的感性与欲望需求的"平面"，人与人之间成为在契约和经济利益支配下的物质交易"平面"，于是，人的生命价值与精神意义追求在物质主义和消费主义面前分崩离析，作为精神深层次的情感、意志与信念在物质欲念面前黯然失色。现代社会充分张扬了人的个性和物质享乐的积极性，在现实的人际交往和社会生活中充斥着注重物质实惠和效用的功利主义、享乐主义、实用主义与现实主义的氛围，生活中缺少了道德承诺和理想信念的支撑，盲目的任性放纵与发泄实际上使人越来越偏离了"类"的提升轨迹，向着"丛林原则"迈进，这从一定程度上来说，可以导源于人类精神价值世界的衰微，同时也是当今人类的主体性悖论。

科学与文化在当今时代的冲突与对抗导致了社会深层的文化价值系统的偏颇与混乱，在实用与功利价值的促发下，终于导致社会生活世界和价值意义世界理念链条的"断裂"，带来一系列的生态困境乃至生态危机。

[①] 石毓彬、杨远：《20世纪西方伦理学》，湖北人民出版社1986年版，第12页。

二 "类本质"意境的消解

在宗教的理念链条出现断裂的当今时代,"彼岸世界"的幸福与美好的引导失去了普遍效力,妄图借助宗教的魅力指引世人摆脱"生态困境"的"原罪"似乎不具备现实可行性,那么,当今时代人类遭遇的生态困境"原罪"的本根源自何处?现时代的人类又当如何走出生态困境?

当劳动和直立行走将人从茹毛饮血的动物界中脱胎出来以后,意识和思维能力的觉醒和进化使人类开始反观自然、反观自身。"主观世界"与"对象化世界"的二分使人类的意识得到了极大的提升和飞跃,正如偷食禁果之后的亚当夏娃智慧洞开、寻物遮丑,从此,与人类成长相伴随的"困扰"和"烦恼"便如影随形。人类自由意志力的增长与认识能力和实践能力的增强激发了探测宇宙奥秘的动力,妄图超越个体生命的有限视界去追求无限、永恒的终极实在,然而,身外自然世界的对抗力却以不可置疑的力度和广度侵入人类自我能力曾经确证的舞台,并逐渐动摇着人类征服自然的自信心。宇宙自然存在无限的、永远的未为人知的奥秘,与人类实践相关的身外世界是人类自我力量对象化的产物,然而,在物欲的支配下,人类曾经孜孜追求的自由的信念、实践的精神价值信仰瞬间坍塌崩溃,当人类以一种"异化"的姿态征服自然时,对象化的世界也便呈现为"异己"的力量作用于人类自身,带给人类无限的困惑与忧虑,并且随着自然的"反叛性"与"对抗性"力量的与日俱增,终于引发了严峻的生态困境。统一的自然界所裂变分化出来的人类的理性意志与客观物质世界是辩证一体和相互确证的关系,然而,对象化世界带给人类主体的困惑自人类产生以来便潜在、自在以及自在自为地存在,人是自然的产物,对自然具有先天的依赖性,自然界相对于人类而言更加具有先在性、独立性和不可抗拒性,这种对人类的不驯服性、约束性与自然的演化史和人类的成长史伴随始终,并且,人所生活的对象性世界和环境的改变都是具有主观能动意识的人的活动的结果,人的主体性的实践活动必须在自然规律的引导下有秩序地进行，否则便会脱离自然发展的预设轨道，带来生态难题。此外，人类对物质世界的独立性和先在性的确立是人类自我能力确证的表征，运用意识能动性区分自身与"自然之网"以及发现生态困境、反思并积极努力寻求摆脱生态困境的有效途径都是人类区别于万物的独特性和进步性。作为具有"类本质"属性的人类，既是生物的存在，更是具有文化和精神价值信念的存在；既是自然人，更是社会人。从道德哲学的形上思维层面思考生态困境的"原罪"，首先应当着眼于指导人类实践活动的自觉意识和行为观念，即道德认识的难题，以此作为理论探寻的出发点，开始生态困境"原罪"的探讨征程。

(一) 生态道德认识论的困扰

恩格斯曾经指出，人类在社会历史领域所进行的活动，是具有意识、经过深思熟虑或凭激情行动、追求某种目的的活动，因此，任何事情的发生都打上了人类自觉意图和预期目的的烙印。反思当前人类面临的日益严峻的生态困境难题，从生态的道德认知视角即"理论的态度"考察"原罪"的根源具有哲学形上的理论重要性，特别是人类作为具有主观能动意识的"类"存在，创造着属于自身的文化进化成果，而伦理与道德作为文化价值系统中规范和限制本能式行为方式的重要的精神价值理念，理应融入生态困境的道德认知探讨，从指导人的社会活动的自然观、科技观、人性观的意识深层探寻"原罪"的本根。

首先，"自然观"的误置。从人类诞生之日起，人类便以自身某种独特的方式与自然界发生千丝万缕的联系，在作用于自然的过程中不断地谋求维系自身生存的物质生活资料，在改造自然的生命历程中创造着自身的文化价值系统和意义系统，推进着思维能动意识的跃迁，逐渐形成了对于自然的认知与评价体系。原始文明时期，基本上是崇拜自然、天人一体未分的状态，"自然界起初是作为一种完全异己的、有无限威力和不可制服的力量与人们对立的，人们同它的关系完全像动物同它的关系一样，人们就像牲畜一样服从它的权力。因而，这是对自然界的一种纯粹动物式的意识（自然宗教）"。① 伴随着社会生产生活的推进，人类在改造自然和认识自然的能力方面得到了提升，原始混沌的天人一体逐渐被朴素直观的和谐自然观所取代，人们在充分认识到人与自然的同根同源性的基础上更关注到自然本身存在不依人的意识为转移的客观规律，这是自然相对于人类存在的独立性和先在性，此阶段基本秉承农业文明时期的直观经验论的有机自然观。然而，欧洲中世纪时期的到来，基督教神学自然观基本打破了人与自然的同一性，以上帝创世说凌驾于人类的主体性和自然的独立性之上，宇宙自然万物的合目的运动都是上帝的合理安排，因此，神学目的论实际上掩盖了人与自然的一体相关性。西方文艺复兴之后，自然科学广泛兴起，科学主义大行其道，人类从宗教神学的奴役下解放出来，追求思想的解放和人性的尊严，开始用理性和主体性的力量探寻自然奥秘，人文主义思潮的崛起与科学主义思潮的结合开始使人类向自然开战，征服自然，掠夺自然，人类在世俗生活中逐渐占据"主宰"地位，成为宗教神学自然观之后的又一个"上帝"，认为人对自然神秘性的揭示和对自然的强力征服正是主体人类的伟力和造化，在此种自然观的理念指导下必然催生整个工业文明时期人与自然关系日益疏离的文化后果。这种"自然观"的误置，确切地说源于人类思想意识深层的"主客二分"，割裂了本体论、认识论与价值论的一体统一，造成了人类、自然与社会的对立和分裂，在不同时期的误置的"自然观"的理念指导下，必会导致人类大规模地征服自然、掠夺自然，引发人类面临的巨大的生存压力和生态困境，因此，生态文明时期应当探求人与自然和谐共生的有机论自然观，超越人与自然的异化状态，使自然经历"附魅""祛魅"的历史时期之后"返魅"，实现人与自然在未来绿色文明时期充满生机活力地协同进化与共同发展。

其次，"科技观"的歧途。西方自文艺复兴以来，特别是宗教神学的桎梏被打破以后，自然科学蓬勃兴起，科学技术以势不可当的迅猛势头向前发展，特别是与具体的生产活动紧密结合产生了巨大的经济效

---

① 《马克思恩格斯全集》（第 3 卷），人民出版社 1965 年版，第 35 页。

能，科技时代和知识经济的到来使人们满怀希望和期待，"科技至上"被奉为理念圭臬，在盲目的崇拜中，"科学—技术系统"的日益发达曾一度被作为文化进步的唯一标准，在"科技万能"的口号下，人类运用科技的武器开始向大自然宣战，自然界中的事物在科技征服的利器下演变为服务于人类的工具性存在，人类成为一切价值和行动的目的与中心，由此逐渐引发一系列的生态问题。科技发展逐渐暴露出的两面性使人类世界产生了深深的忧虑，特别是面对日益严峻的生态困境，席卷全球的资源短缺、能源危机以及生态失衡使反科技的声浪日渐高涨，"回归自然"的呼声曾一度响彻欧洲大陆，并一直延绵到今天。科学技术在德国哲学家海德格尔那里被认为是一种"座架"，在科技理性的支配下，科技座架在限制人在追求"类"本性自由呈现的同时限制了自然物质的真实展现，带来人性的碎片化和科技的异化。因此，科技时代潜隐着巨大的风险，随着科技的广泛应用，人与自然的关系发生了翻天覆地的变化，自然万物在被逐渐沦为技术改造的工具和手段的同时，人类也逐渐沦为消费与欲望的奴隶，成为单向度的人，人类的灵性和本真的生命追求在科技框架下正逐渐萎缩，人类在技术时代虽然获得了强有力的利用自然的科技手段，但是自然生态却日益陷入困境而难以自拔。美国哲学家芒福德认为技术带来的是一个野蛮的新纪元，要摆脱技术理性主义，使人类自我解脱出来谋求人与自然的生态和谐，就要通过提高自主性，进行自我控制达到自我实现从而摆脱人类"机器化"的倾向，法兰克福学派的社会批判理论同样指出科技发展对人类所造成的"压抑性的统治"，在物质利益的追逐中逐渐丧失了本应具有的追求精神自由和进行社会批判的思维能力，人的异化和人性的碎片化由此发生。因此，对于科技发展的双向性应当进行辩证分析，科学技术的发展是时代进步的标志和社会发展的支柱与动力，科技的缺失必会带来人类生活的混乱和文明的荒芜，科技本身对社会的发展具有不可估量的作用，这是可以得到普遍认可的，然而应对科技发展的负面影响，更多地还应当依靠科技自身的发展，把它纳入社会运行的轨道进行管理和调控，使科技理性在价值理性和人文理性的指引下，成为融科学精神和人文精神为一体,真、善、美相结合的"生态理性",由此,在一种生态和谐的价值理念指引下,真正的科技理性精神才能够成为人类在自然中生存和生活的价值基础。

最后,"人性观"的偏差。现代性下先进的科技理性手段曾经扩展了人们的交往空间、增强了交往频率并缩短了交往距离,但是人们却产生了前所未有的孤独感,在体制化的科技成果背后,人们遭受着"自由"的悖论。科技理性对自然的"祛魅"曾一度带来了全球生态的恶化与人的异化,在物欲追求和消费享乐面前,人的自我生命存在的意义逐渐单面化直至丧失,人在自然面前不再具有神圣性的敬畏感,失去了对生存家园眷恋和依赖的道德情感。伴随着科技发展的进程,带来人的异化、人性的危机和单向度的人,在人被逐渐"机械化"的过程中,人成为科技和机器的奴隶,物质主义、消费主义与享乐主义充斥着人们的心灵,人类理想信念失落,自然存"在"被遗忘后,与之伴随的是人类道德责任的遮蔽和消解,现代性将人的"欲望"高度膨胀并合理化为人的生命本质,于是,人类被主观情欲所支配,并一度成为"欲望"的奴隶,精神失落的背后折射出"人性观"的偏差,由此带来人与自然关系的断裂,从而成为引发生态困境的深层价值根源。

因此,在高技术时代,应当继续"寻找人性的意义",人性确证的密码或许永远无法破译,但是人类认识自己的努力从未止息。不同的历史视野呈现出不同的人性观,无论把人类看作上帝神性关照的至上存在,或者看作追求感官享乐和欲望满足的单面人,都具有统治自然、掠夺自然的人性倾向。在理性主义人性论大行其道的当前社会,当人性的发展陷入困境并引发日益严峻的生态难题的时代背景下,应当进行理性与人文价值整合的人性设计,超越自在的"生物自然人"与"理性经济人",应当寻求自觉追求和维护人与自然和谐发展的"道德生态人",在生态道德理性和生态伦理精神的支撑下,自觉遵循自然生态规律,恢复人与自然关系的和谐之境。人不仅是社会之子,在生命的源头上考察,人首先应当是自然之子,人性深层似乎应当重建"类"的终极实体,那就是生命自然,在生态人格重塑的基础上实现人性向自然生态生成，实现人的自然性与社会性的真正统一。

如果说人与自然之间的作用力是一种"生产力"或一种"物理力"，那么，人类抽象思维能力的发展则使这种"物理力"演变为"管理力"：一为控制自然，二为运用生态智慧驾驭控制力。其中，后者才是人类道德进化的最高层次的表现，它使人类能够在遵循生态演化规律的前提下合理使用自身的"控制力"，通过"类"意识的深层觉醒，维护自然生态平衡。

因此，从道德认知视角解读生态困境，无论"自然观""科技观"还是"人性观"的层面对困境根源的应对，都是道德哲学的"理论的态度"，人类作为文化进化的生命物种，应当依靠自身的"类"的本质实现对自身自然生物本性的突破和超越，依靠理性意识的思维能力进行价值观念的形上建构，从而在道德认知的层面为应对生态困境找到价值观念探寻的突破口。所以，生态困境的根源探寻应当着眼于人的"类本质"意境的深层，使人按照人的生存方式去生活是应对生态困境的根本的文化根基，而人的"类本质"意境的消解却是时代困境的理论根源。

（二）"类本质"意境的消解

人类作为文化进化的生命物种，通过基于"脑进化"的生命基础，不断地创造着属于自身的文明成果，规范和限制着作为动物物种的本能式生存活动，虽然达尔文的进化论揭示了人的生命起源，人类与其他生命形式一样共同遵循着生物进化规律，并作为自然进化的最高成就存在于生态世界，然而，"人类的进化有两个组成部分，生物学的或有机体的，文化的或超机体的。这些组成部分既非相互排斥，也非相互独立，而是相互联系和相互依赖的。人类的进化不能理解为一种纯生物学过程，也不能完全描写为一部文化史。它是生物学和文化的相互作用"。①因此，生物的进化与文化的进化共同构成了人类的进化系统，人之所以

---

① ［德］F. J. 阿亚拉、T. 普劳特：《纪念杜布赞斯基》，《科学与哲学》1979 年第 3 期。

为人，恰恰在于源于文化进化所拥有的根本区别于动物本能式生存方式的"类"的本质，这种特殊的文化进化方式使人作为一个"类"的整体从动物本能世界中超拔和提升出来，人的存在的本真价值被赋予文化属性的"类本质"的内涵而真正凸显，如此，人类在具体的实践活动中，能够"自觉地把自身当作类来对待，以类为自身活动的内在规定，并有意识地在自己的行为中去贯彻"，① 在"类"本质的引导下，人类在摆脱自然束缚与限制的过程中能够超越动物本能的生存方式并进而超越自身，实现真正的自由和解放，因此，人类依靠自主的文化进化所逐渐累积起来的文明成果使人能够以"类本质"的方式像人一样生活，成为人区别于动物本能式生存的显著标志。

然而，自欧洲文艺复兴、启蒙运动以来，人的主体意识觉醒，在运用科学技术作用于自然、实现自由和解放的历程中却出现人性的碎片化以及人的生命在消费主义的潮流下被物化的倾向，因而，人的"类本质"逐渐被动物本能的生存方式异化甚至消解，从而出现日益严峻的生态困境。在人类中心主义的理论视野中，这种"类本质"的消解趋向日益凸显，在掠夺自然的行动中又陷入动物本能式的思维模式和生存方式中，遗忘了人的"类本质"和基于道德进化的人类的进化。自古希腊哲学家普罗泰格拉提出"人是万物的尺度"之后，人类中心的理念便开始潜在地萌芽并逐渐发展，直到欧洲文艺复兴和随后的工业革命时期，人类中心主义才进一步强化并真正确立起来，培根的"知识就是力量"以及笛卡尔的"二元论"把人类中心的理念逐渐作为一种既定的思维方式融入人类世界观和价值观的意识深层，纳入人类征服自然、掠夺自然的实践过程，对人类社会的生产与生活产生重大的影响。人类中心主义把人类作为宇宙自然的目的和中心，只有人类具有内在价值，自然生态系统中的万事万物只有相对于人类而言的工具性价值，因此，人类中心主义从自然物种进化的视角来看并没有摆脱动物本能式的

---

① 高清海：《人类正在走向自觉的类存在》，载《吉林大学社会科学学报》1998年第1期，第1—12页。

生存方式和思维模式，忽略了作为人的文化进化成果的"类"属性，表现在人类作用于自然的文化价值观念系统中，便是"自然观""科技观"以及"人性观"的偏离，在物欲的激发下，自然在科技理性的作用下逐渐演变为服务于人类目的的工具性存在，这种自然物种的"本能式"回归实际上导致了人类对自然界的本能式征服，催生了严峻的生态困境。所以，在极端的人类中心主义的关注视野中，人类仍旧局限于自然物种的本能，并没有运用文化进化的理性成果，运用伦理文化和道德理性的力量反思和审视当前的生态困境，限制和规范作用于自然的实践行为，从而体现超越于自然物种本能式生存的"类"本质和"类"的生存方式，因此，人类的文化进化出现偏颇和错位，拥有强大的文明和文化进化成果的人类却在履行动物本能式的生存职能，人的类本质被异化和消解。基于对人类中心主义进行理性批判与反思基础之上建构起来的非人类中心主义，在寻求人与自然生态和谐的历程中，同样没有实现人的"类本质"的真正回归，真正的人的生命存在的意义和"类"基础被遮蔽和放逐，然而，人在自己的生命进化过程中实现文化的自觉和类本真状态的彰显才是人类道德进化的表现形态以及生态伦理建构的价值基础，即人类在尚未摆脱动物本能的思维模式和生存方式下进行的活动是人的"类"本真形态在道德理性和文化进化过程中的失落和遗忘，也是生态伦理终极旨趣的逻辑悖论。

由此可见，人类的文化进化基于不断的文化创造把自身从物竞天择的自然动物本性中提升出来，实现对动物自然本能的超越和突破，彰显作为文化进化成果的"类"本质属性，从而走向道德认知自觉，在道德的成熟和完善过程中推动着人类的进化，"人类的自主的文化进化，就是一个不断趋向成熟的过程，使文化走向自觉。而文化自觉的一个重要标志，就是人类的道德需要不断的自我更新，以及道德共同体的边界不断的扩大，并且将道德的进化真正看成是人类生活的核心内容和任务"。①因此，伦理和道德的因素作为人类文明价值系统中的核心部分，是人类

---

① 郑慧子：《生态伦理的文化进化基础》，《自然辩证法研究》2002年第7期。

文化进化成果的主体表现，作为文化系统的核心要素规范和调节着人类的实践活动。道德从最初动物性本能式的先天利他性到运用文化理性的力量实现人性化的自主自觉的超越，是道德进化的展现和人的"类"本质的自觉，因此，"从基于总适合度的先天利它现象转变为以做出决断为基础的道德可能是人性化最重要的步骤"。① 人类伦理和道德的进化是人类文化进化和人类本身进化的彰显，它通过对人类生命和生活系统的理性约束和整体协调，标志着人类文化进化的自觉程度，是人的"类"本真状态的生命彰显。在自然生命系统演化史上，人类依靠理性和思维能力的提升首先超拔于动物界，实现对物性的超越，具有了社会属性，从自然共同体走向社会共同体，使传统的伦理只适用于调节人际关系范畴扩展到人与社会的领域，然而，生态伦理发展起来以后人类的道德关怀范围进一步向前延展，从人与人、人与社会推扩到调节人与自然的关系领域，从关注人类生命存在到关注非人类的生命存在，直到宇宙万物包括整个自然生态系统。人类道德关怀范围的拓展标志着人类的道德进化，体现着人类对自然以及对自身的超越和提升，是人类作为自觉的文化存在的"类"本质的彰显和表征，同样，人不断走向自觉的"类"存在的过程也是伦理文化发展和道德进化的过程，二者相得益彰，推动着人与自然生态系统的和谐共生，在认识自然、摆脱外界控制与约束的过程中超越动物本能的生存与生活方式，摆脱内在的物质情欲的束缚，在"类"本真生命的引导下追求真正的自由和解放，因为，"人的类特性恰恰就是自由的自觉的活动"，② 这是人类生命存在和发展历程中孜孜以求的终极价值目标，是科学的生态伦理的终极旨趣和未来绿色文明时代的价值企盼。

三 最后的救赎："类"意识的深层觉醒与生命的自由之境

如果说，宗教曾经以神学玄思的唯心主义方法预设了"上帝"的

---

① ［美］E. 迈尔:《生物学哲学》，涂长晟等译，辽宁教育出版社1992年版，第81页。
② 《马克思恩格斯全集》（第42卷），人民出版社1979年版，第96页。

理念，指引世人在世俗生活中勤勉节俭、恪尽职守，以"彼岸世界"的幸福生活和"天堂境遇"的美好归宿引导"子民"获得来世的"救赎"，那么，在宗教的理念链条发生断裂的当今时代，直面"生态困境"难题，背负着沉重的"原罪"锁链的现代人类，又当如何走出困境，获得"最后的救赎"？

人类作为意义存在物，不断创造和更新着自身的文化系统和精神价值系统，是区别于动物本能式生存的"类"的生命存在。"伦理"作为在社会物质生活过程中彰显的价值合理性的关系要求，是人类生命与生活的智慧结晶，它融会了人类文明生态价值的合理因子，是人文精神生态的内在依据和有机文化构成，在人类由自为存在向自由存在的价值迈进过程中发挥着重要的承继作用。伦理关怀范围的不断拓展和深化彰显着人类本质的逐步完善，而"生态伦理"作为时代精神的体现和深层的文化自觉，是以人类终极价值关切为核心并融会贯通人类文化、价值、审美等维度的完整的深层文化价值体系，它内蕴了人类对世界和自身的终极存在意义的思考，以人类的自由和解放为终极价值旨归，是人类道德进化史上的崭新篇章。

生态伦理是人类文化进化走向自觉与成熟阶段的展现，在此阶段，道德共同体的边界不断扩大，人类的道德需要不断地更新和完善，伦理与道德的原素逐渐成为自然生态系统中人类生产与生活的核心价值构成，其进步和完善的过程也是人的"类"本质不断彰显的过程，人类道德关怀范围的每一次扩展都是人类道德理性的觉醒，而这种道德进化过程的迈进正是逐渐向人的"类"本质的不断逼近，也是人的"类"本真状态的呈现过程，表现在人与自然的关系问题上，恰恰是人类摆脱外界自然的控制和自身动物本能式的生存方式和情欲束缚，从而实现人与自然在"类"的层面上的统一过程，使人类按照特有的文化方式超越动物的本能式生存样态，真正像人一样生活。然而，在生态伦理的关注视野当中，人类中心主义并没有在伦理文化和道德理性的规导和限制下超越动物物种本能的天性，掌握着丰厚的文化进化成果的人类在向自然进行工具性掠夺和本能性征服的过程中，"类"本质被异化和消解，人"类"的精神自由在实现文化自觉和道德进化的生命历程中失落了，而真正的生态伦理的建构就是在不断地拓展道德关怀范围、实现道德进化的过程中，谋求人与自然的生态和谐，寻归"精神自由"和"解放"的生命本质并实现"类"意识的深层觉醒。

（一）精神自由与解放

伦理和道德的原素是人类文化价值观念的核心构成和人类的精神自律样态，出于对人类所生存的自然生态系统和社会现实状况的深切关注以谋求未来更好的生命存在与发展前景，人类需要并应当以伦理和道德的文化理念规约和指导具体的实践行为。然而，日益严峻的生态困境的出现，恰恰是人类自身的文化价值理念在发展进程中割裂了自然生态存在与人类文化存在、自然生态利益与人类整体利益的关系，把文化深层的生态关怀从人文关怀中抽离出来。殊不知，对自然生态系统的生命关怀关系到整体人类现状生存与未来发展的命运，是真正的人文关怀和人文精神的展现，而新时代的人文精神就是要运用人类文化进化的伦理与道德的文明成果贯通渗透于人与自然关系背后的人与人、人与自身的关系当中，以"精神自由"的文化理念实现人类生存与发展的伦理生态。

黑格尔在其《法哲学原理》中明确指出，法哲学的研究对象是"意志"，意志的本性是"自由"，"法的基地一般说来是精神的东西，它的确定的地位和出发点是意志。意志是自由的，所以自由就构成法的实体和规定性"。① 其实，以"自由"诠释"意志"历来是黑格尔哲学乃至整个现代西方文明的传统，并且，自由不仅成为人类道德意志的内在禀性，而且成为整个人类文明的终极价值旨归。马克思认为，劳动是人的本质活动，自由是人的本质，动物的生存只是适应环境，而人类的生存在理性意识的作用下则能够改变环境，超越自然界的束缚，超越盲目必然性的束缚，超越世界的混沌性与自在性的束缚，按人自己的设计、创造、理想来改变世界和自己，人类要获得社会中的自由，就要用社会科学来了解社会、改造社会，人类要获得自然界中的自由，就要用

---

① ［德］黑格尔：《法哲学原理》，范扬、张企泰译，商务印书馆1996年版，第10页。

自然科学来了解自然、改造自然。而且，自由还是一种不受现实羁绊、不为外物所累、不为外物所阻隔和分离的精神状态，是一种丰富、全面和完整的主体状态和至高境界，人类在不断发展自身过程中提升自身，摆脱物化状态、克服人性片面性，作为真正的"人"的存在自由地展现自己、创造自己、发展自己、提升自己、实现自己。

自人类的思维产生以来，意识与自我意识便作为人类区别于动物的本质属性伴随着人类的发展而不断地实现着自身的超越和提升，在人类初年，"生存问题"是人类思维意识关注的首要问题，求生存是人的本能，是人的一切活动的基础，此阶段主要是人的依附关系，人类的生活和生命与动物的谋生基本类同；随着历史的推进和生产的不断发展，人类的物质与文化生活向前迈进，解决了"生存"的顾虑，人类的自我意识便跃迁到"发展"的层面，这是以物的依赖性为基础的人的独立性的阶段，由此，当代工具理性所导致的物化、异化等价值危机凸显出来，并引发了严峻的生态难题；当人类体力、智能、物质与文化的发展达到了一定的高度后，透过"文化"的努力，开始向真正人的生命自由与全面发展的个性阶段迈进，建构一整套"人"的原理和逻辑，从而人的生存具有了"生命"的真义，于是，便开始了人类形上精神价值深层的发展，即人类作为"类"本质的存在，在自我意识层面对精神"自由"的追求，这是人类意识发展与自我意识演进层面的至上理念。要从人与自然、人与社会、人与人乃至人与自身之间的关系中获得"自由"，需要以一种伦理生态的思维超越个体本位，回归单一物与普遍物相统一的实体，个体既是一种独立的存在，又不是没有归属的"幽灵"，唯有通过"回归"才能达到己立立人、己达达人、人己同一、圆融无碍的超越包容境界与精神"自由"境界，这同时也是生态视阈中促进人与自然和谐共生的"自由"之境。

在现代性所孕育的启蒙神话中，真正的"自由"是以"解放"的姿态实现的，在启蒙所开启的现代社会，在崇仰人的理性、价值与尊严的当今时代，人类的"解放"表现在多种维度。在人与自然的关系维度，人类希求从混沌的自然束缚中解放，从盲目必然性下解放出来，从动物式本能和其他蒙昧、野蛮状态下解放出来，从异己的物化状态和牵累人的身外之物下解放，获得精神的逍遥舒畅的"自由"之境，然而，当人类运用日益发达的科技手段操纵自然、征服自然，妄图摆脱自然的控制时，以为在自然面前完全独立并获得了"解放"，但日益严峻的生存危机和生态困境却使当今的人类发展陷入"自由"的悖论；在人与人的关系向度，人类摆脱了原始社会对群体的依赖、奴隶社会以及封建社会对奴隶主和地主的人身依附关系，以民主、自由、科学的文化理念处理人与人的关系，寻求平等互助的人际关怀，然而，在"众意"协商博弈与契约原则的共同作用下，却潜隐着"集体道德无意识"或"集体霸权"的危险，直接消解"民主"的合理性；在人与自身的关系层面，人类依靠思维、理性和文化的力量调节自身、限制不合理的思维形式与行为方式，自以为可以掌控自由意志的方向，殊不知，人类在物质欲念和功利主义面前，出现思想信念坍塌以及终极价值信仰体系的崩溃迹象，人类的"自由"和"解放"失落。

　　黑格尔的法哲学理论指出，自由的本质其实就是"解放"，其历史哲学进一步认为，精神自由或意志自由沿着两个维度展开：一是从外在控制包括各种自然控制和社会控制下得到解放；二是从情欲内在的束缚下得到解放。[①] 所以，前一种"解放"包含了伦理，它要求人从个体的有限性中解放出来，回归实体的普遍性，达到"单一物与普遍物的统一"，摆脱外在必然性的控制获得"客观自由"，后一种"解放"包含了道德，它要求人从自然质朴性、主观任意性和偶然性中解放出来，获得"主观自由"。在黑格尔的道德哲学体系中，伦理与道德内在于"精神哲学"理论体系中，"精神的本质从形式上看就是自由，即概念的作为自身同一性的绝对的否定性。依据这个形式的规定，精神能够从一切外在的东西和它自己的外在性、它的定在本身抽象出来；它能够忍受对其个体的直接的否定，忍受无限的痛苦，就是说，能够在这个否定中肯

---

① ［德］黑格尔：《历史哲学》（英译者序言），王造时译，上海书店出版社1999年版，第7页。

定地保持自己，而且能够自为地是同一的。这种可能性是精神自身内抽象的、自为存在着的普遍性"。① 所以，精神的本质是"自由"，精神的对立物是自然，通过对"客观自然"即对自然外在性的否定获得主体性的自由，通过对"主观自然"即对个体有限性和自然质朴性的否定获得实体无限的自由，通过对自然外在性和个体有限性的否定最终"肯定"自身，获得"自在自为的自由"。为实现外在控制下的解放，摆脱自然和社会的外在限制，道德哲学才内在地包括了对自然生态困境以及社会生境的直面、正视、反思和超越，因此，在道德哲学的体系中实际上融会贯通了经济学、政治学以及法学的内容，黑格尔在其历史哲学中进一步指出，经济学研究如何合理而有效地创造财富，以使人们从贫困等自然控制下解放出来，诺贝尔经济学奖得主、剑桥大学著名经济学家阿玛蒂亚·森的著作《以自由看待发展》，就是这一传统的体现；政治学、法学研究人们如何从社会特别是社会关系的束缚下得到解放。② 所以，为摆脱人与自然和人与人之间社会关系的束缚，依靠经济学的进展、生产力的发展特别是科学技术的突飞猛进，在为社会创造出丰厚的物质财富的过程中也推进着改造自然与社会的科技手段的进步以及对自然必然性的体认过程，从而实现外在控制下的"解放"，这种"解放"实际上是一种外在的"自由"；为摆脱内在情欲束缚下的不合理的物性欲求，人们应当并能够借助道德哲学的力量认真反思自身，剖析人类道德认知形态与冲动形态的伦理的偏差和弊病，运用道德形而上学的方法超越内在情欲的物性束缚和过度理性意念指导下的行为对自然的迫害，这种道德哲学的方法体现在两个世界的运作，此岸世界中，道德哲学的理念集中于"伦理学"的展现，在伦理理念的引导下，达到个体向实体的归依与提升，实现单一物与普遍物的统一，摆脱个体主观情欲的束缚；道德哲学在彼岸世界中则凝聚为"宗教学"的体现，宗教神

---

① [德]黑格尔：《精神哲学》，杨祖陶译，人民出版社2006年版，第19—20页。
② [德]黑格尔：《历史哲学》（英译者序言），王造时译，上海书店出版社1999年版，第7页。

学以"来世"的指引和"现世"的劝诫指引世人克制情欲，实现内在的"解放"，依一种道德哲学的思维实现的主观偶然性和内在情欲束缚的摆脱实际上是一种精神的"自由"。所以，在黑格尔的理念中，真正的意志"自由"是在"解放"中完成的，外在自然与社会控制下的"解放"和内在物性情欲束缚下的"解放"构成了完整的人"类"自由的实现过程，是伦理精神"自由"与道德精神"自由"的辩证复归。

综上分析，人"类"精神自由或意志自由既包含一种肯定性的说明维度又内在了一种否定性的论断向度，通过经济与政治的手段，通过生产力的发展和科技手段的进步创获丰厚的物质财富，实现对自然和社会的驾驭，从而肯定性地"获得"外在自由；透过道德哲学体系中伦理和宗教的原素，渗透作用于人类的思想观念深层控制不合理的物质欲求，摆脱内在情欲的束缚，分别在此岸世界与彼岸世界从否定性的维度"摆脱"束缚，实现内在的自由和解放。"意志这个要素所含有的是：我能摆脱一切东西，放弃一切目的，从一切东西中抽象出来。"① 然而，肯定性地"获得"和否定性地"摆脱"二者殊途同归，摆脱外在自然和社会的控制是摆脱内在情欲束缚的前提和基础，并且唯有真正实现内在情欲束缚的摆脱，不为外物所蔽，才是更深层意义上的"自由"的提升，二者构成向人"类"精神自由的实现和迈进过程中不可或缺的必要环节，构成人"类"伦理精神自由与道德精神自由的生态结构。

（二）"类"意识的深层觉醒与生命的自由之境

随着社会经济的发展和科学技术力量的向前迈进，在"利益驱动"机制的促发下，人类逐渐创造出丰厚的物质财富并增加着对自然必然性的体认，在摆脱自然和社会的外在控制的过程中获得"解放"，实现伦理"自由"，然而，这种经济上物质利益驱动机制在社会中的贯彻和落实又使人类落入物质情欲的"陷阱"，极大地冲击着内在道德"自由"的实现，人们愈益获得外在"自由"便愈益失去内在"自由"，这是两

---

① ［德］黑格尔：《法哲学原理》，范扬、张企泰译，商务印书馆1996年版，第15页。

种自由在当下社会经济发展中的"悖论",是实现物质幸福的过程中的精神痛苦"难题"。人类摆脱主观情欲的束缚所达成的内在"自由",是人类在迈向"自由"的征途中对"自由"的深层体悟和理解,包括人的创造能力的发挥和人的全面性的发展。然而,工业社会以来,人类对自然的疯狂掠夺和过度攫取导致了蔓延全球的日益严峻的生态困境,资源短缺、能源危机以及生态失衡严重困扰着当今的人类社会,威胁着人类乃至整个生态系统的生存和发展,人类的精神家园失落、创造性消解,偏离了伦理和道德理性的规约的人类在业已千疮百孔的生态自然系统中无度地消耗和挥霍着整体人类的宝贵资源,此时的人类是已经远离了文化存在和"类"本质存在的物性化的人,是动物本能式生存的充分展现。西方马克思主义的代表人物美国哲学家赫伯特·马尔库塞曾揭示,在高度发达的工业文明社会,人从生产到物质生活和精神生活的自由度完全被社会强制剥夺,人类的精神家园完全丧失,这是一种舒舒服服、平平稳稳、合理而又民主的"不自由"状态,因此,被社会机械操控和重新整合的"人"是碎片化了的"单向度的人",是偏离了"类"本质的"自由"发展轨迹,消解了自我意识和创造性意义的"物化"的生存状态,这不仅是现代经济学发展过程中的"困惑",更是整个人类文明发展过程中不得不正视的"难题"。陷入利益驱动机制的人类,在物质欲求的激发下,遗忘了作为"类"本质存在的人的精神"自由"理念,特别是在资本主义工业文明时代,为实现经济利益最大化,"一面是韦伯的'理想类型'所说的禁欲苦行主义,另一面是韦尔纳·桑姆巴特所揭示但长期遭到忽视的命题:贪婪的攫取性"。[①] 在两种驱动机制的作用下,完成了资本主义经济发展的原始积累,成就了几个世纪以来高度发达的资本主义产业文明,但与此同时,也带来了资本积累的恶性膨胀,对自然生境带来了一定的冲击,引发了一系列的生态难题,因此,应对经济发展难题、走出生态困境,应当为经济和生态社

---

① [美]丹尼尔·贝尔:《资本主义文化矛盾》,赵一凡、蒲隆、任晓晋译,生活·读书·新知三联书店1989年版,第27页。

会的发展注入更多的伦理文化和道德理性的原素，这是当今社会为此所进行的积极的努力和尝试，也是反观生态困境，赋予自然生态系统中的人类以必要的伦理精神"自由"的必然过程。

理念是行动的先导，在人"类"的精神意识深层贯彻生态的伦理"自由"理念具有深刻的理论价值。在具体的人与自然、人与社会以及人与人之间的关系中，生态整体利益是人类利益的延伸和深层展现，而环境殖民主义、环境利己主义在一己私利的基础上忽视了他人、后代、整体人类、社会以及生态系统的利益，在人与自然的冲突的背后是无边际的人与人、人与社会乃至人与自身的冲突和对抗，贫富分化、社会不公正的难题、人类物性欲望的过度张扬都为"生态困境"的加剧推波助澜，遗忘了地球生态系统是人类共同的家园、唯一的家园也是最后的家园，因此，应当建构一种生存的道德和伦理的文化理念，拯救我们濒危的人类大家庭，这是人的"类"意识的深层觉醒和"自由"的价值旨归。真正的生态伦理精神的建构源于对生态现状的深切把握和生态规律的理性认知，是对生态伦理规范和生态道德生活的价值信仰和深层的生态道德理念体认，并以此贯穿渗透于人"类"的思想深层并落实于具体的生态实践活动，这是人类区别于动物的文化标志，是对自然的生命过程的文化价值的提升与超越，在生态伦理与生态道德的理念支撑下，人类的生命进程获得了"精神"的内涵，从而不断地自我实现与自我提升，并向真正的"自由"之境迈进。"从伦理精神的意义上诠释，生命的过程，在否定性的意义上是自我约束、自我规范，显现人的特点和人的尊严的过程；在肯定性意义上是自我造就、自我提升，实现生命的意义和价值的过程。生存—生活—生命，以生命追求为真义和最高境界。生命的真谛在于'意义'与'价值'，有了意义与价值，'生命'就超越了生物性的有限，达到价值的无限。"[①] 摆脱了"生存"的顾虑的人类，在具体的生活过程中遭遇到生态困境，就需要以生命的自由境界引领，以明确的生活目的性扬弃生物的本能冲动，进行生存与生

---

① 樊浩：《伦理精神的价值生态》，中国社会科学出版社2001年版，第192页。

活基础上更高层次的意义世界的建构，以一定的价值规范体系引导和约束自身的本能冲动，摆脱人类生命存在的任意性与个别性，建构生命的存在秩序，追寻自我实现的"自由"，超越有限，趋向无限。

完整的生命"自由"境界的呈现过程，同时也是无序、有限的本能生命冲动与有序、无限的道德生命冲动的力量对峙的过程，生态伦理秩序的建立过程，同时是人"类"合理的生命秩序的建构过程，即以道德的生命秩序引导、规范本能的生命行为，使个体内在的生命秩序在生态道德的引领下与社会生活秩序相契合，从而摆脱不合理的物质欲求，追求富有道德价值和生命意义的合理"得"到。因此，在人类道德生命秩序的引领下，伦理的运行和道德的践履应当也必定会融入人类的生命之流，人类精神生态的健康和有序必然会促进生态世界的和谐和有序，而生态伦理的建构本身便是人类向"自由"之境迈进的伦理思维，人类的自我意识经由不同历史发展时期的"生存—生活—生命"的境界提升，由谋求生存、规划生活到寻求生命"自由"之境的成长和成熟，不仅能够强化人类的道德责任感和伦理使命感，同时表征了人的"类"意识的深层觉醒，唯有如此，人类才能够从容应对生态难题，获得最后的"救赎"。

人类追寻"精神自由"的理念，实现伦理"自由"与道德"自由"的辩证复归，是人类文明的深层价值底蕴，应当融入人类具体的经济、政治、文化与自然协同发展的"生态"视阈，使人类回归"精神自由"的"类本质"，由此应对生态难题、走出困境，从道德哲学的形上层面，借鉴现象学与法哲学的理论资源分别从"理论的态度"与"实践的态度"的视角探寻困境根源，推进人类"精神自由"的生态回归，并建构生态世界的有序和谐是总体的理论努力方向，从道德认识论的层面考察，存在人类"自然观"的误置、"科技观"的歧途以及"人性观"的偏差的困境根源。

第二章

自然观与生态困境

日益严峻的生态困境是严重威胁人类生存和发展的一个需要正视的现实问题，生态困境问题的表面彰显是人与自然关系的危机，因此，生态困境的发生在直接层面源于人类"自然观"的偏差。自然界在人类产生之前是一个统一的洪荒世界，大自然是唯一的主宰，从总星系到微观粒子，一切存在的物质系统都按照自然规律自发地朝着稳定状态演化，自从人类产生以后，历史发展到一定阶段，伴随着人类思维能力和意识能动性的发展和演化，人类开始以特有的自我意识反观自然，自然界成了人的对象，人不是消极被动地适应自然界，而是以创造性的实践活动和认识活动开始积极主动地干预、改造自然界，努力营造一个适合自身需要的社会自然环境，人类在具体的生存与生活过程中与自然界发生着千丝万缕的联系，并贯通渗透着自身创造的价值观念和文化意义，如此不断推进着思维能动意识的跃迁，逐渐形成了对于自然的认知与评价体系，于是便形成了多重视野下的"自然观"视阈。

然而，"自然"的概念具有不同的层次含义，总体来看，自然可以概括为"天然自然"和"人化自然"。天然自然，也即第一自然、原始自然、自在自然，指的是未经过任何人工的作用的一切天然形成的物质及能量的总体，天然自然由于未受到人类活动的作用，物质交换、迁移和转化，能量、信息的传递和物种的演化按照自然界自身固有的规律进行；而人化自然，也即第二自然、人工自然，是与天然自然或自在自然直接相对应的概念，是人类以天然自然为基础，通过人类意识涉及或生产劳动实践对天然自然加以调节、控制、加工、创造而形成的，它渗透着人的活动因素，体现了人的意志力量。本书所探讨的"自然观"应当是人类意识渗透观照，具有实践哲学烙印的人化自然，因此，"自然观"并非抽象的概念，它是人类对于其生存和生活的自然生态世界的一种思想观念与价值领悟，是人类精神世界观的认知构成，从人类具体的生态实践的"自然观"的历史演变与逻辑演化的多维视角透视"自然观"，期望能够为超越生态困境提供一个认知方向，实现未来生态文明时代"自然观"的"实践—认识—审美"链条的辩证契合。

第一节 人与自然关系的历史嬗变

考察人与自然关系发展的历史演化脉络，历经远古文明时期的古朴和谐、近代工业文明时期的激烈冲突，到生态文明时期应当建构的系统有机的"共生和谐"，应当说这是一个不断丰富和深化的生态认知过程。伴随着近代自然科学对自然之"是"的探究和讨论的深入，人们从科学的认知视角对自然的结构形态、存在状态以及演化规律进行了越来越清楚地把握和了解，生态困境的出现迫使人们从人类道德价值理念与生存实践的层面反观人与自然的生态关系，对人类的生态道德认知理念展开理性批判和价值反省，探索"自然观"历史发展视野下的自然之"魅"的发展轨迹，在形上的自然认知思维模式影响下，"魅"之视野下的自然经历了正—反—合的发展过程。

从人与自然关系的本真意境看来，自然作为生态共同体，是人类生息与发展的生命母体，人类作为自然之子，应当在对自然进行不断的理解和反思的基础上，关注"魅"之自然生命体的演变流转，以生态伦理中人与自然关系的历史与逻辑思维分析自然之"魅"的内涵与发展趋向。远古时代，人与自然的关系古朴和谐，囿于人类认识水平和改造自然的能力的限制以及自然力量的强大，"自然"在早期先民眼中具有难以捉摸的神秘性、神圣性，不可认识、理解和战胜，但由于人类的生存与自然须臾不可分离，便同时又令人心驰神往和无限沉醉，由此产生了"魅"的自然意蕴。"魅"在古书中被记载具有魑魅、怪兽、古怪之意,引申又有迷惑、令人迷乱之意,这里,自然之"魅"的产生源自人与自然的一体相依、和谐共生的内部深层关联以及人类发自生命本真层面对自然的深深的敬畏之情。对应于人与自然关系的演化历程,人类对自然之"魅"的认知和领会同样经历了大致三个阶段:自然的附魅、祛魅与返魅。如果说自然之"附魅"是远古文明时期人类对自然的本体论认知,自然之"祛魅"是近代工业文明时期人类对自然的认识论剖析,那么,自然之"返魅"则是生态文明时代人类对自然的"本体论—认识论—价值论"辩证一体的系统体认,"附魅—祛魅—返魅"的逻辑进程是人们在具体的生产生活实践过程中,借助科学技术的发展和人文理念的觉醒对自然进行的从解构到重新建构的过程。

一 "古朴和谐"与自然之"附魅"

首先,自然之"附魅"是原始朴素的"敬畏"情感。在人类初年的远古时代,人类所生存的自然环境极其恶劣,刚刚诞生不久的早期先民对现实自然正处于由本能适应向思维把握和理解的阶段,即由原始的混沌与感性向理性意识区分的"过渡"阶段,由于人类改造自然的能力和人的认识水平的低下,从自然中获取的能够维系自身生存的物质资料也相当有限,从而生活水平在一个极为低下的层面上徘徊。早在原始采集狩猎时期与农业文明时期,人类并没有明确的意识认为人与自然关系在深层次上的内在统一性,他们更多地认为自然界是丰富多彩的物质资源宝库,人们凭借简单的生产生活工具可以从自然界获取生存所需的一切,自然界一方面是人们深深依赖和迷恋的对象;另一方面又是相对于人类的纯粹有用性,需要被不断地征服、占有和使用。由于人类应对自然灾害和生态困境的能力有限,不可预见性的天灾人祸对人类的生存构成了威胁,因此,自然界在人们的内心被看作某种异己物质和神秘莫测的力量,让人无限的恐惧、敬畏从而顶礼膜拜,这是人类初年对自然的一种原始朴素的"敬畏"情感。

其次,自然之"附魅"是原初朦胧的"和谐"理念。远古先民在改造自然的实践活动过程中也曾带来对生态环境一定程度的破坏，但作为生命共同体的自然生态系统依靠自身强大的净化能力与系统修复能力依然能够保持完整、稳定和美丽，人与自然保持着原始混沌的和谐。从原始社会后期到向真正的文明社会迈进的历程中，随着生产工具的改进和人类思维能力的提升，人类的生产力和采集狩猎的生产效率得到了巨大的提高，由此带来了人口数量的爆炸性增长，在过度的采集狩猎活动与动植物自身的生长繁衍速度和自然本身的承载力之间发生严重的冲突和矛盾的过程中，"生态困境"的问题以一种原初的形式呈现出来。此时，原始的图腾崇拜、自然宗教、原始神话传说以及原始的绘画故事便作为人类最初的生态思想的无意识萌发，以一种"敬畏"信念的原初形态和"禁忌"的信仰理念贯通渗透人们的意识深层，通过社会调节的方式引导早期先民逐渐走出最初的"生态困境"。这是远古文明时期人对自然的朴素的人文情结和认知理念，是古朴有机的"自然情怀"，是人与自然原初朦胧的"和谐"理念。

最后，自然之"附魅"是原始的"丰富"和"全面"。远古文明时期的自然价值理念是崇尚简朴，在自然的承受阈值和自身的能力限度内追求"原始的丰富性"和生活自身纯净的快乐，在一定的范围内，人类个体为维持自身的简单的生存和生命的延续，成为自己生产资料和生活资料的承担者、生产工具的制造者和多项劳动技能的掌握者，"在发展的早期阶段，单个人显得比较全面，那正是因为他们自己还没有造就自己丰富的关系，并且还没有使这种关系作为独立于他自身之外的社会权力和社会关系同他自己相对立"。[①] 在此阶段，人类的本质并未得到充分展现，这样一种原始的"全面"，并没有使人类所具有的潜能得到彻底的发挥，在自然灾害面前，人类仍旧像动物一样在自然面前匍匐，"人们对自然界的狭隘的关系决定着他们之间的狭隘的关系，而他们之间的狭隘的关系又决定着他们对自然界的狭隘的关系"。[②] 虽然远古文

[①] 《马克思恩格斯全集》（第46卷），人民出版社1979年版，第109页。
[②] 《马克思恩格斯选集》（第1卷），人民出版社1995年版，第82页。

明发展到后期的农业文明时代能够"明于天人之分""制天命而用之",但在认识自然规律、利用自然规律来征服和改造自然的过程中同样存在许多的困惑和不解,在对万物变迁、四时更迭的不断探索过程中,逐渐产生了追逐、了解世界的渴望和热情,由于生产能力和知识水平的局限,对于与人类生产生活密切相关的自然现象一般还停留在想象与猜测的维度,这种远古社会对自然的认识态度和思维方式反映了当时的远古文明样态和文明初年的"自然关照"。

自然之"附魅"状态充斥整个远古文明时期,西方从古希腊开始直到整个中世纪,自然被赋予生命和灵魂,是具有意志、情感和理性能动性的宇宙主体,具有无限的神性和灵性,能够掌控和驾驭自然生命世界的一切,人类在自然面前只能遵循和顶礼膜拜,此时,自然之"魅"是原初直观混沌的极致状态,是谓自然之"附魅"。此时的人类意识与自我意识的发展尚且处于初级阶段,原始混沌的"天人合一"观念模糊着人类与自然的界限,人类与外物、主体与客体以及物质与精神并没有明确的区分,人类观与自然观在远古时期浑然一体,自然世界不仅是人类生存的环境、生活的舞台以及生活资料的源泉,而且自身也是神圣的生命力量,一切自然现象在早期先民的眼中都披上了神秘的面纱,自然生命体与人类生命体一样,与灵魂相依相存,是附着有灵魂的生命主体存在,由于自然神性的强大和不可掌控性,原初先民在早期的农业活动中一般要通过虔诚的祭祀礼仪表示对自然之神的敬重之情,祈求神灵降福、风调雨顺,借助自然神力谋求自身生命的持存,在赞颂自然之母的神奇伟力和崇拜自然神性的过程中逐渐孕育着人类的理性思维能力,意识与自我意识的逐渐成熟使原初先民在天人交感、万物有灵论的思维模式基础上逐渐创生了原始神话传说,人类远古文明和文化开始萌芽,催生着理性思维能力的成熟,由此开始探求自然奥秘,改造自然,推进着历史向工业文明迈进。

远古文明时期对自然的"附魅"同时催生了整体和有机的自然分析模式,以古希腊文明的考察为例证,古希腊得天独厚的地理位置、地力条件以及便捷的交通为古希腊农业、手工业以及商业的发展和繁荣准备了客观的基础性条件，特别是沿海的地理特点使海洋型的文化突显出来，远洋航海与天象观测以及地理定位的需求激发着古希腊人的冒险和挑战精神，但同时也促进着对自然整体的理性思考，这种整体有机的分析模式从根基处始终认为"万物是活的"，"世界是一个自身有生命、渗透着神性、处于生长过程的有机体，世间万物都由其生长而来"。①即整个自然世界始终渗透着神性和灵性并始终处于生长过程的活的有机体和生命体，并创生万物，使万物自由生长。因此，人我不分、物我不分的思维模式逐渐催生了"万物有灵论"的"附魅"自然观，古希腊时期的泰勒斯以及赫拉克利特等共同认为自然万物充满神性，亚里士多德则在此基础上发展出目的论与有机论的系统观点，他认为宇宙世界是一个统一的整体，自然与它的一切创造物都是合目的性的存在并通过自然本身的结构与机制实现目的，这是人类意识与自我意识萌芽与发展的主体展现。实际上，古希腊早期对自然的"附魅"具有奥尔弗斯教义的神秘主义成分，对沉醉状态的奥尔弗斯神的崇拜使古希腊人认为人神合一便能获得神力，这为人类对自然神性的崇拜并顺从自然提供了理论前提。但是，对自然的"附魅"的有神论表现充满了玄奥的神秘性，拟人化的神对自然以及人类的干预具有无限性和不可预见性，神意的壮举使人类在世界面前无可奈何，自然世界被无限神化和人格化，这种神秘主义的成分为原初直观混沌的有机整体自然观的产生做了奠基，推动着古希腊人开始从整体的视角寻找自然的本原、探讨自然的生成动力及其演化原则，从自然本身找寻自然的奥秘。

古希腊早期，虽然出现科学技术的繁荣，但是在朴素直观的思维模式下，仍然带有天才的幻想和神秘的猜测的成分，主要体现为从古希腊开始的寻求世界万物的共同本原和始基，以把握自然世界的内在统一性，这是一种力图从终极意义上解释世界的西方哲学史的古老传统，也是对自然"附魅"的西方哲学思维路向。古希腊时期的泰勒斯本人及其开创的米利都学派致力于从实体、从自然中的感性具体来探寻自然世

---

① 刘大椿：《自然辩证法概论》，中国人民大学出版社2004年版，第88页。

界的本原和唯一，泰勒斯认为水构成世界的本原，水产生万物，阿那克西曼德认为是无定形，阿那克西美尼认为是气，赫拉克里特则认为是火，在此始基的体认基础上分别指明了自然世界形成演化的动力源泉与运作法则，并共同认为自然世界的产生源于某一单一的实体和自然物质，这种"一体性"孕育了后来的整体有机的自然观念，天人同构、万物一体，"人来自始基，人与始基、自然同构，根据人的境遇和状况，完全可以断定始基、自然的状况"。[①] 古希腊哲学家对自然始基及其演化运作的动力机制的探寻，揭示了作为宇宙本原的始基及其演化秩序的绝对永恒和至高无上，人类在自然面前是卑微渺小和悲哀无奈的，只能俯首称臣，强调了人类的绝对服从性，并且共同的始基是一切自然万物和人类产生的源泉，此种哲学构思意味着人与自然万物共生和谐的整体有机关系，人与自然万物来自共同的始基之母，自然同人一样是有灵性的生命能动机体，人应当自觉地与自然和睦相处，共存共荣，从而为自然之"魅"的产生准备了条件。后来在此实体论的本体自然观基础上又产生了毕达哥拉斯形式论的本体自然观，强调了结构与形式的内在性与超越性，超越了可感知的具体的自然世界，以至亚里士多德的形式与质料的区分，这种形式框架影响了后来的中世纪神学本体论的自然观，在统一的自然有机整体基础上，世界被分为以上帝为最高统摄的等级体系，实体被分解为功能和结构，因此，古希腊"泛神论"自然观发展到后来的中世纪时期，神—人—自然的有机统一体开始分裂为神—人—自然的层级结构。

因此，整个远古文明时期是自然的"附魅"阶段，人类对自然的"附魅"认识具有整体性、有机性与神秘性的总体特征，自然被作为活的、理智的生命存在，是具有灵魂和心灵的理性能动者，是充满神性和灵性的神力存在，人类理应对自然心存无限的敬畏和崇拜之情，从而表现出对自然的亲和与友善。这是科学理性思维尚未充分发展和完善的产物，是带有原始宗教信仰特征的非理性思维的表现形式，是对自然的

---

① 魏义霞：《生存论》，黑龙江人民出版社2002年版，第43页。

"附魅",也是囿于当时的历史条件人类对自然的无奈的"依附"。然而,自然本身不可言状的魅力与神秘性同样激发着人们对自然探索的欲望,古希腊时期从对万物始基的探寻到柏拉图的理念世界与现象世界的二分,其中体现出的机械性与还原性的世界观,推动了后来工业文明时期自然科学的发展以及对自然的控御与改造,对自然的"附魅"演变为"祛魅"。

二 "冲突对抗"与自然之"祛魅"

近代工业文明时期,随着生产力的发展和科学技术手段的增强,人类改造和征服自然的物质手段空前发达,社会物质财富的积聚改善了人类的生存条件,人类对自然的征服欲、占有欲和强大的驾驭欲成为推动社会文明进步的巨大动力,然而,人间奇迹的背后却潜隐并开始显露着灾难性的生态困境难题,人类对自然的破坏已超过自然本身的自净能力,特别是近代工业生产过程所聚集起来的有害物质的逞凶和肆虐已打乱了自然系统和谐运转的生态秩序,过度的开发和破坏引起整体生物圈的循环失调,违背了生态平衡的自然律令,终于引发了自然环境的整体恶化,威胁着整体人类和整个自然生命系统的持续生存和生态发展。

自然之"祛魅"主要是近代工业革命以来人类对自然的认知倾向,如果说自然之"附魅"是远古文明时期人类的意识与自我意识尚未分化、理性思维能力尚未觉醒的产物,特别是当时科学技术尚未得到充分发展,人类早期认识与改造自然的能力的局限,使得对自然的"附魅"成为早期人与自然关系的标志性特点。那么,伴随着近代工业革命的展开,以牛顿力学为代表的自然科学发展突飞猛进,并蔓延至各个学科领域,机械论、还原论、分析论的自然观把自然世界看作结构和功能组成的孤立的各个原子和组件,此种思维理念逐渐上升到人类世界观与方法论的层面指导具体的实践行为。伴随着人类科学理性的发展,特别是人类自我意识和理性思维能力的觉醒以及主体性的充分张扬,人类对自然的认识能力与改造能力得到空前提高,自然在人类面前的"神秘面纱"

逐渐隐退，人类开始运用自身的主体能动性向自然开战，支配自然、控制自然并妄图征服自然，原本具有生命和灵性的自然世界在人类面前成为孤立的原子世界和僵化的机器碎片，自然在人类面前永远失去了神性和魔力，不再是活的生命有机整体，人类对自然的崇拜和敬畏荡然无存，这便是人类对自然之"祛魅"，"祛魅"的概念由马克斯·韦伯首次提出，认为自然科学的发展带来了自然的"祛魅"，人类在科学理性面前完成着自然的"祛魅"过程。

　　自然之"祛魅"有其产生的时代背景和历史原因。文艺复兴以来，劳动过程的不断介入使自然打上人类的烙印而为人类所用，随着人们生产和生活实践的不断开拓，推动着工场手工业和商业的繁荣与发展，在经济物欲的激发下，人类以征服者和占有者的姿态凌驾于自然之上，自然成为可供人类无限攫取和开发的资料源泉，失去了原本"魅"的神圣性与神秘性。"文艺复兴以来日益发展的工场手工业，促进了机械技术的发展，并激发学者们借鉴机械技术的成功，用机械论的思想理解大自然的运行。"[①] 随着实验分析科学的进行，机械式思维的自然观念逐渐形成，培根注重区分自然物质的结构与功能的区别，以"量"的分析方法诠释自然，使自然的存在机械量化；伽利略使实验分析方法与数理逻辑演绎相融汇，把自然的存在变为一个纯粹数字和量的世界，由此，自然在此种思维模式的视野中成为上帝创造并严格遵循数字规律运行的冷漠、孤立和静止的世界；数理实验科学发展的顶峰便是著名的牛顿经典力学，它为人们对自然的"祛魅"奠定了认识论与方法论的基础并成为影响整个近代自然科学发展的固定思维模式，其万有引力定律与著名的牛顿三定律阐明了物质惯性的根本属性以及万物按照力学的定律在自然世界中运作的整体图景；笛卡尔则高度推崇伽利略所主张的数学证明与推理方法，认为这是一种神的智慧和真知，并把它上升到哲学的思维高度分析万物，认为自然世界是物质与心灵的二元构成，存在与思维的二分实际上是主客二分的逻辑证明，为人与自然的主客二分提供

[①] 刘大椿：《科学技术哲学导论》，中国人民大学出版社1997年版，第44页。

了理论基础。此外，牛顿经典力学启发了一大批18世纪英法哲学家把主客二分的思维模式和抽象的自然概念提升到哲学方法论的高度，把对自然的"祛魅"贯彻到底，霍尔巴赫曾认为自然是物的集合体，自然运转过程是物质的运动过程，自然是需要人类去认识和解剖的僵死的机器。由此，在近代自然科学和哲学的推动下，自然之"魅"彻底解构，由原来充满神性和灵性的自然生命体演变为用实验方法进行分割、用数理逻辑进行计算以及用机械的技术流程加以操纵和控制的机器，如此，在人类疯狂追求自身利益的工业实践中，原本生生不息的自然成为僵死可控的机器，原本生机盎然的自然成为人类随意获取物质资料的宝库，人与自然之间的精神性联系彻底失去，特别是人类的主体能动性的活跃不断地增强着征服自然的自信心。

文艺复兴以来，人类的主体能动性得到过度张扬，人类主体意识的觉醒、人性的解放和人欲的释放曾在一定历史时期起到了反对神学压抑和束缚的积极作用，但这种主体能动意识发展到极致演变为人本主义的哲学价值观，自然成为独立于人类之外的实体存在和与人相对立的异己存在，人类应当运用自然科学的成果解释自然奥秘，运用自身的理性和智慧认识自然和征服自然，显现人类主体性力量的强大。培根的"知识就是力量"、笛卡尔的"我思故我在"、康德的"人为自然立法"以及黑格尔的"自然界是自我异化的精神"都表明了人类理性意识能动性的强大。在主体性张扬的时代背景下，萌生了个人主义和功利主义成长的沃土，在此价值取向指引下，人与自然的关系彻底外在化、物质化和世俗化，自然内在的神秘性和"魅"的神圣性丧失殆尽，人类对自然的敬畏之心和崇拜之情被统治、占有和征服所替代，由此加速了对自然的"祛魅"进程。

文艺复兴以来，近代自然科学的兴起使人类与自然生命世界从上帝或神的统治下解放出来，逐渐颠覆了泛神论和原初直观混沌的有机论自然观，自然从神的统治下解放出来成为人类的对象化存在，物质与精神的二元、人与自然的二分奠定了机械论自然观的基础，这同时也是人类主体性的凸显，然而，自然之"祛魅"却对主体人类以及人与自然的关系的呈现带来一定冲击，主要表现为以下几个特点：

首先，出现了主体自身内部精神人格的断裂。人类作为万物之灵，除却自身作为肉体的生命存在，主体人类还是具有精神价值的意义存在，然而，对自然的"祛魅"过程却使人类自身成为遵循霍尔巴赫物质运转规律的僵死的机械的哲学家，能够利用机械力学的知识完成对自然的操纵和掌控，机器结构与部件功能的运作同时决定着人类的肉体生命与精神生命的运行，并且在物质功利主义的欲望激发下，人在一定程度上又化身为听从欲望牵引的纯粹的精神实体，进一步成为康德、黑格尔所谓的"自然的立法者"，由此，人类的生命存在成为物质与精神的二元存在，出现主体人类内部的精神生态的断裂以及人的"类"的本真存在属性的丧失。

其次，出现人与自然和谐生态关系的断裂。工业文明时期人类对自然的"祛魅"是在主客二分的机械式思维模式下进行的，"主体是高级的，意味着能动、主动、积极，而自然界的事物，也就是客体，则是低级的，处于被动、受动、消极、受控等地位"。① 主客二分使人与自然机械二分，在高扬人的主体性的条件下出现人与自然关系的断裂，在实验科学和数理逻辑的机械操纵下，自然成为失去了生机和活力的机器零件，失去了自组织、自协调和自完善的价值属性，没有自身的情感、意志、目的与内在价值，自然组织系统的复杂性和历史性被还原为机械的线条，并从人类的道德关怀视野中抽离出去，自然"只是一个完全按照我们的目的加以利用、改造、操作、处理、统治的对象，成为人类达到自身目的的工具、手段"。②

纵观自然的"祛魅"过程，特别是伴随着工业革命的展开以及自然科学技术的蓬勃发展，人类认识自然与改造自然的能力得到飞速发展，人类借助科技理性的成果向自然进军，一方面带来了物质财富的增长和物质文明的进步，另一方面却导致了人与自然生态关系的断裂，生

---

① 肖显静：《后现代生态科技观》，科学出版社2003年版，第87页。
② 同上。

态环境恶化、生态困境凸显,人类赖以生存的生态家园面临崩溃的命运。并且,作为人的"类"的生存意义的丧失使主体人类在功利主义的激发下,成为物欲的奴隶,出现人性的碎片化和单向度的人,从而丧失了对宇宙自然的敬畏和崇拜,失去了对人类生存家园关爱与眷恋的道德情感。传统的经典力学、实验科学与数理逻辑的计算演绎方法,通过对自然现象的机械还原和分析处理能够认识并揭示部分自然科学规律,并推动着历史的前进,然而简单的机械还原、理性至上与科学万能缺乏人文的"精神"底蕴,面对生态系统及其自然有机体内部的生态关联和微观客体的有机构成不能够提供恰当的说明,机械式自然科学方法的局限性以及人类认识能力的有限造成了特定历史时期对自然的"祛魅"。

然而,由于人类认识的有限性,自然世界中永远存在无限的未为人知的奥秘和人类永远无法驾驭的力量,人类的认识能力和认识方法永远有待完善,科学理性思维永远不能穷尽宇宙自然的一切奥秘,自然的自主性、神秘性与神圣性的存在是客观的。展望自然科学发展的前景,宇宙自然中可能不存在"不可知"的世界,但在特定的历史条件下却存在"尚未知"的自然世界,在复杂的宇宙系统中,人类至少理应谨慎地对"尚未知"的自然世界保持一份敬畏之情和谦卑之心,最大限度地保持生物多样性以及维系生态系统的动态平衡。因此,无论何时,人类永远不能够祛除自然之"魅",在自然面前,人类应当永远保持"敬畏"之心,并需要信仰思维与非理性思维对自然之"魅"进行体认,借助人类的情感思维和"人格化"思维的想象力表达对自然的道德责任与伦理义务,这是建立在科学理性思维基础之上实现的对自然的"返魅",因为自然在被"祛魅"的同时也在被遮蔽,自然之"魅"的显现还需要"返魅"的功夫,斯宾诺莎曾经讴歌自然能动的生命进程,柏格森赞颂着生命的内在冲动,费尔巴哈提出了人本主义的物质自然观,在对机械论自然观的批判中完成着对自然的"祛魅"到自然的"返魅"。

三 "共生和谐"与自然之"返魅"

当前日益严峻的生态困境迫使人们开始从道德认知的理论态度反思自身,人们过度干预自然的实践行为是在一种缺乏道德关切的"自然观"的思维引导下进行的,歧视自然、无视自然的权利和价值的思维理念把自然工具化和对象化,"自然观"的误区不仅带给一个时代而且是以呈蔓延全球之势的"生态灾难"的形式影响和冲击自然生命系统的世世代代。生态文明时代的到来,要求人类经过痛彻的反省,反观自身的价值指导理念,重铸生态道德人格,尊重自然,以绿色文明所呼唤的生态自然观的认知要求融入能够促进人与自然和谐共生的实践行动中去。

从人与自然生态系统相互作用的实践模式来看,作为实践认识主体的人类的活动是能动性与受动性的统一,人类与自然的关系,一方面与普通的动植物和其他自然物与自然的关系一样,是一种本能的适应生存的物质性关系,在具体的实践活动中受到自然规律的制约;另一方面,人类通过对象性的实践活动,在主体能动意识的支配下能够自觉有意识地认识自然和改造自然,然而,人类这种特定的能动性的实践活动在具体的行动过程中必须以自然客观存在为依托,自然是万物之源,是包括人类在内的生命与非生命物质的孕育之地,人类是自然之子,而非自然的"主宰"。近代工业文明以来,人类道德的失范和行为的失控伴随着向自然进行的掠夺和征服行为,已使自然的尊严荡然无存,因此,人类与自然之间和谐共生的有机联系应当潜移默化地渗透于人类的思想深层,成为指导整体人类生命实践活动的价值准则,这便是生态伦理的思想内涵。生态伦理以人类特有的道德话语方式关爱自然,引导人类在尊重生态规律的前提下,自觉担负起保护自然生命系统平衡和稳定的道德责任和伦理使命,这是生态文明时代的人文精神体现,应当融会于人类生命道德意识的底色,成为整体人类的精神自律。

从人类具体的生态实践行为来看,应当由工业文明时代改造、征服与占有自然的行动转变为在尊重生态规律改造自然的基础之上保护自然、善待自然的实践行为。人类的实践本性和创造发展能力决定了不能脱离改造与利用自然的实践行动,在生态困境日益严峻的当今时代,人类的实践行为应当在遵循自然进化规律的基础上,坚持改造自然与保护自然的统一,在善待自然的实践行为中并不忽视改造自然的意义,如此,才是一种面向自然的人文精神理念形态。从人文价值的层面理解生态自然,就应当以人类特有的情感体验倾注自然、体悟自然,并内化于人类的生命深层,这本身是人类生命价值意义层次的主体展现,也是一种坚定的生态精神信念和广博的宇宙情怀,这是生态文明发展的必然趋向。因此,未来人与自然的生态关系应当是在相互依赖、彼此渗透的整体性互动的关系下能够兼顾人类的整体利益和长远的生态利益,特别是能够不断持续地推进自然生态系统的生态存在和蓬勃生机,通过提升人的"类"本真力量和人文素质,确认自然价值,实现人类价值与自然价值的统一、个体价值与整体价值的统一、当代价值与后代价值的统一以及科学价值与人文价值的统一,在对自然价值特别是自然"内在价值"体认的基础上,肯定生态系统的整体价值和"系统价值",并以此作为生态实践活动原则的终极价值标准,确立生态伦理的基本价值理念,这是生态文明时代超越于远古文明和近代工业文明时代的精神价值诉求,是文明与野蛮的真正区分。

工业文明时期,人们通过对自然现象的机械还原和分析处理使自然本身作为系统有机的生命机体的性质消失殆尽,成为被任意操纵和分割的人类的资源库和随意倾倒废物的垃圾场,自然失去了原本的生机和活力,不再具有让人无限敬畏的神秘性与生命灵性。人类"自我意识"的凸显以及科学理性思维的萌发,使人类超拔于自然至上,由原本对自然的"敬畏"转变为对人类主体性的"崇拜",对人类理性意识的过度推崇,发展到极致便是伴随工业革命以来严重威胁人类生存的生态困境以及人类精神内部人格生态的困境的发生,这是"祛魅"之自然观的局限,也是工业文明时代生态难题的发生之必然。但是,生态文明时代的到来,人文主义学者应当理性地批判与反思自然"祛魅"之时代困惑，特别是 20 世纪以来，生物科学、价值科学、相对论、量子物理学与系统论科学的蓬勃发展在一定程度上为自然之"返魅"提供了方法论与生物价值论的基础，一种整体、系统和有机的自然观逐渐建立起来，因此，自然之"返魅"并非是对"附魅"的简单回归，而是否定之否定基础上的内在超越。

自然之"返魅"的发生同样有其特定的理论基础与社会背景。自工业革命以来，自然科学迅猛发展并渗透影响到社会政治、经济、文化等各个领域，科学技术的发展与社会生活的运作共生互动，科技发展体制逐渐成为一种社会建制融入人类的生命过程。人类"主体意识"的觉醒和"自我意识"的不断发展与完善，推动着科学技术的进步并同时推进着物质财富的积累，带来社会物质文明的巨大进步，但与此同时，科技的不恰当运用一方面折射出人类思维模式和价值观与实践观的缺陷，另一方面却给人类及其生存的整个生态世界带来了严峻的生态困境甚至不可逆性的生态危机，因此，反观科技发展的悖论，一批西方生态人文主义者对技术应用展开了激烈的批判，从生态现实的角度推进着自然之"返魅"的实现。马尔库塞从技术霸权和技术极权的角度剖析了工业革命以来自然所遭受的摧残和压迫，主张应当以人文关怀的文化理念融入技术发展的轨迹，重新发现并展现自然之"魅"的生命本性，海德格尔同样认为现代技术"构架"不仅遮蔽了自然的生命本性，而且造成了人性的碎片化和人类精神的无家可归，这实际上是人的"类"本质的远离造成的技术至上难题，因此，应当通过对技术本质不断的反思和追问，以寻求拯救自然和人类的希望，通过体悟自然生命造化的神奇伟力回归自然，"诗意地栖居"，这是西方生态人文学者对工业文明时代技术扩张和技术霸权的文化反思和警醒，同时也是生态文明时代对技术发展过程的人文期盼。

因此，痛定思痛，人类在生态文明时代应当从新的生态价值论的视角重新反思自然的地位、自然的价值，重建人与自然和谐的生态世界观，摆脱自然之"祛魅"时期的狭隘偏见。伴随着科学技术的不断发展，机械论的科技理念逐渐暴露出自身的弊端，特别是以牛顿力学为代表的机械科学通过对自然简单、孤立和机械的还原，使自然成为僵死的物质载体，而爱因斯坦的相对论以及量子力学的诞生则为重新定位自然生命机体提供了一种生态的理念，相对论在重新理解自然世界物质存在形态的多样性和丰富性的基础上，揭示了自然生命机体的联系性和统一性；量子力学则从微观粒子的力学视角驳斥了机械决定论的自然观，微观的生物粒子相互作用的力学原理揭示了认识客体与具体的微观环境的相关性、不确定性和模糊性的存在，并非线性还原的机械论如此简单；而现代生物系统科学和自组织理论则在此基础上确证了人与自然的系统整体性、多元共赢性以及动态和谐的关系，促进了人们思维方式的变革，由此，进一步为自然之"返魅"准备了理论前提。因此，自然之"返魅"的理念是建立在现代生态科学发展的基础之上，通过反思和批判"祛魅"自然观而达成的生态文明时代的价值观念，其中蕴含了对自然生命系统的深刻的忧虑和对人类的生存问题的极大的关注。

实际上，自然之"返魅"主要源于以格里芬为代表的后现代主义者的理论思想。格里芬等后现代主义者从批判现代机械论自然观开始，认为工业革命以来以笛卡尔—牛顿机械力学为表征的机械论自然科学，虽然是人类认识史上的伟大成就并推动了现代工业文明的发展，然而机械论自然观在主客二分的思维模式下，以孤立、静止和原子论的观点看待自然，祛除了自然本身的神性、灵性与生命活力，否定了人与自然的系统有机联系，这是一种"祛魅"的自然观念，在强调物质、客体以及在机械分析、还原的思维模式下过度崇仰人类的理性和科学技术的力量，否定了精神价值的意义和伦理与道德的人文内涵，在缺失了"精神"的祛魅自然观的指引下，必然会导致人与自然的对立，引发生态困境，工业革命以来的自然生态异化现状已是明证。后现代主义哲学家格里芬明确提出自然之"返魅"，认为宇宙自然中存在价值、经验、目的、理性、创造性与神性，应当实现自然的"返魅"，这是后现代社会自然观念的必然转向，受怀特海过程哲学的启发，格里芬等后现代主义哲学家把生命自然界看作生生不息的化育万物的生命机体，自然孕育了人类，人类主体的创造性从属于自然生命机体的创生性，并融入自然创造过程的始终，在未来生态自然界，一切生命物质由于对生命自然系统所具有的价值的存在，理应成为人们道德关怀的对象，由于自然存在的多样性、复杂性与自组织性的存在，人类应当对其心存敬畏。于是，后现代主义思想超越了笛卡尔—牛顿机械力学自然观，紧紧植根于20世纪以来的量子力学、相对论以及系统科学的成就，建构了有机系统和整体的生态自然观，为自然的"返魅"准备了理论的前提，自然"返魅"之后，人类在宇宙自然中就有了"家园"的依托感和安全感，格里芬等提出的此种"返魅"自然观，实际上是一种后现代特点的整体性革命，人类作为自然的一部分参与自然的创生进程，自然本身作为系统有机的整体性的生命存在，其持续存在本身便是它的生命目的，从而具有自身的内在价值。自然之"返魅"实现了主体与客体、物质与精神、生命与自然、人性与神性的内在统一，祛除了人类中心意识，人类作为自然的生命组成部分，理应以自然之子的谦卑之心善待自然、敬畏生命。

  因此，自然之"返魅"超越了简单还原性的机械力学与机械论自然观，在强调自然之系统、整体、有机和创生性的基础上引领人们树立生态整体意识，从而珍惜生命、爱护自然，因而是人类科学理性思维能力的推进和认识自然的生态知识的全面与完善。但是，自然之"附魅"在强调自然万物系统有机联系的基础上凸显人与自然共生共荣的生态联系，在此基础上，进一步强调了宇宙自然是充满神意的有机体系，因此要对之心存敬畏，实际上又具有了一种神秘并不可捉摸的非理性思维的特征。自然之"返魅"并非是在突出人与自然一体相关的必然的生态联系的基础上抹杀生命自然界利益、价值之间的对立和冲突，因为，人按照人的生存方式存在于自然，虽然是超拔于其他生物的生命存在，但是自然界存在永远的生存竞争，因此在统一的背后应当看到对立和冲突的角逐。所以，生态文明时代强调对自然的"返魅"应当全面完善地把握并理性地分析人与自然、人与社会以及人与人的生态联系，情感的非理性思维的分析同样是建构于科学的理性把握之上，这是意义世界之于世俗自然世界的价值所在,同时也是对自然之"返魅"的科学基础把握。

综合分析看来,生态文明时代强调对自然进行"返魅",一定程度上有利于克服近代自然科学对世界的祛魅所带来的生态困境,推动自然的可持续发展,"以大卫·格里芬为首的建设性后现代主义在怀特海的'过程论'的基础上对祛魅的自然观进行了多角度、多层次的批判,提出了建设性后现代主义的基本前提——泛经验论,认为自然的基本单位是由创造性的、经验着的事件构成。"① 因此,自然之"返魅"在一种后现代主义的视野下强调自然的系统整体与有机联系,在一种自然神性和目的性的牵引下复归自然之"魅",因此是对工业文明时代机械、还原的自然观的扬弃和超越。在"返魅"的视角下,自然是由具有内在联系的各个部分组成的动态、系统和秩序性的有机整体,具有自我创生、自我超越和自我维系平衡的能力,整个生命与非生命自然系统构成一个自得自洽的生物金字塔的动态层级结构,由此决定了人类作为生物金字塔中的一员必定离不开生物自然系统而存在,人与自然具有整体不可分割的内在关联,"世界若不包含于我们之中,我们便不完整,我们若不包含于世界之中,世界也是不完整的"。② 并且,由于自然的进化由许多瞬间的事件推进,因此,自然并非是失去经验依托的"空洞的实在",是由"感受、记忆、愿望、目的等相似的东西"所构成的经验性的存在,"低级个体如细胞和分子与具有意识经验的人类在种类上并非截然不同,只是量的程度有所不同,而不是本质上的不同"。③ 所以自然世界感性经验的存在,印证了对自然的生态把握中应当有情感的融入和道德关怀,这是由自然的经验本性和人与自然的一体相依关系决定的;并且,生命自然是能够维系自身生态平衡的目的性存在,"世界上所有事物都有某种目的性,是自然界目标定向、自我维持和自我创造的

---

① 肖显静:《后现代生态科技观》,科学出版社2003年版,第140页。
② 同上书,第141页。
③ [美]大卫·格里芬:《后现代科学——科学魅力的再现》,马季方等译,中央编译出版社1995年版,第86页。

表现"。① 自然之目的性为"祛魅"视野下的经验自然论断准备了理论前提，自然成为具有创造性和神性的生命存在，人类在自然面前应当心存"敬畏"并保持"谦卑"，这是对生命的尊重，对自然之母化育万物和所具有的永恒的创生力与创造性的崇仰，这种敬畏之情在一定程度上克服了人类对于自然的无度索取与急功近利，它要求人类把当下的生态行动与过去和未来的人类的生存相联系，从而完成了对自然的"返魅"。

生态文明时代，人类对自然进行的"返魅"，一方面导源于自然本身客观存在的系统有机性、自主性以及天然的神圣性，另一方面由于人与自然不可分割的生命关联，特别是工业社会以来愈演愈烈的生态困境问题的凸显，是为了拯救自然之"沉沦"的命运所进行的生态思考。基于现实生态问题的紧迫性，生态主义者和一批后现代主义哲学家在理性地反思近代以来主客二分的僵化的思维模式的基础上，批判了主体性过分张扬以及物欲的释放给生命自然界所带来的生态恶果，要求在生态科学的基础上全面把握自然进化的历史进程，热爱自然、敬畏生命，找回人类曾经失落的精神家园，重建人类美好的生命栖息地，"诗意地栖居"。对自然进行的"返魅"在一定程度上缓解了人类的生存危机，但"返魅"并非是重返远古时期对自然顶礼膜拜的"附魅"，也非对自然无度索取的"祛魅"的完全弃绝，而是人类在生态理性基础上对人与自然生态和谐关系的重建，是人类对自身主体命运和未来持续生存的能动性的生态把握。

因此，自然之附魅—祛魅—返魅的演化进程是伴随着人类生产生活实践的推进，在科学理性的生态发展基础之上对自然实现的由解构到建构、由遮蔽到解蔽的生态历程。在遮蔽与解蔽、解构与建构的辩证发展过程中，人类在具体的生存实践活动中不断地推进着对自然的体认过程，人与自然的生态关系也便经历了一个从感性的原始混沌统一到分裂

---

① ［美］E. 拉兹洛：《用系统论的观点看世界》，闵家胤译，中国社会科学出版社1983年版，第88页。

对抗，再到重新走向理性和谐与共生的进程，对自然不同视野下的"附""祛""返"，是人类在不同的历史时期以不同的思维模式对自然诠释的结果，伴随着生产生活实践的进行和人类思维能力的发展，人类对自然概念的理解也便在历史的底蕴下不断融入现实的原素，与人类生活的具体的社会背景相结合，实现了"附"—"祛"—"返"的发展过程。马克思曾经指出，自然史是自然向人类生成的历史，是人类向自然生成的历史，因此，自然的形成和演化史与人类对自然的生存实践和思维认识能力的发展是共生互动的生态关系，也恰恰证明了人与自然不可分割的一体关系。远古文明时期，受制于早期先民认识思维能力和知识的局限，特别是生产科学技术水平和生存实践活动的落后，决定了人类对于自然的认识必定会在一种神性的指引下打上神秘的烙印，在人与自然原始混沌一体的关系模式下，人类对自然顶礼膜拜并无限敬畏，这是自然之"附魅"和人与自然感性和谐的历史阶段；工业文明时代的到来，伴随着自然科学的迅猛发展和数理逻辑与实验科学的日新月异，人类的主体能动意识觉醒并得到过度张扬，在物欲和功利主义的激发下，人类开始向自然开战，自然在人类面前不再具有神圣性，而沦为被主体人类随意肢解和分割的物质材料，成为僵死的物质载体，当人类以理性充当了自然的统治者时，自然便"祛魅"了，人与自然便呈现出分裂与对抗的关系景象，人类的生存困境便难以避免；生态文明时代的到来，在理性地反思人与自然异化所带来的生存困境的基础上，特别是伴随着生态系统科学、相对论与量子力学的发展，机械论自然观的弊端也日益凸显，生态人文主义学者的伦理责任感和道德使命感推动着对人类不恰当的实践行为展开理性的批判和及时的反省，重新确立自然之"魅"，这是对自然之"祛魅"的辩证扬弃，是在系统批判主客二分的僵化思维模式的基础上对功利主义的价值取向的理性超越。经过生态理性批判和反思，自然的神圣性日益彰显，这是人类对自身和生命自然系统命运的理性把握和思考，是对人与自然生态和谐关系的真正推动。

生态困境的凸显不仅是人类生存的难题、整个自然生命系统的难题，更是整个时代应当认真应对的难题，从道德认知的"自然观"层面应当努力超越此种生态困境，实现"自然观"认知意义上的"实践—认识—审美"链条的辩证契合。

第二节 "自然观"与生态困境的道德哲学演绎

伴随着人与自然关系的发展进程，人类的"自然观"在不同的历史阶段呈现出不同的发展特点，折射出道德哲学思维层面的不同逻辑路向，主客关系的生态哲学演变反映在人与自然的关系中，当人类以不同的思维价值理念对待人与自然关系的生成与发展时，又呈现为道德哲学的不同发展视野，具体表现为远古文明时期"自然为人立法"的本体论"自然观"、近代文明时期"人为自然立法"的认识论和工具论"自然观"，以及生态文明时期"本体论—认识论—价值论"有机契合的系统生态"自然观"，即"人为自身立法"，进一步冲击着人们固有的思想观念和认知模式，从而应当确立人与自然之间的伦理关系。对"自然观"的生态演化历程尝试性地进行系统的梳理和总结，从道德认识论的层面为生态难题的应对提供道德哲学形上的"自然观"分析路径，对于全面完整地探析生态困境以协调人与自然的关系，具有极为重要的理论价值和实践意义。

一 "自然为人立法"

远古文明时期，人类的意识形态和思想观念逐渐趋向成熟，从原始神话、自然宗教和早期的图腾崇拜中逐渐分化出属于人类自身的世界观和自然观，把自然本身作为一个整体来看待，寻求自然和自身的生存和发展逻辑，古希腊所强调的宇宙整体秩序性以及西方中世纪神权统治时期的上帝预置万物理论都肯定了人类与自然、个人与共同体的一体相关、混沌未分，属于"天人合一"的本体论"自然观"，慑于自然的威力，当早期先民运用自身的力量无法与自然相对抗时，便不得不顺从自然、顺天而动，是谓"自然为人立法"，如此，主体与客体、主观与客观实际上在没有人类明确的自我意识关照下是一体未分的融合状态。

(一) 主客一体的原始本体思维

远古时代，人类干预自然的能力比较弱小，而自然控制人类的力量却异常强大，在自然占主导地位的前提下，人类本能地适应自然、依赖自然生活，人完全消融于自然之中并向自然俯首称臣，人类整体处于蒙昧和未开化的状态，人类的主体意识在尚未完全呈现出来时，人只是作为自在和自然状态的主体而存在，并且不能完整辨别主体与客体、主观与客观，人类源于自然、依赖自然，人与自然是原始直接、混沌朦胧的统一关系状态，这种主客一体的原始本体思维模式为人与自然的关系注入了更多神秘一体的感性因子，建基于自然本体论之上的自然宗教与图腾崇拜以一种发自生命深层的对自然的崇拜和敬畏，表达着远古先民的自然情怀，这种对自然与生俱来的膜拜信念通过原始宗教和"图腾"神物的缔造而不断地为人类自身在自然中的生存和生活寻求眷顾和护佑，如此，便能够克服人类主体意识和主体力量的有限性，化解人类在强大冷漠的自然面前的无助，从而在潜在和自发的层面直面人与自然的冲突和矛盾，维系人与自然的生态和谐。远古文明时期主客混一的思维模式把自然实际上看作是具有生命和灵性的有机体，这是一种潜在的有机论生态伦理思想，特别是发展到农业文明时代，人类思维意识能力在继续向前迈进的过程中，逐渐对自然对象和认识主体有所辨别，但是，人类归依于自然的信念始终没有改变，主体从属于客体自然，"仁者以天地万物为一体"的精神旨归、"民，吾同胞也；物，吾与也"的文化关怀以及"人人与我同体，万物与我同根"的价值理念，都是这种本体思维的理论投射，由此进一步塑造了朴素的"天人合一"有机论自然观。

(二) 朴素的"天人合一"有机论自然观

伴随着现代文明的高度发展，在社会生产力高度发展、人们的生存方式和生活质量得到飞跃式发展的同时，却在潜隐、累积并不断显露着生态困境的难题，生态精神指导理念的缺失或者效用的匮乏造成生态精神世界的荒芜，从而导致人们对生态自然界现状的忧虑，生态安全正遭遇挑战，人类依存的生态家园正遭受毁弃的命运。对现代高科技的文明成果进行理性的反思，从道德哲学的形上高度建构现代生态哲学和生态价值理念以寻归人与自然的良性互动与生态和谐成为时代的必需，特别是从源远流长的中国古代生态文化资源中撷取宝贵的生态思想成为"向东方生态智慧回归"的必然趋向。

在远古文明的发展进程中，人类在面向自然的生产实践活动中逐渐增强着对自然的体认，人类"意识"与"自我意识"的萌发开始区分作为认识与实践对象的客体自然与主体人类，但是，尊重自然和归依自然却作为一种深层的价值理念刻印在远古先民的思想深处，在主客一体的本体思维的激发下，逐步确立起朴素直观的"天人合一"有机论自然观。自然作为充满生机活力、自由生长着的秩序性的系统生命整体，是涵盖万物包括人类生命存在的有机体系，人类源自自然，又应当以特有的意识思维反观自然，促进人与自然的和谐，这便是远古文明时代"天人合一"有机论自然观的认知理念。"天人合一"的自然观是东方传统文化资源的基础性命题，随着人们认识能力的逐渐提高，人们在具体的生产实践中增强着对自然万物本性和农作物季节性生长规律的体认，在遵循自然规律的基础上追求人与天的合一，即"天人合一"，"天"是至高的权威和人力不可抗拒的自然力量，人类在具体的生态实践中要"惧天""畏天命"，进而在"尊天命"的基础上顺天而动，遵循自然规律，以确保农业生产和生活的稳定，当然，后来"天人合一"的精神理念进一步为统治政权所用则是另一层面的意义，但是"天人合一"的自然观具备不可替代的生态价值，是远古文明中主客一体的原始本体思维的延伸，不仅是一个哲学存在论的命题，更是价值论的命题，它认为自然是一个统一性的有机整体生命系统，肯定自然存在的价值及其自然规律对人类实践活动的制约调节作用，认为人作为自然中具有能动意识的生灵，理应关爱自然、尊重自然的价值，扩展道德关怀的范围，"民胞物与""兼爱万物""推己及物"的价值思想以及"道法自然""终生皆具佛性"的生态指导理念都是东方传统自然观的朴素唯物辩证思想展现,同时也是"天人合一"形上精神旨归的理念体现,挖掘探究"天人合一"的有机论自然观和生态伦理思想的精华,为远古文明时期生态现状的改观和生态难题的应对提供了良性的指导模式,在生态困境问题凸显的当今时代,合理审视东方传统生态资源具有极为重要的理论价值和精神意义。

"天人合一"是中国传统儒家文化的根本观念,为善待生命准备了哲学形而上的终极性依据,作为一种世界观、宇宙观和普遍的思维方式,体现着人生最高的精神追求境界,作为儒家生态智慧的精髓,彰显着和谐的人生态度。其所倡导的"仁者以天地万物为一体"即人类与自然和谐共生,人类作为自然的智慧之子理应与自然和谐共处,张载在《正蒙·乾称》中提出:"乾称父,坤称母,予兹藐焉,乃混然中处。故天地之塞吾其体,天地之帅吾其性。民,吾同胞也;物,吾与也。"视天地为人类的父母,万民为自己的同胞,天地间万物生灵为自己的朋友伙伴,天、地、人、物共生共存,内在统一于和谐大家庭,从而为合乎德性的践行提供了一种观念阐释,为儒家伦理"天人合一"的精神旨归提供了实践经验生活的文化关怀,为情理上善待万物提供了应然性与必然性。人与自然万物的亲缘性注定了和谐相处的可能性,人不仅应以同胞关系泛爱众,更应以伙伴关系兼爱物,把天地放在自己心中,与万物确立一种相依之情,与此同时,人类作为宇宙中最高层次的理性存在者,理应对宇宙自然天地中的一切事物倾注更多的道德责任意识,它在遵从和维护人类价值和尊严的同时,又内在地肯定了自然万物与人类本身的血脉相通性。孔子在其典籍中很少论及天地之道,但却体现出丰厚的生态哲思:子曰:"天何言哉?四时行焉,百物生焉,天何言哉?"① 一语道破了天地万物化育流行的自然规律,"大哉!尧之为君也。巍巍乎,唯天为大,唯尧则之",② 这里又充分肯定了圣人要遵循天道的必要性,即人与自然的一体性。传统儒家的天既是一种"自然

---

① 《论语·阳货》。
② 《论语·泰伯》。

之天",又是一种"天之德性",即天道、天德,天以一种客观存在的自然规律使万物生长,四时运行,"天地位焉,万物育焉",①"养长时,则六畜育;杀生时,则草木殖"。② 天是一切自然现象运行和变化的根源,作为宇宙的最高本体,蕴含了一切自然生态万物,因此人的活动要顺天而动,儒家强调爱物、取物必须"与天地合其德""与四时合其序",即取物以时,"伐一木,杀一兽,不以其时,非孝也",孔子从伦理道德的高度表达了强烈的护生意识,与此同时,孟子把遵循自然规律作为智者和圣者的内在要求:"所恶于智者,为其凿也。如智者若禹之行水也,则无恶于智矣。禹之行水也,行其所无事也",③ 依照规律则为智者,如大禹治水,荀子基于对天德的感悟和自然规律的体认,主张从人文化成的人道需求和目的意义层面去效法天道,达至与天地万物贯通一体。因此,儒家的"自然观"主张,人源于自然,唯有依赖自然方能谋求生存和发展,因此应当顺天而动,在遵循自然规律的基础上保护环境和自然资源,与自然和谐相处,这一生态思想精髓主要浓缩于其"天人合一"的精神旨归:

其一,天人合其德。《易传·文言》做过精彩论述:"夫大人者,与天地合其德,与日月合其明,与四时合其序,与鬼神合其凶,先天而天弗违,后天而奉天时",这里的天是人文化成的自然界,天之德与人之德相通相悦,人之德性的根源即为天之德性,因而从理想意义上来看,天人处于本一状态,孟子为实现仁政理想,其性善论认为圣人君子大人的仁义礼智等道德属性皆源于天所赋予的人自身的四种善端:"恻隐之心,人之端也;羞恶之心,义之端也;辞让之心,礼之端也;是非之心,智之端也。人有四端也,犹其有四体也",④ 人类的仁义礼智四德皆由天赋予,是仁者先天具有的德性,人类的道德心理、道德情感、道德规范在这里都打上了天道化的烙印,最终实现天人合其德。

---

① 《中庸·天命章》。
② 《荀子·王制》。
③ 《孟子·离娄下》。
④ 《孟子·公孙丑上》。

其二，天人合其性。人性与天性相互贯通融涉，孟子对此有所论述："心之官则思，思则得之，不思则不得也，此天之所与我者"，①"尽其心者，知其性也。知其性，则知天矣"，② 人心人性与天心天性相互贯通，人的知识才华以及善性皆来源于天，只有充分发掘人心的能动性与至诚本性方可体悟融合天心，人之性与天之性合一。孟子认为天具有真实无伪的"诚"的善性，人能够通过后天自觉把握天道，把人先天具有的"诚"的道德潜质挖掘出来："诚身有道，不明乎善，不成其身矣。诚者，天之道；思诚者，人之道也"，③ 人与天皆具"诚"性。《中庸》则通过"诚"将人之性与天之性相合："唯天下至诚，为能尽其性。能尽其性，则能尽人之性。能尽人之性，则能尽物之性。能尽物之性，则可以赞天地之化育。可以赞天地之化育，则可以与天地参矣。"人道与天道相通，人与天地万物具有同根同源同性之气，并且通过"诚"这种被天道化了的真实无欺的道德意志和伦理德性，推行忠恕之道这种天下之达道，泛爱众而兼爱物，爱物养物，与天地参。

其三，人之性与天之性合其类。人的性情德性类同可比于天地万物之理，董仲舒认为："人之为人本于天，天亦人之曾祖父也。此人之所以上类天也"，④ 天作为最高的本体存在，是化生万物、包孕万有的自然界，"天以终岁之数成人之身，故小节三百六十六，副日数也；大节十二分，副月数也"，⑤ 因而人之性与天之性同属一类，同其道理。《序卦》云："有天地然后有万物，有万物然后有男女，有男女然后有夫妇，有夫妇然后有父子，有父子然后有君臣，有君臣然后有上下，有上下然后礼仪有所错。"所以，"天尊地卑，乾坤定矣。卑高以陈，贵贱位矣。"⑥ 这里自然现象的秩序类比于人类社会的等级秩序，恰恰说明

---

① 《孟子·告子下》。
② 《孟子·尽心上》。
③ 《孟子·离娄上》。
④ 《春秋繁露·为人者天》。
⑤ 《春秋繁露·人副天数》。
⑥ 《系辞上》。

人类社会之性与天之性合其类。

其四，人之性与天之性相感互应。这里的天既是自然之天，作为自然万物的运行规律，同时又是充满神异之气的神灵之天，"天者，百神只君也"，"天有四时，王有四政，四政若四时，类通也，天人所同有也"，① 董仲舒在这里通过自然界的秩序与君王统治秩序相类比，为封建社会的纲常伦理等级秩序找到天然的合理意蕴，同时也指出了人类社会与自然是一个和谐的有机整体，为建立人与自然的和谐生态观提供了深厚的精神旨归。"天人合一"的哲学理念从深层意义上来看，天道的显现存在于道德形而上的意义世界与价值世界，唯有靠精神层面的道德体悟才能把握天之道，而这又恰恰契合了现实世界中的人要自觉运用仁学实现自身礼乐教化达至天人相合的重要性与必要性。因此，这不仅仅是生态学意义上、科学理性视野中的境界，更是伦理学意义上的、人文价值视野中的道德理想境界，它在深层意义上印证了儒家自然道德体系的本源性基础，表达了对理想境界的终极追求和人文道德关怀，在一定程度上为探讨生态社会人与自然的伦理关系准备了价值源头上的理论根基。

"天人合一"的古朴有机自然观不仅是东方生态智慧中儒家生态思想的具体展现，并且也是道家朴素深刻的生态哲学思想体现，在道家生态思想中主要体现为"道法自然"。"道"作为道家思想体系的核心范畴和主导理念，是宇宙生成论和宇宙本体论的辩证统一，"道"是万物的始基、本源和万有之根，是宇宙万物运动变化的客观规律，"有物混成，先天地生。寂兮寥兮，独立而不改，周行而不殆，可以为天下母。吾不知其名，字之曰道，强为之名曰大。大曰逝，逝曰远，远曰返。"② "大道泛兮，其可左右，万物恃之而生。"③ "道生一，一生二，二生三，三生万物，万物负阴而抱阳，冲气以为和。"④ 因此，道不仅是滋生、

---

① 谢祥皓：《中国儒学》，四川人民出版社1998年版，第108页。
② 《道德经》（第二十五章）。
③ 《老子·上篇》。
④ 《老子·第四十二章》。

养育万物的本体和母体,更是化生万物从而成为宇宙生生不息的动力源泉,作为"天道",是天地万物运行和发展的普遍自然规律,"无为而尊",作为"人道"则指人类社会所普遍遵循的行为准则和道德原则,"有为而累","道"是一种无目的的目的性,是符合最高目的和必然规律却不作主宰的至上理念,"道生之,德蓄之,长而育之,亭之毒之,养之覆之。生而不有,为而不恃,长而不宰,是谓玄德"。① 道家在此基础上进一步提出"道法自然"的天人合一命题,老子认为自然之法是最大的道,人必须顺从这个道,"故道大,天大,地大,人亦大。域中有四大,而人居其一焉。人法地,地法天,天法道,道法自然"。② 由此得出,"希言自然。故飘风不终朝,骤雨不终日。孰为此者? 天地。天地尚不能久,而况于人乎?"③ 因此顺应自然、无为而治,才是大道。这里,在强调人的实践主体能动性的基础上,更加突出了"道"的至上性以及万物平等相依的生态理念,"天地与我并生,而万物与我为一",④ "天与人一也",⑤ 依"道"生成的天地人构成系统有机的生命整体,道家提倡全生保身、珍视生命,反对残杀生命,"射飞逐走,发蛰惊栖,填穴覆巢,伤胎破卵"⑥ 是道家思想的生态禁忌,因为,"物无非彼,物无非是",⑦ 自然万物彼此相生相存,这是至高的"道"的理念辐射,最终达到"自然"的常态生存,因此,"道"是向"自然"的理念认同与价值合一,"自然"是"道"的皈依,"道"是"自然"的彰显,在至高的层次上,二者合二为一,"道"即"自然","自然"即"道","道"是自然的本真状态和人的自然天性的自然而然的自在形态,是化育万物的自然规律和统摄宇宙苍生、人类社会以及内心精神世界的理之"总理","道"与"自然"合一,从而构成中国

---

① 《老子·上篇》。
② 《道德经》(第二十五章)。
③ 《道德经》(第二十三章)。
④ 《庄子·齐物论》。
⑤ 《庄子·秋水》。
⑥ 《太上感应篇》。
⑦ 《庄子·齐物论》。

传统"天人合一"有机论自然观的道家生态哲学延伸,如此,"道法自然"便意为,"道"以己为法而别无所法,所以,"人者,圣人也。法者,水平之准与之平等如一也。人之所以大,以其得此道而与地一,故曰法地。地之所以大,以其得此道而与天一,故曰法天。天之所以大,以其与道一,故曰法道。道之所以大,以其自然,故曰法自然。非道之外别有自然也。自然者,无有、无名是也"。① 自然之"无有""无名"正是道家"无为"思想之真意,"无为"之自然正是对自身生存的"有大为","无有""无名"却是"自然"背后之至大和至刚,天、地、人相统一,构成"道"之生命整体。

佛教虽然没有明确提出"天人合一"自然观的生态理念,但却以宗教信念的形式潜在地契合了"天人合一",它站在佛教的生命关怀的高度主张应当以平等的态度对待人类、生物与非生物,因为"众生平等""万物皆有佛性",个体依靠道德修行的努力能够向佛的本体境界迈进,从而获得"内在价值",因而具有平等的生命本质,所以应当以平等慈悲的心态关怀宇宙众生,即对万物苍生施以慈爱悲悯情怀,以平等博爱的"大悲"原则和普遍、平等、无差别的悯爱之情惠顾一切众生,诸功德中,不杀第一,珍惜生命、尊重生命、听从自然、素食和放生所达致的"无常""缘生"等都体现了佛教生态伦理自然观的道德情怀。

此外,除却东方传统文化资源"天人合一"的古朴自然观意蕴之外,在西方古代文化的深层,也有一种有机论的自然观范式。古希腊文化一致认为自然是具有心灵和灵性的生成着的活的自然,是一个巨大的有机体的辩证存在,其他的生命体与动植物存在是更小的具有灵魂的有机体。斯多葛派认为,人类应当"合乎自然本性"地生活着,使自由意志顺服自然本性,个体与自然的和谐是真正的"善"的理念来源,并且,即使苏格拉底、柏拉图、亚里士多德在一种"天人相分"的自然观背景下,但他们在人与自然关系的"目的"论的阐释中同样没有

---

① 《道德真经注》。

脱离自然作为活的有机体的自然观思想,这种原始混沌的自然观实际上是人与自然本体的和谐与一致。

(三)"天人合一"自然观之反思

"天人合一"的朴素有机论自然观是东方传统文化自然观的基本生态理念,自然是人的生命之源和价值之基,人在创生并实现着万物和自然的"价值"的生态实践过程中,不断实现着自身的"内在价值",在人与自然主客合一的本体思维模式下,达成的是人与自然的和谐与同一。在"天人合一"自然观的熏陶影响下,中国古代文明的实现过程蕴含了天、地、人的有机协调与统一,生态伦理思想初露端倪,五帝时代设置了专门管理草木鸟兽和山林川泽的机构,东汉时意识到水旱自然灾害与乱砍滥伐息息相关,到晋代时已把人口数量的暴增与生态环境问题相关考虑。

东方传统的"天人合一"自然观是中国远古先民顺天而动,维系自身生存和生活存在的深层指导理念,作为创生万物的自然是具有内在生命力的生命始基和价值源泉,所谓之"天道流行""生生不息",在人与自然的关系中,肯定人类主体能动性的发挥却也没有否定自然本身的价值,肯定人类的生存需求却没有把人的欲求凌驾于自然之上,因为人是具有创造力的生命主体、德性主体和价值主体,并非自然界的立法者、奴役者和占有者,是在推进人与自然的合一中不断实现着自身的生命价值和自然的"内在价值",在顺从自然、尊重自然规律自由运作的过程中"与天地合其德",达至"内外合一""物我合一"与"天人合一",热爱自然、珍惜生命,实现人与自然的生态和谐。人类从自然中获取生存所不可缺的资源和条件,自然在创生万物的过程中赋予人以内在德性和神圣使命,提升着人类生命意义层面上的文化价值,因此作为创造主体和价值主体的人类理应承担起生态道德责任与伦理义务,敬畏自然、珍惜生命,拓展道德关怀的范围,爱惜自然资源,合理地开发和利用自然资源,而不是浪费、消耗、掠夺和破坏,这是一种生态人文理念精神的渗透与体现,对于现代工业文明"主客二分"的机械论自然观所带来的生态困境难题具有一定的导引和纠偏作用,因此,"天人合一"的自然观对于今天生态伦理学的建设具有重要的借鉴意义,囿于时代的局限,中国传统文化的"天人合一"缺乏对自然规律的科学体认,这种建基于"主客一体"的经验直觉思维基础上的生态理念具有直观混沌的总体特性,并过多地强调了人对自然的先天依附性,对主体人类的能动创造性突出不足,但毕竟是远古文明时代"自然观"的生态印记,体现出一定的历史合理性。

二 "人为自然立法"

文艺复兴、启蒙运动以来,近代自然科学得到迅速发展,资产阶级在推崇人性、反对禁欲的理念指导下,高举反封建和反宗教的旗帜,以人权反对神权,改变人对神性的屈从和顶礼膜拜,高扬人的主体性和价值尊严,追求俗世的舒适享乐和现世的实用幸福,过度高扬此种价值理念,其社会合理性便走向极端,物质主义、个人主义、享乐主义充斥社会,自然科学的勃兴使人类对自然的征服更加有恃无恐,对自然的掠夺式开发、不负责任的毁坏和无节制的浪费愈演愈烈,在把自然看作一种"纯粹的有用性"[①]的基础上,无视自然本身的价值属性,把单纯的经济增长指标看作发展和社会进步的唯一价值依据和终极目的,"发展是天然合理的",在关注经济发展速度的同时漠视和排斥发展的目的论和价值论问题,人类迷失了发展的方向,无视人类与自然的一体相依性,在追求社会生产力高度发展的同时无视自然生产力的同步增长,人类过度乐观的经济实践在打破了自然生态平衡之后所获取的物质增长,实际上是抛弃了生态效益的经济效益,割裂了经济价值与自然价值,从而开始了对自然实际意义上的野蛮入侵,殊不知,真正的经济发展应当是在经济实践过程中兼顾生态效益,不断地建构新的平衡机制以维系和补偿自然生产力的持续和发展,从而推动整体人类社会和谐有序地向前发展。因此,近代工业文明时期,实际彰显的是"人为自然立法"的生态悖论,是在"主客二分"的思维方式指导下形成的认识论和工具论

[①] 《马克思恩格斯全集》(第42卷),人民出版社1979年版,第125页。

"自然观"。

(一) 主客二分的认识论与工具论思维

近代工业文明的"主客二分"的认识论与工具论的思维模式取代了远古文明时期"主客一体"直觉体悟式的本体论思维模式，于是，人与自然原始朴素的共在融洽关系被人对自然的机械认知和"人为自然立法"所取代，认识论与工具论的机械式"自然观"成为工业文明时期的主导认知理念。自然科学的迅猛发展使近代工业文明时期的自然观和哲学认识方法论呈现出不同于以往时代的特征，文艺复兴运动的发展使神权统治造就的精神与物质、思维与存在的分裂状况有所改观，在高扬人的主体能动意识的基础之上注重哲学思维的微观分析和细节描述，在机械论思维的"自然观"指导下把整体的宇宙、自然与万物看作静止、孤立和永恒不变的僵化的"物质世界"，微观的粒子空间按照既定的物理运动法则组合成不变的物质载体，自然科学的发展能够认识和勘测一切自然细节和奥秘，于是，人与自然是认识与被认识、征服与被征服的二元对立关系，科学认识就是要在认识和把握自然规律的基础上探索自然奥秘，以外部自然为对象，利用自然、控制自然、征服自然，谋求主体人类的幸福，这便是主客对立的机械式思维模式。由此，人类成为认识和实践的绝对主体，自然成为满足人类需要的对象性的工具存在，在工具性的意义上，只能被人类无限地占有、使用和消费，自然成为满足人类需要的用之不尽、取之不竭的资源库，自然本身的精神审美属性和价值被放逐了，出现了审美价值理念链条的萎缩和断裂，在传统机械论"自然观"的熏陶下，人类成为对自然进行任意宰割和鞭笞的主人，自然成为人类的仆役匍匐在人类的脚下，科学技术的发明和使用更加剧了人类"征服自然"无往而不胜的信念。机械论"自然观"以单纯的认识和实践关系看待人与自然，把科学认知与道德理念截然分开，依循传统的伦理文化观念，认为伦理与道德的原素只限于人与人之间的社会关系而不存在于人与自然之间，生态伦理观念在文化体系中被抽离，生存困境与生态危机便难以避免。

当人类文明步入一个新的历史时空，近代自然科学的进步和社会经济文化的发展使指导人类实践活动的哲学认知理念发生了变化。笛卡尔的"我思故我在"命题的提出奠定了西方哲学史上"主客二分"思维模式的基础，人类相对于自然的主体地位确立起来，康德在强调人类主体认识能动性的基础上突出了人类的理性主体地位，并把理性自我提升到先验自我的高度，要求"人为自然立法"，黑格尔把人类的主体意识继续推向前进，认为人类即是理性自由与绝对精神。在"主客二分"的机械论自然观影响下，培根的经验主义、笛卡尔的科学分析以及牛顿机械力学充斥整个西方世界，它们共同把作为整体存在的自然生命系统经过分析和还原的方法拆卸、分解为各自孤立的、静止的原子和单个个体，这是一种数学化和物理论中的"自然观"图景，在通晓了宇宙自然构造和功能的基础上，进一步通过哲学概念上的主客对立以及主观性与客观性分离的理念，把自然生命系统当作主体人类认识、改造、征服和统治的对象，人类掌握了了解、驾驭自然世界的物质手段和自然科学路径，至此，人类的生命实践与自然完全对立起来。在西方哲学史上，无论唯物主义哲学家培根还是唯理主义哲学家笛卡尔都强调人类在对自然的绝对把握和无限占有的基础上实现对自然的绝对征服和改造，"我们在认识了火、水、空气、诸星、诸天，和周围一切其他物体的力量和作用以后（正如我们知道我们各行工匠的各种技艺一样清楚），我们就可以在同样方式下把它们应用在它们所适宜的一切用途下，因而使我们成为自然界的主人和所有者"。[①] 在"主客二分"的思维方式指导下，人类的主体性成为判断自然系统中"价值"存在与否的唯一依据，因此在价值论和伦理观上，"主客二分"落实为人类中心，人类是唯一具有价值意识的存在者，同时也是唯一具有"内在价值"的主体性存在，客体的价值属性成为满足主体需要的有用性，而这种"有用性"只是相对于主体人类而言的"工具价值"，如此，自然被降格为向人类提供生存环境和物质资源的工具性存在和没有灵性的客观存在，把道德关怀的对象局限在人类自身，以服务于人类的主体需求，如此进一步遮蔽了

[①] 周辅成：《西方伦理学名著选辑》（上卷），商务印书馆1996年版，第593页。

对自然的本真价值体认，以人类物种为尺度衡量整个自然生态系统的价值，顾及的是自然对人类的短期效用，狭隘有限的视角漠视了生命自然系统整体的生态价值以及对人类和其他自然物种的终极性的价值意义，从而进一步消解了人类对自然的道德责任和伦理义务。

因此，传统"主客二分"的认识论和工具论思维模式割裂了自然的科学认知价值、生态价值和人文价值的关系。近代工业文明时期的二分式思维模式在张扬和增强了人类的主体能动性的基础上也同时暴露了人类生命物种发展进程中的狭隘性和片面性，在物欲膨胀的精神背景下忽视了人与自然的一体相关性和自然本身的丰富性与多样性，囿于人类狭隘的物种利己主义的单一性和片面性，从而忽略了人与自然关系的审美维度，实践和认识活动成为人与自然相关联的唯一纽带，从而带来人与自然关系的失衡。"主客二分"的工具式思维使人与自然进一步分离和对立，工业文明时期"天人相分"的机械论自然观导致了近代社会的生态灾难。

（二）"天人相分"的机械论自然观

"天人相分"的机械论自然观既是哲学概念中"主客二分"的工具论思维方式的体现，同时也具有其产生的深刻的时代背景。近代工业文明时期的机械论自然观可以追溯到古希腊时期，作为地处欧、亚、非三大洲交汇处的古希腊是西方社会文明孕育和萌发的沃土，得天独厚的自然生产环境和贸易氛围酝酿了地中海文明升腾的契机，自然科学的进步推进着古希腊农业、手工业、商业、畜牧业以及航海和冶金事业的发展，从而进一步催生着天文学、数学、地理学等自然科学的蓬勃发展，二者共生互动，体现着主体人类的能动意识和创造精神，古希腊人早期的航海和商贸活动，便是认识自然、不断地探索自然并征服自然的过程，逐步形成了西方传统"天人相分"的机械论自然观的轮廓。

近代工业文明时期的自然观从宏观的本体意义上坚持宇宙自然的一体性，把自然看作统一的整体并力图运用哲学的观念为复杂多样的宇宙自然寻找统一的物质或者理念的"载体"，泰勒斯把"水"看作万物的始基，毕达哥拉斯则认为"数"是万物的本原，并且在自然有机整体的理念影响下，德谟克利特曾进一步对"原子论"进行论证。但是，在人与自然的关系问题上，近代工业文明时期的"自然观"则是明确的"天人相分"，认为人类是具有能动意识的绝对的生命主体，自然是被动的认识客体，人类能够运用自身的理性能力在认识自然规律、探究自然奥秘的基础上进一步控制自然和征服自然，以此理念指导人类具体的生产和生活实践，实现自身目的。自普罗太哥拉明确提出"人是万物的尺度"的命题以后，人类主体性的基调便基本奠定，文艺复兴运动打破了神权的枷锁后，整个社会开始推崇人类的理性和主体能动性，满足主体人类的欲求和实现人类的幸福成为社会的主流价值，培根的"知识就是力量"推动了人类运用科技手段统治自然的实践行为，折射出人与自然相抗争和对立的"自然观"的认知意蕴，笛卡尔以人类理性的普遍怀疑精神打破了过去几百年的统治权威和神权信仰，"我思故我在"，黑格尔以客观唯心主义的哲学视角把自然置于人类理性和"绝对精神"的统治之下，人类主体意识最高层面的"绝对精神"是自然演化的至高目的和动力源泉，因此，主体人类的理性意识和能动意识高于自然存在，人类是自然的主人，自然是认知对象，二者是分离和对立的关系。

这种"天人相分"的机械论自然观高扬了人类的主体意识和自我创造的优势，自然成为被动的、被征服与被占有的对象性存在，人类在占有和征服中彰显着自身的本质性力量，虽然人与自然在本原的意义上同根同源，但在"人是万物的尺度"理念的影响下，人类与自然逐渐背道而驰，成为引发人类生存危机和生态困境的深层意识根源。依据基督教的经典《圣经》，人与自然的分离造就了人类智慧的产生，伊甸园中的亚当和夏娃在偷食了智慧果后才开始耳聪目明、智慧洞开，于是具备了反观自然和自身的能力，当然，背弃上帝所付出的代价便是被驱逐出伊甸园，从而人类世世代代背负了沉重的"原罪"，但是人类获得了对主客体进行区分的机会和认识能力，使探求知识和智能的提升成为可能，人类的主体地位得到了确立，从而开始认识自然、探测自然进而利用自然、向自然索取，这同时是近代西方社会自然科学产生并勃兴的动力根源，并进一步强化着人类探索自然的热情和渴望，虽然人类世代要在长满荆棘的土地上辛勤耕作、终年辛劳，但在与自然不断的抗衡以维系自身生存和发展的同时，激发了人类征服自然、统治自然并最终战胜自然的决心和欲求。"天人相分"的机械论自然观在推动人们征服自然的过程中实际上不断地张扬着人类生命物种的个性，增强着人类的主体性，带来了人类自主性、能动性、创造性的飞跃，又反向强化着人类"战胜自然""征服自然"的强权意志，为人类向自然索取找到了合理化的证明和依据，建基于此种"自然观"的认知理念基础上的文化价值观念和社会经济理念也便打上了征服和占有自然的烙印，人类主体能动性的增强使人类的占有欲和私欲、物欲无限膨胀，在占有无限丰富的物质财富的过程中，人类原本理应具有的精神财富却在无限流失和放逐，能源枯竭、资源短缺、环境污染、生态失衡等一系列的生态难题接踵而至，生态灾难正在威胁人类的生存和整体生命系统的存续，实际上，近代工业文明时期的"天人相分"机械论自然观在推进人类主体能动力量增强的同时却在不断毁弃对自然的人文理念和生态精神。

（三）人与自然的疏离与生态灾难

在"主客二分"的认识论和工具论思维方式影响下，形成了近代工业文明时期"天人相分"的机械论自然观，应当说，这种对自然的认知理论在一定的历史时期有其必然性的积极意义，它在高扬人类主体能动性的同时，增强了人类对自然世界探索的勇气，并拓展了人类对自然认识的广度、深度以及进一步改造自然世界的力度，促进了自然科学技术的发展，推动着早期资本主义原始积累和生产力的迅猛发展，推进着人类社会现代化的历史进程。但是，"天人相分"的机械论自然观也暴露了人类生命物种个体的狭隘性，以对自然的认识论和工具论思维取代自然本体论思维，机械论取代有机论，"天人相分"代替了"天人合一"，一定程度上割裂了人与自然的一体相依性，背离了生态伦理思想的深层底蕴，由自然本体向人类主体和理性本体过渡，形成了近现代工业文明进程中的人类中心主义指导理念，特别是关注主体人类利益并对自然进行机械分割的强势人类中心主义，从道德认知的深层遮蔽了人类与自然的有机联系，是对人的"类本质"状态的遗忘，同时也是生态伦理理念的缺失。"天人相分"的自然观以近代机械文化的认识论和工具论思维模式在深刻认识自然世界的因果律的基础上，忽视了对自然生态规律的体认，遗忘了人类与自然共在平等的价值关系和自然本身不可替代的"系统价值"，远古文明时期"天人合一"的有机论自然观的认知理念统一于德性论，而"天人相分"的机械论自然观则是以认知论消解价值观，把道德认知从人与自然关系当中抽离出来，彻底颠覆了自然本体论的价值认知，而脱离了人性的道德束缚的实践行为必定在充分张扬人类的占有欲和物欲的基础上对自然开战，遗忘了人在"类"的本真状态下所应当担负的伦理责任和道德使命，引发难以预计的"生态灾难"。

在人与自然的关系上，二者由原始朴素的一体相依与和谐共生走向认识论和工具化基础上的疏离和背驰，自然沦为被占有、操纵和控制的对象化存在，成为相对于人类生存和需要意义上的静止、孤立和单一化的物的存在，失去了自然生命本身的灵动性和有机性，割裂了人类与自然的有机联系，人类成为控制自然机器并统摄万有的至高存在，对人与自然关系的线性还原和简化遮蔽了自然的价值和人与自然的丰富和多样性的联系，自然生命主体地位的缺失使人类原本应当对自然具有的"敬畏之情"消解，对其他自然生命物种的道德关怀弱化甚至不复存在。这里，人类所谓本质力量的实现历程同时也是人与自然关系的异化过程，即对自然资源的无度掠夺和对生命尊严的摧残和践踏，使自然的生命本性和存在状态遭受严峻的冲击，并且，自然已经向人类发起了反击，接踵而至的生态困境已经逐渐发展成为蔓延整个地球生命系统的生态灾难，痛定思痛，人类有足够的理由进行自我反思和反省。

从人类自身来看，"天人相分"的自然观促使了人类对自然掠夺和征服的实践活动，是人类本性异化的展现。作为具有主体性的人类生命存在，其生态实践活动是能动性和受动性的辩证统一体，在对象性的主体活动中完成和实现着人类生命本真状态的重塑，而人类向自然疯狂掠夺的实践行为则割裂了作为生命主体的能动性和受动性，在人类主体能动性高度膨胀和片面扩张的过程中，忽视了人类对自然的依赖性和自然本身的价值属性，殊不知，人类是自然之子，自然是人类的生命之源，在否定自然的实践行动中实际上又在不断地否定人类自身，人类本质力量呈现片面化和碎片化，人类在追寻自由的同时却日益陷入不自由的境地，遗忘了作为"类"的存在的人的本真状态的内涵。

因此，近代工业文明时期"天人相分"的机械论自然观摧垮了自然本体论的神话，确立起人类主体能动性的理性神话，远古文明时期对自然的敬畏和敬重之情被近代工业文明时期对科技理性的崇拜所替代，人类与自然相脱离，自然成为工具论和认识论意义上的对象性存在被征服和占有，"主客二分"的思维模式使人与自然的有机整体联系分崩离析。实际上，自然是充满生机和活力并不断演进和进化着的生命系统，其本身并非是毫无价值意义的"荒野"之地，而是趋向完整、稳定与美丽的生命共同体，这是现时代应当重新确立的生态整体主义的"自然观"。重建人与自然之间的价值关系，应当以生态的道德认知理念和思维方式看待自然万物，以发自内心"爱"的情感关涉自然，以生态、有机、系统、整体和互利的文化理念和思维视角实现对"天人相分"的机械论自然观的变革与更新，在对自身进行反思的基础上，为自身设定行动的域界，即"人为自身立法"，从而探寻生态文明时代"共生和谐"的生态自然观，替代"天人相分"的机械论自然观。

三 "人为自身立法"

生态文明时代在人与自然关系的看法上不同于远古文明时代原始混沌的"天人合一"的自然观，也不同于近代工业文明时代"天人相分"的机械论自然观，它认为宇宙万物与自然中的单个生命在生命系统中存在彼此相依的内部关联，其价值的展现通过作为自然整体生命系统的成员而获得生态意义，是一种"主客统一"思维模式的辩证复归，因而，重新建构起"本体论—认识论—价值论"有机契合的系统生态"自然观"，是人类依靠自身价值观念的反省，不断地向内追索，为合理"自然观"的确立及时地补充生态价值的合理因子，是"人为自身立法"。

(一)"主客统一"的辩证复归

近代工业文明社会以来，由于受"主客二分"的机械论自然观的影响，人与自然之间原本和谐共生的一体关系出现断裂，从历史的视野考察，这种机械论思维范式曾一度改变了远古时期直观朴素的寻求自然秩序和适应自然的生存模式，增强了人类的主体能动性和认识自然的能力，推进了社会生产力的发展，但是"主客二分"的机械模式继续向前发展，其把握世界的方式成为以统治自然、征服自然为目的的行为范式，于是近代工业文明以来，现代环境问题和生态困境便接踵而至。走出生态困境，就要在深刻认识主客二分认知模式的生态危害的基础之上，反思并调节人与自然的关系，进行一场真正的生态世界观的革命，在充分认识自然价值的基础上建构人对自然的新的认知模式，以生态的思维理念超越旧的机械论范式，建构系统、整体、有机的生态自然观，这本身也是生态学发展的必然趋向，是"主客统一"思维模式的辩证复归。

不同于旧的孤立、还原的机械论自然观，生态文明时期系统有机的生态整体主义世界观把整个自然生命系统看作一个统一的系统整体，其内部的生命要素相互作用、彼此联系，作为相互关联的动态整体中的有机构成，共同维系着整体的生命系统的持续稳定运转，同时此种"主客统一"的思维模式是以自然生命整体的存在为依托和中介的"主—客—主"的关系模式，主体人类能动地作用于自然、改造自然的生命过程折射出的是人与自然关系背后的人与人的关系问题，因此在人与自然的关系中有道德的原素渗透其中。生态有机论自然观关注"人—自然"生态共同体的协调运作，其间涵摄了主体"人—人"之间的道德关联，在生态世界中主要以"人—自然—人"的生态相关性体现出来，通过人类的主体能动性在遵循自然生态规律的基础之上谋求"人—自然"生命系统的和谐发展，在尊重和维系地球基本生态过程的同时，尊重自然价值和生命物质的生存权利，在遵循客体生态规律的前提下辩证看待主体人类的自主性、能动性、创造性与受动性和依附性的关系，达到主体与客体的辩证为一，实现"自然的人化和人化的自然"的和谐统一。在"主客统一"的思维模式下，主体与客体之间通过自然中介建立起来的"主—客—主"的关系范式，既融汇着人类与自然生态共同体的伦理意蕴，同时也渗透着主体人与人之间的伦理关切和道德内涵，是人—自然—社会复合生态系统的整体性思维模式，也是生态文明时代正确把握人与自然关系的生态自然观的思维体现，使人类的思维从机械式的理性、分析、还原的线性模式下解放出来，向生态文明时期系统有机的综合、整体的非线性模式转化，融入更多的知觉情感和人文关切的因素，由支配控制自然的欲望的无限膨胀和量的无限追求转换为在全人类共同保护自然实践行动基础上的理解、宽容、信任和支持，承认生态系统整体的存在意义和价值以及人与自然和谐共生的有机联系，这是生态时代的伦理意蕴和"主客统一"思维模式的辩证复归。

（二）"本体论—认识论—价值论"的系统整合

在"主客统一"的思维模式下，人与自然生命共同体是"主—客—主"的系统整体的关系范式。由于融入了主体人类之间伦理关切和道德关注的生态原素，从而把自然本体论、认识论和价值论有机地整合为一体，使自然认知论融会了主体人类特有的道德认知的因子，把近代工业文明时期的机械论的自然认知观转换为生态文明时期的科学、系统、整体和有机的自然价值观，是作为"类"的存在的人的生态伦理意识的深层觉醒与道德自觉。价值是自然万物存在的本质属性，生态价值观成为生态伦理原则确立的内在依据和生态自然观的内在诉求，人类—自然—社会的整体有机系统是生态的存在系统和价值系统，自然生态系统及其内在的生命个体不仅具有相对于人类生存的需要和意义而言的工具价值，而且具有自身存在的固有的内在价值，个体的生命存在在不断地适应自然系统生境的过程中，具有寻求维系自身的生存和发展的趋向，这是客观的本身固有的"内在价值"。作为"价值主体"，通过生命本身的自组织活动必须紧紧依赖自然生态系统提供的物质和能量，利用其他系统物质的工具价值维系自身的生存与发展，作为"价值客体"，自身在生态系统中创造的物质成果又不断地为生命系统整体的维系与协调运转和其他生命个体提供着不可或缺的"工具价值"。同样，作为整体的自然生态系统在系统运作过程中是一个自组织、自协调、自进化、自选择、自平衡的生态过程，在自然周期性的运转过程中不断孕育着丰富多样的生命目的中心与价值中心，在系统进化与价值增值的过程中维系着自然生命整体的稳定、完善和美丽，这便是自然生态整体的"系统价值"，因此，生命个体之间，生命个体与种群，生命个体、生命种群与自然生命系统整体之间存在千丝万缕的价值关联，个体的生命存在具有"内在价值"与"工具价值"，而自然生命系统整体却具有至高的"系统价值"属性，它们共同构成了生态系统中的"价值"整体。

因此，"本体论—认识论—价值论"的系统整合的生态自然观认为，人类作为自然之子，产生于自然生命系统，是生态系统不可分割的生命组成部分，人类的生存维系和发展必须紧紧依赖自然生命系统的稳定和进化，同时，人类的主体价值也必须归依自然生命系统的整体性的存在价值才能够得以展现，主体人类在自觉意识到自身在自然生态系统中的存在价值的基础上，应当尊重其他生命存在的"内在价值"和自然的"系统价值"，发挥生命主体的调控作用，维护自然生命系统乃至整个生物圈的稳定与和谐，促进人类与自然生命系统的协同进化。

（三）反思与审视

历经了远古文明时期的"天人合一"的朴素有机论自然观、近代工业文明时代"天人相分"的机械论自然观，直到生态文明时代理应建构的"本体论—认识论—价值论"系统有机的"天人和谐"的自然观，应当发现，这是一条螺旋式发展的否定之否定的"自然观"的逻辑脉络。当今时代的生态自然观并非是对远古文明时期原始朴素自然观的简单回归，而是基于生态文化的科学认知，特别是通过现代自组织理论、生态学原理以及系统科学的阐释实现对原初朴素直观的自然观的内在超越和科学发展，生态自然观把人类对自然的科学理性认知和对待自然的伦理关怀与道德关切统一起来，一方面既超越了远古文明时期的朴素有机论自然观，这种自然观沉沦于自然本体论，无限盲目地赋予自然以神秘性、神圣性和不可言状的灵性，无限的崇拜和敬畏抑制了早期人类主体能动性的发挥和改造自然的能力的增强，这种对自然认识论的漠视源于人类进化初期的主体条件的不足以及自然力量的强大；另一方面，又同时超越了近代工业文明时期的机械论自然观，它过度关注自然认识论，在无限扩张人类的科技理性和认知理性的基础上，忽视了自然的生命特征、本体地位和系统内涵，疯狂攫取自然的使用价值，而不顾及自然的内在价值以及生态整体的"系统价值"。生态文明时期的生态自然观把自然"本体论—认识论—价值论"系统整合起来，在科学认识自然因果律的基础上注重自然生态平衡规律的维系，在合理运用自然工具价值的基础上承认自然的"内在价值"、尊重自然的"系统价值"，把人与自然的协同发展和共生和谐作为生态实践主体的道德价值诉求，在具体的生态实践中充分发挥人类主体的意识能动性，维护、恢复并优化自然生命系统的动态平衡，因为人类—自然—社会是一个动态的复合生态系统，是不可分离的三位一体的活的有机生态系统整体，人类的自然性、社会性以及精神性的生命存在同样是不可分割的动态一体关系，这是系统有机的生态世界观和自然观的内在规定和价值含义。

因此，在自然演化史上，人与自然的关系演变实际上经历了不同时期的"自然观"的认知演化脉络，自然所历经的"施虐—受虐—平等"的轨迹正是不断进化的人类思想的"自卑—自负—自省"的历程，同时也应当是现代人类在"类本质"觉醒的基础上不断地向内追索的道德哲学的生长过程，人类生态文明时代的到来为人与自然关系的和解提供了一个历史的契机，和谐共生的建设性的伙伴关系和对话关系的建构是生态自然观的本质内涵，为人与自然之间伦理关系的建立奠定了理论前提，这应当成为绿色文明时代的伦理共识和文明期待。

四 人与自然的伦理关系

随着全球性生态环境状况的进一步恶化，人与自然的关系日趋紧张，环境问题一度引起了世人的广泛关注，从而引发了在道德哲学的视角对人们所依赖的自然及其与人类关系的重新审视,历经"自然为人立法""人为自然立法"以及"人为自身立法"的生命过程,人类开始向内追索,在对自身的"类本质"不断占有的过程中,确定人与自然本应具有的伦理关系,以此应对正在到来的"生态困境"。但是,在人与自然之间是否具有伦理关系方面,学术界出现了两种彼此迥异的观点。

  现代人类中心主义认为,伦理关系只存在于人与人、人与社会之间,不存在于人与自然之间,即便认为人与自然之间存在伦理关系,也是指人与自然关系实质意义上的人与人之间的伦理关系。列宁认为人的社会关系包含"物质的社会关系"和"思想的社会关系",[①] 黑格尔指出,伦理关系作为"合理的社会秩序中的关系"是一种"思想的社会关系",人既是一种自然性存在,又是一种社会性存在,"伦理关系"界定仅只限于人与人所形成的一定的社会关系当中,因而人与自然之间不存在所谓的伦理关系;人与人之间的社会关系与经济关系是以个人与个人、个人与群体、群体与群体的思想意志贯通始终的,这种带有一定主观意识和目的的关系发生才形成了伦理关系,它是靠人的内心信念主动自觉地遵循一定的社会道德规范,兼具自主性与自律性;伦理关系特征限定为主体与主体之间的关系,本质应当是一种权利义务关系,自然作为一种无意识的存在,自身不会意识到价值、利益关系,更不会承担道德责任与义务,因而只是一种价值的客体存在与对象性存在,人类作为唯一的理性存在者和唯一的道德主体给予自然以道德关怀,肯定自然的存在价值,遵循生态规律,作用于自然,人作为主体始终处于能动、积极、主导的方面,自然永远处于被动方面,因此,人与自然是一种主客体关系,是一种对象性关系,而非伦理关系。所以,"伦理关系只能是主体与主体之间有着自觉意识和自主意志的双向互动、平等对应的社会关系"。[②] 人与人的关系以人与自然的关系为中介,人与自然的关系

[①] 列宁:《列宁全集》(第42卷),人民出版社1995年版,第169页。
[②] 傅华:《生态伦理学探究》,华夏出版社2002年版,第144页。

又以人与人之间的关系为中介，在人与人结成的改造自然的社会实践中，渗透包含着人与自然的辩证关系，人作为社会存在物与自然联系起来，实际上是把自然纳入社会关系的范围，人与自然之间的物质、能量与信息的交换实际上是以自然为中介的人与人的社会关系，只有在社会中通过人与人之间的关系的进行，人与自然之间的伦理关系才得以凸显、得以确证，离开了社会关系中主体人与主体人的相互作用，主体人与客体自然的关系无从体现，因此，主体人与客体自然的关系是一对社会关系范畴，体现的是人与人在社会关系中的伦理内涵，由此，人对自然的行为和结果才映射出一定的人与人之间关系的伦理韵味，单纯从生物学的角度来看待人与自然的关系，只会看到一种在自然规律支配下的弱肉强食的生存竞争关系，而无从窥见其所谓的伦理关系。

对此，自然中心主义者有不同的论点，他们认为伦理道德不仅存在于人与人之间、人与社会之间，更存在于人与自然之间。其中动物解放论者认为，动物拥有能感受苦乐的感觉能力，痛苦即恶，快乐即善，这是其本身利益所在，理应受到道德关怀，动物权利论者通过确认动物拥有"天赋价值"从而拥有道德权利，生态伦理学的创始人史怀泽确定了一种"敬畏生命"的信念，认为"只有当人认为所有生命，包括人的生命和一切生物的生命都是神圣的时候，他才是伦理的"，[①] 作为"现代伦理学之父"的利奥波德提出了"大地共同体"的概念，认为"大地伦理只是扩大了这个共同体的界限，它包括土壤、水、植物和动物"，[②] 而美国著名生态伦理学家罗尔斯顿把自然价值论作为其伦理学前提，认为"伦理学焦点的扩展，不是要从人类转移到生态系统的其他成员，而是要从任何一种个体扩展到整个生态系统"。[③]

[①] [法]阿尔卡特·史怀泽：《敬畏生命》，阿泽环译，上海社会科学出版社1992年版，第9页。

[②] [美]阿尔多·利奥波德：《沙乡年鉴》，候文蕙译，吉林人民出版社1997年版，第194页。

[③] [美]霍尔姆斯·罗尔斯顿：《哲学走向荒野》，刘耳、叶平译，吉林人民出版社2000年版，第35页。

马克思认为:"所谓人的肉体生活和精神生活同自然界相联系,也就等于说自然界同自身相联系,因为人是自然界的一部分。"① "人的本质并不是单个人所固有的抽象物。在其现实性上,它是一切社会关系的总和。"② 因此,人既有自然性,又有社会性,是自然性与社会性的辩证统一体。人首先是一种自然性存在,人生于自然,必须与自然进行物质、能量与信息的交换才能维持自身的生存与发展,但人的自然性不同于其他动物的自然性,人是"一切动物中最社会化的动物",③ 人的自然性与社会性紧密联系在一起并被深刻地打上社会的烙印,当自然被纳入社会领域,便成为人与人之间关系的中介,人对自然便具有了伦理关系的性质。作为社会性存在的人在满足自己利益需要时,同时也要兼顾社会与他人利益以及自然的生态规律,通过人的道德思维和伦理生活来促进人与自然的生态和谐,权衡处理好代内与代际的利益公平问题。同时,人作为具有主体性意识的伦理主体,具有目的性与创造性,通过反思人与自然的关系现状,从而制定一系列的伦理道德规范约束自身行为,尊重自然生态规律,自觉承担起维护生态平衡的责任。再者,自然作为人类赖以生存与发展的依托,在一定程度上激发了人类的敬畏之心与感恩之情,从而促使人类善待自然、呵护生命,伦理因素潜移默化地渗透在人与自然的关系当中。人与自然的伦理关系映射出人类自身所具有的独特秉性,由于人具有积极性、主动性,因此总是表现为人在遵从客观规律的前提下对自身行为进行适度调控并相应担负道德责任,在此基础上协调人与自然、人与人的道德关系,而自然由于没有意识,无法意识到自身的权利、职责与义务,更不可能担负道德责任,在一定程度上说,人处于主动地位,自然相应处于被动地位;并且,人作为唯一有理性有意志能力的生物,生态伦理道德规范的制定、落实与维护都是由人来完成的,而自然本身既无法制定道德规范,也不能执行道德律令,

---

① 《马克思恩格斯全集》(第42卷),人民出版社1979年版,第95页。
② 《马克思恩格斯选集》(第1卷),人民出版社1995年版,第18页。
③ 《马克思恩格斯全集》(第42卷),人民出版社1979年版,第169页。

只是由一种自发的、盲目的但又是一种潜在的客观自然规律加以作用，所以道德只是对人的行为进行单向度的规范，最终朝向人与自然和谐共生的方向发展；再者，在此伦理关系当中人类要给予自然万物以道德关怀，肯定它们的存在价值，尊重它们的生命，在尊重自然规律的基础上与自然和谐发展，因为自然界提供给人类需要的资源和财富毕竟是有限的，人不能一切以自身利益为中心，否则，违背生态发展规律，掠夺性地利用自然，迟早会给自身带来毁灭性的灾难，在人与自然伦理关系的维护以及实现生境协和一体的价值活动中，人始终是承担责任的唯一道德主体。

道德哲学在对人与自然关系的不断思考中得以"深化"，人类自身在"类本质"意境的不断彰显过程中得以"进化"。人类是自然界长期发展的产物，因而，人类既要超越自然，又不能摆脱作为自然存在的"事实"，所以，人类只能置身于"自在"去实现"自为"，在人与自然之间伦理关系的确认中去探寻各种生态道德规范，提高自身的自主性、能动性与创造性，从而获取并真正占有自身的"类本质"。纵观整个人类生存繁衍的历史，是人类同大自然相互作用、共同发展的历史，同时也是人类与整个自然生命系统协同进化的历史。为了生存，人类必须植根于自然，通过劳动的方式与自然界建立起物质与能量的输入与输出关系，从对大自然的顶礼膜拜，到对"人定胜天"的执着，直到对人与自然之间伦理关系的确认，显现着人类道德不断进化的足迹，因为，人类不仅是自然的存在，同时是社会的存在和精神价值意义的存在，人类能够通过意识与自我意识的"反观"将自然物作为审美对象，将自身的"自由"建立在对自然的爱抚和尊重之上，在遵循自然之"是"中不断超越，达到"应是"状态，在"精神自由"不断实现的过程中，使万物含情，达至"物我一体"的诗性境界，由此，人与自然之间应当包含一定的伦理关系，从而人类理应"有德性"地对待自然，为了人类的整体利益和长远利益，人类应当积极修复被损伤的环境，对自己的生存家园进行自觉的护理和照管，并努力为自身的行为后果承担生态道德责任，这是人类对其"类本质"不断把握和占有的表现，同时也是"类本质"力量不断彰显的生命过程，是人类由"必然王国"走向"自由王国"的必然之途。

第三节　马克思主义"自然观"的回归

不同的历史演化阶段，"自然观"呈现出不同的时代特征，它在思想观念深层影响着人们的生态道德认知，冲击着人们的价值观念，"自然观"的发展应当说是经历了一个"正—反—合"的生态过程，生态文明时代的到来使人类能够在科学理性的反思下，重新确立人与自然和谐共生的生态自然观和伦理观，人类作为从自然中提升出来的生命物种，与自然之间存在一种天缘关系，理应以最无愧于、最适合于人的"类本质"的方式来利用、开发和改造自然，合理调节人类与自然之间的物质变换。然而，对"自然观"的道德认知和把握在一定程度上存在模糊性和局限性，要从"自然观"的认知层面实现对生态困境的超越，有必要重返马克思主义经典作家的"自然观"视阈，超越人与自然关系的异化困境，建构人与自然的一体关系，在人与自然和谐共生的生态实践"自然观"的认知理念下，达至"实践—认识—审美"链条的契合共生，因为"人与人之间矛盾的真正解决"和"人与自然之间矛盾的真正解决"是人类可持续发展的题中之意，此种努力在价值理念层面为合理应对人类面临的生存困境、协调人与自然的关系并推进可持续发展提供了道德哲学的思考维度。

马克思主义经典作家从唯物辩证法的视角透视人与自然的生态关系，在系统总结历代自然哲学家自然唯物主义观点的基础上，实现了人与自然关系理论的突破和超越，为应对生态困境问题提供了"自然观"的道德认知凭借。马克思之前的许多旧唯物主义者认为自然是客观的物质性的存在，依靠自然认识自然，在推崇自然物质性的基础上，有利于掌握客观自然规律，推进人类探寻宇宙奥秘，但此时的自然成为抽掉了历史和生命的纯粹物质性的存在，既没有自然的历史，也没有历史的自然，成为脱离了人类能动的创造性活动的异己的绝对存在；康德等德国古典哲学家则在此基础上认识到人与自然之间辩证统一的关系,并主张以主体能动的思维意识和历史的观念把握客体自然,由于思维能力和知识的局限,古典哲学家仅只在抽象思辨的层面把握人与自然的辩证统一关系,并没有找到人与自然统一的现实基础,费尔巴哈在德国古典唯心主义思辨的基础上,把人与自然的统一关系提升到哲学的高度来把握,由于费尔巴哈哲学的直观性,客观的物质自然与现实的感性世界被当作直观的客体对象来理解,忽略了主体的能动创造性。青年马克思在对古典自然哲学的研究中,看到了人与自然之间的辩证关系,具有唯物主义和无神论的印记,但受黑格尔唯心主义的影响,直到《1844年经济学哲学手稿》诞生,马克思关于人与自然关系的思想才逐渐成熟,在系统总结并批判了黑格尔唯心主义和费尔巴哈形而上学的唯物主义观点,认为黑格尔所主张的主客体在理念中统一的唯心主义与费尔巴哈对自然的过度"唯物化"带来的是一种机械式的原子观点,自然在人类的视野中成为孤立的原子,人与自然的分离和对立不可避免,因此,在马克思主义的视阈中,人与自然通过人类的劳动实践克服异化走向统一,这是一种辩证唯物主义的观点。

一 人与自然关系的异化

马克思所处的时代是19世纪工业社会所造就的商品经济时代,资本主义工业时代"在它的不到一百年的阶级统治中所创造的生产力,比过去一切时代创造的全部生产力还要多,还要大"。[①] 然而,物质财富增值的背后却是人的世界的贬值,劳动在创造着物质财富的同时也在生产着作为商品的劳动自身和劳动力本身,劳动成为异化于人的类本质而存在的机械活动,使自然界和人的生命活动同人相异化,人类原本的类本质追求成为人类个体谋求生存的手段,人类失去了作为能动的自由主体的性质,成为劳动的异化存在。"异化"一词导源于拉丁文"alienation",具有让渡、转让、疏远之意,黑格尔曾经在其主

---

① 《马克思恩格斯选集》(第1卷),人民出版社1995年版,第256页。

体的自我内部精神的矛盾运动中指明"异化"实际上是主体内部精神的自我否定过程,是转化、派生出自我的对立面并压迫、制约自我与他物的过程。费尔巴哈借助"异化"批判宗教中的神是人的本质的自我异化过程,经典马克思主义者通过其社会批判理论揭示了人类面临的时代困境,"今天的意识形态的根据是,生产和消费再生产着统治,并为其辩护……但在同时,它却又在维持着苦役和行使着破坏。个体由此付出的代价是,牺牲了他的时间、意识和欲望;而文明所付出代价则是,牺牲了它向人们许诺的自由、正义和和平"。① 这便是由人的劳动异化所带来的人的异化和文明社会的异化。基于人的异化现象,马克思对人性做出了原初的"本真状态"的假设,随着资本主义工业化的进行,出现了人性的扭曲与异化,由此进一步展开了其社会批判理论,人的能动创造本性作用于自然,自然应当成为人化的自然,是人的本质的外化,然而由于人的类的本真状态的丧失,出现了人的异化,自然的人化也就不是真正人的自然,人类与自然为敌必会带来自然与人类为敌,即自然以一种异化的姿态奴役、主宰、压迫人,这就是人与自然关系的异化。

人类认识自然、改造自然的实践活动应当是推动人类自由、自主的生命活动并不断实现人的"类本质"的过程,马克思分析认为,在资本主义制度下,人类的实践活动却是以异化劳动的形态呈现的,异化劳动的进行成为人的"类本质"不断流失的过程,人类逐渐丧失了人之为人的本质成为与之异化的生命存在。人类实践活动追求的终极目的应当是在意识与自我意识的指导下不断趋向生命的自主与自由,人类作为生命主体和类存在,在道德自我意识的激发下,应当能够不断返观和思考自身的生命活动和生存生活,从而趋向"自由"之境。在异化劳动下,人类生命活动的本质追求逐渐成为维系肉体生存的工具和手段,人类的生活、生命与动物的谋生活动相等同,失去了人作为"类本质"

---

① [德]马尔库塞:《爱欲与文明》,黄勇、薛民译,上海译文出版社2005年版,第9页。

的自由之境，人之为人的本质蜕化为谋求肉体生存的手段，然而，人类的肉体生存一旦上升为人的生命的本质追求，那么，人与动物的区别也就模糊了，如此，人对物质欲望的追求和满足成为生命的终极目的，贪欲的释放和人性的堕落同时涌现，物质丰饶中的纵欲无度以及对自然的疯狂占有和征服必然成为生态世界的景象，马克思批判指出，发达资本主义工业国家中，劳动的异化促动着人与自身"类本质"的异化，物质欲望的释放和满足，使人类自身成为被物质役使和支配的工具，异化劳动伴随而来的是异化消费，为消费而消费，物质的消费进一步成为人类生命存在的终极目的，"物"的占有成为人类生命本真状态的表征，如此，物的世界反过来占有和支配人的世界，人类在物欲的牵引下成为物性的人格化再现，人类的价值和尊严的衡量标准便成为对物质占有的多寡和等次高低，人性在资本主义社会极度"物化"，人拜倒在"物"的脚下，成为物的奴隶，由此，人与自然的冲突和对立便不可避免。

在人与自然的异化关系中，自然成为人类物欲占有和征服的对象，不再是人的本真力量的表现和确证，而人类则在丧失了自身的类本质的基础之上成为臣服于物欲的工具，当人类欲望的释放达到一定程度时，自然便成为人类的工具意义上的存在，人类被物欲工具化，自然被人类工具化，人类丧失了人之为人的本质存在价值，蜕化为生物学意义上的人，自然失去了作为系统生命的有机整体性，成为原子化的孤立、静止的僵死的质料存在，自然相对于人类而言，只具有工具价值，而不具有系统价值甚至内在价值，从而进一步引发人类活动对自然的过度干涉，以及自然对人类滥用的疯狂报复。马克思曾经指出，当动物的东西成为人的东西，而人的东西成为动物的东西的时候，人与自然的异化也就产生了，人与自然之间的关系演变为纯粹的目的与手段、征服与占有的关系，原本应当具有的生命关爱和道德关怀被遮蔽，纯粹的物欲征服背后掩盖了人与自然之间的伦理关系。马克思在其社会批判理论中进一步指出，在一种自发的形成的社会当中，只要私人利益与公共利益还存在分裂，并且分工还不是出于个体自觉自愿的活动，那么，人类的劳动还是异于人类生命活动的异化劳动，并没有融入人类本真的生命历程，这是社会发展条件的限制，并且，由于特定的历史阶段人类实践活动、认识水平和对知识把握程度的局限，人类对自然规律和对自身的认识尚且有待提高，人类的异化与自然的异化的发生也就难以避免，这是马克思主义视阈中由人的异化所引发的人与自然生态关系的异化，也是近现代以来生态困境的历史导因之一。

二　劳动实践：必要的中介

马克思在其经典著作中从劳动实践的视角考察人与自然的关系，并明确指出劳动实践是人与自然辩证统一的中介，劳动实践使人从自然中独立出来成为区别于动物的生命存在，成为具有自身本质力量的类存在。"人不仅仅是自然存在物，而且是人的自然存在物，也就是说，是为自身而存在着的存在物，因而是类存在物。他必须既在自己的存在中也在自己的知识中确证并表现自身"[①]。并且，"劳动这种生命活动，这种生产生活本身对人来说不过是满足他的需要即维持肉体生存的需要的手段。而生产生活本来就是类生活。这是产生生命的生活。一个种的全部特性、种的类特征就在于生命活动的性质，而人的类特性恰恰就是自由的有意识的活动"[②]。即人类作为"类"存在物，其超越于动物的本能式生存方式，是在一种具有意识和自我意识指导的生命活动中，依靠自身创造的文化和知识的力量不断地确证自身，追求生命的自由和自主的过程中实现的。自然作为客观存在的生命本体，其存在并不以人类的物质需要和意志愿望为转移，人类作为能动的意识主体，只有在利用工具并积极地改造自然的生命活动中，才能够在自然中获得物质资料、能量与信息，以维系自身的生存和发展，"自然界为劳动提供材料，劳动把材料转变为财富"[③]。所以，人与自然之间存在一个必要的中介转换，这就是人类的劳动实践。劳动实践是人类在自然中的存在方式，

[①]《马克思恩格斯全集》（第42卷），人民出版社1979年版，第131页。
[②] 马克思：《1844年经济学哲学手稿》，人民出版社2000年版，第57页。
[③]《马克思恩格斯选集》（第4卷），人民出版社1995年版，第373页。

马克思曾经指出，劳动是人在自然中以自身的活动方式引起、调整和控制人与自然之间的物质变换过程，因此，劳动实践创造着人类生存和生活与发展的根本条件，在生产物质生活本身的同时，推动着人类意识与自我意识的产生和对象化思维能力的发展，于是，人类成为脱离动物本能式生存的"类"存在物和主体性的生命存在，从而能动地关照自然客体。

同时，劳动实践活动促进人与自然相互作用，并把统一的自然分化为"人化的自然"与"自在的自然"。如前所述，人类作用于自然的活动不同于动物的消极本能式地适应环境的生存方式，人类通过实践活动积极能动地改造自然的过程，也是自在的自然不断被"人化"的过程，同时也是人类社会的历史形成的过程，当然，通过实践活动的中介，人也不断被自然化和社会化，这就是"人化的自然"与"自然的人化"以及"自然的社会化"和"社会的自然化"相统一的过程。马克思曾经对"人化的自然"和"自在的自然"做出区分，"人的感觉、感觉的人性，都只是由于它的对象的存在，由于人化的自然界，才产生出来的"。[1] 由于人类实践活动的参与，自在的自然被打上人类的目的和意识的烙印，按照人的方式和人的需要规定物质的自在存在形态，从而转化为"为我之物"参与到自然规律支配的自在世界的运动过程之中，因此，"整个所谓世界历史不外是人通过人的劳动而诞生的过程，是自然界对人说来的生成过程……因为人和自然界的实在性，即人对人说来作为自然界的存在以及自然界对人说来作为人的存在，已经变成实践的、可以通过感觉直观的"。[2] 自在的自然则是相对于人类的实践活动而言具有一种先在性和客观性，而实践活动相对于自在的自然而言则具有历史局限性，它永远无法穷尽自然许多未知的奥秘，因此又需要不断的"人化"的力量予以不断地探索。同时，实践活动是人类的自然性与社会性统一与联系的纽带，人类作为自然存在物，依靠劳动实践的力

---

[1] 《马克思恩格斯全集》（第42卷），人民出版社1979年版，第126页。
[2] 同上书，第131页。

量从自然中获得提升，并且"劳动创造了人本身"，劳动的介入使人类从原始混沌状态中独立出来，超越于动物的本能生存而成为人之为人的存在，在人化的自然中不断地生产和创造属于自身的新的生存状况和规定性，因此，人类的活动既依托于自然并符合自然的运作规则，具有"自然性"，同时又具有"社会性"，在社会实践基础上塑造着个人与他人的价值互动关系，而"自然性"与"社会性"同样依靠劳动实践的中介获得统一。

此外，伴随着人类主体意识的觉醒和主观能动力量的增强，特别是工业革命以来的人类的劳动实践，使人与自然的关系呈现出对立与统一的运作模式。人类作为自然的生命存在，其劳动实践本身是自然孕生的人类的活动能力，必须遵循自然的运作逻辑，而人类主观能动性的日益增强不再满足于忍受自然压迫和限制的"自然生活"，这种日益增长的需求推动着人类借用近代自然科学和技术的手段改变自身的自然生存，特别是工业革命以来机械式社会化生产的推动，实现了人类社会力量的增强，人类的生活方式与思维模式发生了改变，"工业的历史和工业的已经产生的对象性的存在，是一本打开了的关于人的本质力量的书"。[①] "在人类历史中即在人类社会的产生过程中形成的自然界是人的现实的自然界；因此，通过工业——尽管以异化的形式——形成的自然界，是真正的、人类学的自然界"，[②] 在这种工业社会的人类学的自然界中，人类在机械论自然观下对自然采取了征服、主宰和统治的态度，因此，自然虽然通过人类的生存实践不断显示自身的存在价值，人类的劳动实践虽然是人与自然辩证统一的中介，但是同样能够以异化的形式造成人与自然的对立。人类劳动实践对自然所造成的"负面效应"是由于在特定的历史背景下人类在某种片面的需要和欲望的支配下，无视自然生态平衡的演化规律，对自然为所欲为的产物，从而引起自然对人类的惩罚和报复，人类的劳动实践能力虽然随着历史的发展不断向前推进，但是无

[①]《马克思恩格斯全集》（第42卷），人民出版社1979年版，第127页。
[②] 同上书，第128页。

论如何，人类的劳动实践不能脱离自然的客观存在属性。马克思曾经告诫人们："我们不要过分陶醉于我们人类对自然界的胜利。对于每一次这样的胜利，自然界都对我们进行报复。每一次胜利，起初确实取得了我们预期的结果，但是往后和再往后却发生完全不同的、出乎预料的影响，常常把最初的结果又消除了"。① 因此，人类应当对自然的报复予以及时警醒，明确人与自然的一体性和人类应当承担的生态道德责任，把人类的劳动实践活动放到整个自然生态系统中去考察，防止人类实践活动的不恰当进行所造成的环境污染、资源短缺与生态失衡，维系自然生态系统的良性循环和人与自然关系的和谐互动。

因此，劳动实践是人与自然、主体的自然与客体的自然、自然的人与社会的人相统一的中介和纽带，劳动实践的发生使人与自然之间的物质变换成为可能，并进一步推动着人类世界的历史演进，由此，我们可以确证："人与自然界的完成了的本质的统一"。

三 "人与自然界的完成了的本质的统一"

马克思、恩格斯在其早期著作中已经从实践本体论的视角指明了人与自然界之间不可分割的内在联系，"历史本身是自然史的即自然界成为人这一过程的一个现实部分"。② 马克思认为，人类的发展贯穿于自然的发展进程中，人与其他自然存在物一样都有现实的感性存在的本质和自然属性，因此是"物质的本质力量的存在"，自然创生了人，人是地球环境长期演化的结果，作为自然之子，与自然具有一种天然的孕育繁衍的血缘关联。因此，人本身是自然界的一部分，人一方面作为能动的具有生命力和创造力的自然存在物，具有生命欲求和意识主动性，但同时人还是感性自然的存在物，在自然面前具有受动性，人类只有依赖自然所提供的物质资料才能谋求自身的生存和发展，人类作为自然演化史的产物，其生命活动已渗透融入整个自然生命系统的食物金字塔的物

---

① 《马克思恩格斯选集》（第4卷），人民出版社1995年版，第383页。
② 《马克思恩格斯全集》（第42卷），人民出版社1979年版，第128页。

质能量循环中，人类作为自然存在物，应当在遵循自然规律的前提下与其他自然物质进行物质、能量和信息的交换，因为，自然是人的一部分，并且自然的存在高于人类的存在，维持自然的存在应当是人类的最高目的。"在实践上，人的普遍性正表现在把整个自然界——首先作为人的直接的生活资料，其次，作为人的生命活动的材料、对象和工具——变成人的无机的身体。自然界，就它本身不是人的身体而言，是人的无机的身体。人靠自然界生活，这就是说，自然是人们为了不致死亡而必须与之不断交往的人的身体。所谓人的肉体生活和精神生活同自然界相联系，就等于说自然同自身相联系，因为人是自然的一部分"。① 因此人类应当把自然这种人的无机身体作为自我生命系统的有机组成部分，弃绝统治自然的工具和目的性思维，因为遵循自然规律实际上也是在尊重人的"类"的内在规定性。自然作为人的无机身体相对于人类而言，具有经济价值、生态价值、科学研究价值与审美价值，推动着人类精神生活的丰富和完满，所以，人类应当为维系自然的存在担当义不容辞的责任，因为"人是自然界的一部分"，"自然是人的无机身体"，人与自然的关系紧密相连。并且，只有在社会的劳动实践中，自然才成为人的现实的生活要素，离开了人类社会的存在，人与自然的关系也就无法理解，"被抽象地孤立地理解的、被固定为与人分离的自然界，对人说来也是无"。② 自然恰恰是在依靠人类的理性和智慧而获得无限的丰富性和多样性，自然的存在、本质与规律才在人类的理解下获得广泛而生动的发展，不断印证着自然存在的内涵与价值，"社会是人同自然界的完成了的本质的统一"。③ "只有在社会中，自然界对人说来才是人与人联系的纽带，才是他为别人的存在和别人为他的存在，才是人的现实的生活要素；只有在社会中，自然界才是人自己的人的存在的基础。只有在社会中，人的自然的存在对他说来才是他的人的存在。而自然界

---

① 《马克思恩格斯全集》（第42卷），人民出版社1979年版，第95页。
② 同上书，第178页。
③ 《马克思恩格斯选集》（第1卷），人民出版社1995年版，第57页。

的真正复活，是人的实现了的自然主义和自然界的实现了的人道主义。"① 即人类的社会属性与在社会中进行的实践活动共同促成人与自然的统一，续写着作为自然史的人类历史。

因此，人与自然的关系实际上是人与自己的无机身体、人与自身的关系，人与自然由某种"价值之链"和"存在之流"联系起来，人在自然之中，自然在人之中，人类自身的命运与自然自身的命运、自然的未来与人类的未来密切联系在一起，成为不可分割的有机整体。稳定完整的生态系统是人类生存与发展的基础，侵犯了自然的利益就等于侵犯了人类的利益、价值与尊严，毁坏自然就是毁坏人类赖以活动的自己的身体器官。人类源于自然又超拔于自然，人在保护自然的同时又在改造自然，按照人类的劳动实践的方式，在理解自然规律的基础之上准确地把握自然规律和善待自然，才是从长远上看来人之为人的存在方式。"因此我们每走一步都要记住：我们统治自然界，决不像征服者统治异族人那样，决不是像站在自然界之外的人似的——相反地，我们连同我们的肉、血和头脑都是属于自然界和存在于自然之中的；我们对自然界的全部统治力量，就在于我们比其他一切生物强，能够认识和正确运用自然规律。"② 自然为人而存在，人也为自然而存在，人与自然互为存在，实现自然的存在目的包含实现人的存在目的，人的存在目的包含了所有生命的存在和发展，以自然的良序持久的发展来维系自身的持续生存和发展为最高展现，"人为自然而存在"推动"自然为人而存在"，因此，人为自然存在与人为自然存在辩证统一在一起，从而保证人与自然都获得无限的丰富性，推动人与自然的协同发展，这是人与自然辩证关系的必然要求。人与自然互为存在目的和追求的关系进一步揭示了自然为人而存在内在于人为自然而存在的关系中。然而，当前社会一系列生态困境问题的爆发恰恰暴露了人类在"自然为人存在"的观念下忽略了"人为自然存在"的本质归属，忽视了人类源于自然的生命本性，

---

① 《马克思恩格斯全集》（第42卷），人民出版社1979年版，第122页。
② 《马克思恩格斯选集》（第4卷），人民出版社1995年版，第383—384页。

当无知的人类释放自己的本能冲动向自然宣战时，自然也必定会以"恶"的方式惩罚人类，因此，具有理性意识的人类应当反观自身的"类"本性，善待自然，在维护生物多样性和确保自然的再生能力的基础上促进自然生态的平衡与和谐，如此，自然必定会呈现给人类一幅欣欣向荣的自然景象，促进人类的持续生存与发展，人类对待自然的态度和行为也便是人类对自身的态度和行为，这便是人与自然的同一性。

  人与自然的辩证同一关系在马克思的理论视阈中渗透着"共生自然观"的伦理意蕴，从人与自然和谐共生的伦理视角出发，必然会突破传统自然观的局限，把伦理关注的范围扩充到人与自然宇宙万物的关系，进一步扬弃了人与自然、人本主义与自然主义的分离和对立，使自然在真正完整、稳定和美丽的意义上绽放自身的价值，使人类在"类"的生命完整性和丰富性的角度表现自身的意义，因此，"共生自然观"是人类在理性自觉地掌握现代高科技的成就的基础上超越人与自然消极意义上的原始的共生和谐，而寻求人与自然在共同发展基础上的动态平衡，在尊重自然与人类生命存在的基础上建立良性互动和共存共荣的生态关联。在马克思的理论中，这是一种扬弃人的自我异化，使人向合乎人性的"类"的方向复归，实现对人的本质的真正占有过程，自然在不断的"人化"过程中也便成为真正的人本身，随着社会生产的发展和人的解放，人类全面占有自己的本质，自然成为对象性的人本身。马克思认为，"共产主义是私有财产即人的异化的积极扬弃，因而也是通过人并且为了人而对人的本质的真正占有；因此，它是向作为社会的人即合乎人的本性的人的自身的复归，这种复归是彻底的、自觉的、保存了以往发展的全部丰富成果的。这种共产主义，作为完成了的自然主义，等于人道主义，而作为完成了的人道主义，等于自然主义，它是人和自然之间、人和人之间矛盾的真正解决，是存在和本质、对象化和自我确证、自由和必然、个体和类之间的斗争的真正解决。它是历史之谜的解答，而且知道自己就是这种解答"。[①] 未来共产主义社会在消灭了

[①] 《马克思恩格斯全集》（第42卷），人民出版社1979年版，第120页。

私有制的基础上扬弃了人的本质异化的社会条件,是人的全面发展的历史阶段,并能够实现人与自然关系的真正和解,"社会化的人,联合起来的生产者,将合理地调节他们和自然之间的物质变换,把它置于他们的共同控制之下,而不是让它作为盲目的力量来统治自己;靠消耗最小的力量,在最无愧于和最适合于他们的人类本性的条件下进行这种物质变换"。① 这是生态文明时期人与自然关系的发展路径。

因此,在马克思"自然观"视阈下,自然成为对象性的人的生命存在和人的无机身体,人与自然的关系就超越了人与物和目的与手段的狭隘视角,成为人与自身的生命存在关系,于是,便融入了人的价值判断与意义建构的伦理因子,人类对自然便建构起了一种道德责任和伦理义务的关系内涵,人与自然的一体关系决定了人类对自然承担道德责任便是对自己承担道德责任,人以人的"类"的方式对待自然也便是以人的本真状态对待人类自身。道德是人之为人的担保,道德生活是人类生存基础之上的核心体现,当人类以人的方式和道德的方式对待自然生命时既展现了自身的生命价值,同时也赋予人与自然之间直接的伦理关系,这是人与自然本质实现统一之后的内在规定,从此,人类的生命存在与命运以及自然的生命机体的持久存续与命运紧密结合在一起,热爱自然、关爱生命不仅成为人的生命存在的内在要求和终极使命,也成为人类趋善的行动诉求和实现生命崇高的道德承诺,这是人"类"的生态道义责任。因此,透过马克思"自然观"的分析,应当努力寻求现时代人与自然和谐共生的生态实践"自然观"。

四 人与自然和谐共生的"自然观"

马克思的"自然观"强调人类生活实践是人与自然交流与互动的桥梁和纽带,实际上,人类生活实践也是人类活动区别于动物本能式谋生的根本方式,是人类在满足基本生存与生活需要基础之上的主体能动体现,是人类超越了生物性的本能式生存之后,在伦理精神需求的基础

---

① 《马克思恩格斯全集》(第 25 卷),人民出版社 1975 年版,第 926—927 页。

上所达成的生命意义追求。因此,"自然观"并非是抽象的概念,而是内蕴于人类的生态实践之中的,这样的生态实践"自然观"突破了技术实践基础上的机械论自然观、超越了伦理实践基础上的道德自然观,在精神文化追求基础上实现了"自然观"之"实践—认识—审美"链条的辩证契合。

(一) 实践论"自然观"样态

求生存是人的生物本能,是进行人的其他一切活动的基础,处理人与自然的关系是为了从自然中获取生存所必需的物质生活资料,动物依一种生存的本能从外部自然中直接获得物质满足,而人类不同于其他生物的重要地方恰恰在于获得物质资料的方式,在一种思维意识的作用下,人类能够借助于劳动工具的中介通过劳动实践活动间接地从自然界获得物质满足,人类这种实践活动是借助于技术的手段实现的,从某种程度上又可以称为技术生活实践,这是历史上自有人类的实践活动以来,在人与自然关系中出现的最基本的实践关系模式。在此理念指导下,人类为维系自身的生命存在就要以一种实在的方式改变自然,获取并不断创造物质生活资料,人类以技术实践主体的身份把自身的需要和尺度赋予自然万物,作为衡量自然价值的标尺,因此,人类的技术实践活动成为直接的有限性的目的活动,以无限性地满足自身物质需求为目的,并发展为向自然征服和掠夺的实践活动,自然成为单纯满足人类需要的有用物,在客观对象性的意义上被解析和探索,自然生命系统的丰富性和有机性被忽略甚至放逐,这就演化为"机械论自然观",由此自然界在人类初年作为大地之母的神圣性和至上性被彻底颠覆。伴随着现代科技的发展,当自然界被机械僵化的观念所重构时,自然的世界便演化为死寂被动的物的世界,科技发展史在某种程度上成为人类征服自然、掠夺自然的野蛮史,因此,人类早期的技术实践内蕴着需要加以辩证否定的机械论自然观的设定。

人类作为具有能动意识的生命主体,不断进行着生命意义世界的创造,完成着自身的彻底改造和生命的道德实践进化,推动着人类在对技术实践进行理性反思的基础上,实现对实践的跨越式提升,这就是在生命价值意义追求中所体现出的伦理与道德的生态实践。人类在自然中获得物质生活资料的过程中，必定会结成人与人之间的社会关系，在确保人类生命存在的基础上，应当维系人与人之间良性的社会秩序，借助精神性的生存意义世界的建构，以伦理和道德的实践力量使人类的物质需要与精神需要得到合理满足，在道德价值互动的意义上实现行为的良性互动，建构社会的合理有序。这样一种伦理和道德的实践依靠人们内心的自我约束和精神的自律表现人的特点和人的尊严，进一步实现人的自我造就和自我提升，追寻生命的价值和意义，它通过人的内在的良心自省的方式规范人类的行为，维系社会秩序，因此，这是人类自觉能动的社会实践类型，人类在伦理生活实践基础上不断建构着属于自身的"道德自然观"。由于人与自然的一体关系，在人类伦理实践观的作用下，伦理与道德的关注视野由传统的人与人拓展到人与自然，以伦理和道德的人性把握方式关爱作为"人的无机身体"的生命自然界，这同时也是生态伦理所极力倡导的伦理实践及其道德自然观。

在人的生命意义世界追求之上，人类依靠伦理和道德的实践力量建构生态自然观，作为超越了自然生物存在的人的生命存在，更是以人之为人的方式而表现的精神性的文化存在，人类以创造出的文化力量应对生存困境，体现生存、生活与生命存在的意义。生存和生活意义的把握能够超越技术和伦理实践的有限，通过人类精神文化的实践力量不断创造，借助于人类超越于动物所独有的能动意识和思维与语言的功能，创造出属于人类的文化意义世界。这种精神文化的实践类似于冯友兰先生曾经提到的天地境界，在辩证地分析和看待人对自然的道德责任与伦理义务的基础上，实现天地与人生的浑然之境，这种超越了伦理与道德的天地之境使人类能够以一种"审美自然观"的视角审视自然、审视人与自然的关系，这是人性与自然之性契合统一的"大美"境界。

纵观人类演化史，在过去很长一段时间内特别是工业革命以来，由人类技术实践所引起的机械论自然观从萌芽到逐渐占据主导和霸权地位，淡化甚至遮蔽了道德与审美层面的"自然观"，使之成为"不在场"的自然观念现状，道德与审美层面自然观的消退造成人类自然价值观念的失衡，引发生态困境，正视并努力超越当今时代人类面临的生态困境，有必要在人类自然价值观念层面实现"实践—认识—审美"链条的辩证契合，以人之为人的方式建构自然观念的生态平衡。

（二）"自然观"之"实践—认识—审美"链条的辩证契合

人类生存发展所面对的最初和最基本的关系便是人与自然的关系，依马克思的"自然观"，人类劳动实践活动是人与自然关系的中介，然而，整个人类的活动除却劳动实践之外，还在不断地进行着属于自身的理论认识活动并创造着居于人类生命意义深层的艺术审美活动。因此，实践活动是整体人类谋求生存与发展的前提和基础，它以主体人类对物质资料的追求和满足为直接目的，因此是一种直接有限性的目的活动；伴随着人类实践活动的深入进行以及人类思维能力与认识能力的不断发展，人类在理性意识的指导下建构着自身的文化理论体系，它源于人类的劳动实践又不断指导着人类实践活动的进行，本质上是一种间接的有限目的性活动；在实践活动和理论认识基础上，人类还在不断进行着生命价值和意义世界的建构。在人类意义世界中，人对自然有一种审美境界的追求，这是真善美的辩证契合，同时也是人类能力全面发展的表征和人类最高自然使命的自觉，它超越了人类实践活动的直接有限目的性和理论认识活动的间接有限目的性以及抽象的价值中立性，是人类在自然之境中的无限目的和人类的终极目的的追求，由此，与人类的实践与认识活动共同构成了完整契合的自然观生态体系。

面对当前日益严峻的生态困境，重建人与自然共生和谐的生态关系，生态文明时代有必要超越技术实践层面"自然观"的极度扩张状态，补充对自然的理论认知基础之上的审美维度，实现"自然观"之间"实践—认识—审美"链条的辩证契合。因为道德范畴必然随着时代的发展而扩充于人与自然之间，如果说人与人之间道德关系的存在是为了维系良好的社会秩序的需要，那么，人与自然之间的道德关系则是为了修护人与自然生命系统的整合与互动关系，这既是自然生态秩序平衡的维系与构建，更是人类长远的生存利益的需求。在此种"自然观"的关照下，人们应当以道德的情怀关爱自然，关注作为人的无机身体的自然的丰富性与多样性，在处理与自然的关系的过程中不能以单纯功利性的技术实践视角对待自然，而应当从"实践—认识—审美"链条的辩证契合的高度审视人与自然关系，使之在对话、融合与交流的层面建构辩证与开放的"自然观"体系。因为任何一个层面的自然观的把握都不是完备自足的，只有各个层面自然观的系统综合才是对社会生活的完整理解和反应，构成辩证有机的面向实践的开放体系。工业革命以来，技术实践层面的机械论自然观占据着主导地位，在引发了严峻的生态困境后，人们应当理性地警醒，及时补充渗透道德认知自然观与审美自然观的有机因子，在充满诗意的精神理念指导下扬弃、超越并提升功利层面的技术实践，充分领会自然的崇高和伟力，诗意地栖居，正确处理人与自然的矛盾。

超越了动物的本能式生存，人类运用自身的理性思维能力不断创造着属于自身的意义世界与价值世界，所以又是一种文化的存在，当以科学、理性和文化的视角反观自然时，人类在自然面前必定会以敬畏之心看待自然的崇高和神圣，以审美视角欣赏大自然的奇特和美妙，感受自然造化力量的神奇和生命的神圣魅力，从而感悟生命、热爱自然，这是人类自身对生态和生命本性的需要和追求，是以审美的心态实现对自然高雅意境的愉悦享受。因此，从文化的角度来理解，人类应当以文化的手段恢复、维护和美化自然之境，凸显大自然的神奇和美妙，使人类生活在和谐的生态之境，超越人与自然之间单纯功利性的物质关系，以人类的全面发展和最终解放与自由为旨趣，实现人类对自身本质的全面占有，并释放自然丰富全面的多维价值，因此，是人与自然精神关系和物质关系的统一，同时也是绿色文明时代人类"自然观"之"实践—认识—审美"链条的辩证契合，是"人与自然完成了的统一"。

人与自然关系的实质是人与人的关系，面对自然对人类的疯狂报复，寻求人与自然矛盾恶化的深层根据，不能仅仅通过对自然"附魅"与"返魅"的呼唤而倡导人们关爱自然，还应当反思、体悟人类对自然的"祛魅"，分析自然生态恶化的深层根源。随着科学技术的蓬勃发展，人类改造自然、利用自然的力量也在不断增强，当人类利用科学理性思维和技术力量向自然宣战时，虽然在一定程度上推动了物质文明的发展，但由于忽略了价值理性和生态理性的必要补充，从而招致生态困境以及人与自然关系的日渐疏离，因此，在对人与自然关系的历史和逻辑的系统分析之后，应当进一步阐释人类改造自然的"科技观"，分析生态困境的工具性认知根由，以"生态"理念推进科技理性的完善和发展。

第三章

科技观与生态困境

20世纪以来,伴随着现代科技的迅猛发展,信息工程技术的生活化普及、生物技术革命的开展以及探月工程的成功迈进,无不标志着人类依靠自身力量征服自然的巨大进展。科学技术发展的速度和规模超过了以往任何一个时代,从宏观世界到微观粒子的探测已达到令人叹为观止的程度。然而,近代以来人类实践活动的历史已经证明,人类在运用科技力量为自身创造幸福、改善生活的同时,却伴随着全球性问题的接踵而至,环境污染、能源短缺、生态失衡,科技理性的危机伴随着生态危机和社会危机威胁着人类的生存和发展。"由技术召唤出的世界是一个'祛魅'的世界:一个没有自身意义的世界,因为这个世界没有'目的(intent)','意图(purpose)','目的地(destination)'。"① 英国物理学家大卫·伯姆认为,人类在技术上的伟大胜利使现代思想的根基发生了动摇,因为生命作为一个整体存在的普遍意义和价值已经不复存在,仅仅停留在科技发展的视阈解决科技征服世界的狂妄,最终会把人类束缚在本能的"战车"上。与科技发展相伴随的,是人类对科技无节制发展的恐惧和担忧,以及人类对自身力量渺小的正视和无奈,人类开始对自身控制"对象化世界"的力量产生怀疑,并理性地反思"征服自然"的狭隘观念,然而,无论现代科技的负面影响如何呈现,

---

① [英]齐格蒙特·鲍曼:《后现代伦理学》,张成岗译,江苏人民出版社2003年版,第227页。

科技仍旧以不可阻挡之势迅猛发展，人们可以对科技理性的发展怀疑和担忧，但不能将其毁灭，因为现代科技已经作为时代的象征融入现代社会发展的脉搏，其缺失必会带来文明的荒芜和社会的倒退，对于现代人类而言是不可想象的。"在技术发展史上，任何新技术的伦理后果，最终主要是通过技术进步的不断完善和其他社会政治机制来解决，伦理批评只能提供价值引导和理念支持。"① 科技理性的发展总要融入社会生活运作的系统，实现科技理性、价值理性与生态理性的共生互动，因为人类"总是先需要有一种哲学，一种'信仰'，从而使科学能从中获得一个方向、一种意义、一个界限、一种方法、一种存在的权利"。② 人类从没有像今天这样强烈地渴望并迫切地寻找摆脱生态困境的科技之途，反思科技理性的价值困惑，并希望能够从生态理性的视角补充科技理性发展的缺陷和不足。

第一节 生态视阈中的"科技理性"

工业革命以来，伴随着近代实验科学和数理逻辑的发展，人类改造自然的主体性力量获得了飞跃性的提升，在对自然进行无限度的开发利用、主宰和征服的背后，是人类在远离了"类"的本质的规定后发生的生产、生活和思维方式的改变，在科技理性的力量推动下，人类自认为可以无往而不胜。培根认为，"自然的奥秘也是在技术的干扰之下比在其自然活动时容易表露出来"，③ 笛卡尔主张，"借助实践哲学，我们就可以使自己成为自然的主人和统治者"，④ 康德认为，"自然界的最高立法必须在我们的心中，即在我们的理智中"，⑤ 人类在运用科技力量

---

① 樊浩：《基因技术的道德哲学革命》，《中国社会科学》2006年第1期。
② [德] 弗里德里希·尼采：《偶像的黄昏》，卫茂平译，湖南人民出版社1987年版，第126页。
③ 《16—18世纪欧洲各国哲学》，商务印书馆1975年版，第42页。
④ [法] 笛卡尔：《探求真理的指导原则》，管震湖译，商务印书馆1991年版，第36页。
⑤ [德] 康德：《未来形而上学导论》，李秋零译，商务印书馆1978年版，第36页。

征服世界时获得了丰厚的物质财富和舒适便利的生活。然而，当人类运用自身独具的理性能力对世界进行经验—归纳—分析模式的科技认知和把握时，科学理性膨胀为技术理性，科技理性的蓬勃发展又演变为科技主义而成为人类文化世界的主宰。由此，人类抛弃了对神的膜拜而陷入对科技理性的崇拜，科技理性的凯歌行进在短短一百年内取得了征服自然的节节胜利，而自然也沦为人类任意驱使和奴役的对象，科技理性的膨胀排斥和吞噬着伦理价值理性，彻底扬弃了本应具有的生态价值诉求，人的存在意义被无限放逐。面对生态困境，人类的关注视野应当回到科技理性本身，确立与生态价值相契合的科技认知理念。

一 "理性"与"科技理性"

从自然演化史和人类生命本源来看，人类产生于自然并依赖自然生境得以存续，然而，随着人类主体意识的增强和思维能力的发展，特别是苏格拉底以来确立的哲学信念与科学精神，逐渐把主体人类置于自然和世界的中心，尤其是工业革命以来迅猛发展的科技力量，使纯粹理性发展为工具理性，当运用工具理性对自然强力征服与无限索取时，人类遭受到了自然的报复。直到20世纪中叶，人类开始觉醒，意识到人类的幼稚与无知，开始对自身的行为进行理性的反思与检讨，认为人类运用的科技手段出现了状况，这是工具理性中表现出的非理性问题，但是，技术的应用同样是在人类科学理念的指导下进行的，于是，人们提出了"科技理性"问题。其实，科学与技术是既相差异又内在统一的两个概念，科学从词源学的意义上来源于拉丁文"scientia"（知识、学问），亚里士多德曾经指出，科学的重要功能在于解释，因此科学是运用人类创造的知识和观念反映和揭示世界存在与发展的客观规律的认知活动，广义上的科学不仅局限于自然科学，而且包括人文社会科学；技术在词源学上源于希腊文 techne（技能、工艺）与 logos（讲话、语词），是一种可操作性的技能表现，是通过认识世界达到改造世界的现状和未来的物化活动，它同样具有作为自身独立体系的逻辑发展进路，其每一次变革都会对人类、自然和社会的互动带来一定影响。本书把科学和技术作为一个统一的整体考察，检讨和反思人类的科技认知行为，从"科技理性"的视角探寻生态困境的道德认知路径。然而，何谓理性？理性的工具化发展所引发的科技理性如何定位？科技理性自身是否应当有其内在的生态价值规定？这是我们需要逐层加以探讨的问题。

（一）"理性"

西方文艺复兴运动以来，特别是伴随着人类主体意识的觉醒以及人文思潮与科学观念的传播，在进行对世界的"祛魅"的过程中完成着社会世俗化的历史进程。在对宗教禁欲神学的批判和反思中，形成了主体人类的理性观念；在人类面向存在的沉思中，"理性"始终都是近代哲学关注的焦点。赫拉克利特曾经把世界归结为一团按照"逻各斯"而永恒燃烧的活火，"逻各斯"是"在一切变化和矛盾中唯一常住或保持不变的，是位于一切运动、变化和对立背后的规律，是一切事物中的理性"。[①] 柏拉图主张，"宇宙是理念的逻辑体系。它构成一个有机的精神统一体，由宇宙的目的，即善的理念所统辖，因而是一个有理性的精神整体。"[②] 康德在其著作中把理性区分为实践理性和理论理性，实践理性诉诸先验的领域，它超越了经验范围内相对性的、有条件的知识，追求自由意志、上帝、灵魂等完备性的、普遍的绝对观念，理论理性是通过概念范畴把握的知性经验规定，以达到维持自我生存的目的，是直观、有限的知性思维。透过理性的背反难题，康德发现了人与自然关系的背反命题，他指出，人类作为自然进化过程的一个环节，是自然界实现自身目的的手段，人类依赖自然，但与此同时又认为人类作为理性的生命主体，是自然进化过程的最高和最后环节，成为自然的立法者，因此自然又成为人类实现自身目的的手段。黑格尔在其《精神现象学》中进一步把理性看作自在自为且全知全能的存在，理性把自身外化实现出来凝结为自然的客观存在，在人类的精神发展中实现了主观理性和客

---

① [美] 弗兰克·梯利：《西方哲学史》，贾辰阳、解本远译，商务印书馆1995年版，第22页。

② 同上书，第66页。

观理性的统一,认为世界与自然都是理性的存在,然而人类的绝对理性却高于自然理性,于是确立了理性的权威并为人类征服自然找到了理性的依据,黑格尔的理性构架复活了牛顿的世界机器,当人类用理性的狡计扼杀自然生命时,也把自身拖入理性的绞杀中。

人类的理性思维是相对于非理性思维而言的一种逻辑思维能力,狭义的理性思维是指揭示客观事物本质和规律的理性认识能力,广义的理性思维则是包括感性认识和理性认识的完整的智力性思维过程,是按照一定的思维方法、思维程序和思维规律表达出来的对客观世界的工具性逻辑认知。因此,理性(rationality)主要指主体在逻辑实证基础上对客观事物内在必然规律和本质因果关联的抽象把握方式,以概念、判断、推理的思维形式实现对客观世界的深层把握,它摆脱了情感、意志、想象的非理性的主观因素干扰,具有鲜明的精确性。纵观西方哲学对理性不同的层面考察,理性的概念大致可涵括本体、认识与价值三个维度。

从本体论的视角来看,此种理性以探求宇宙万物的终极存在与本质规律为目的,进一步说,其本身就是客观事物在自然世界中运动、变化、发展的终极动力源泉与客观规律,在超验性的预设基础上设置绝对的必然目的,因此被称为本体理性。康德实践理性中的"道德律"的施行便是依循在其理论中预设的无条件的"绝对命令"进行,"自由意志、上帝存在、灵魂不朽"便是康德设置的本体理性。此外,柏拉图的"宇宙理性"、黑格尔的"绝对理性"等都具有本体论的意蕴;从认识论的视角分析,是一种工具理性,是主体人类运用其独具的理性意识能力探求自然世界之"真",通过揭示自然世界本质规律以达到认识世界、改造世界并创造美好生活为最终目的。然而,在运用科技探求世界、改造世界的"冲动"下却掩盖了自然世界部分与整体、无机与有机、相对孤立与绝对联系的辩证关系,发展出机械论自然观,自然世界成为适应人类生存与发展的工具性存在,传统哲学工具理性指导下的科技发展造成了人与自然关系的生态错位,于是带来了人们对"科技理性"的反思。马克斯·韦伯的"形式理性"和法兰克福学派的"工具理性"都是理性在认识论意义上的表征;从价值论的视角理解,主要表现为一种价值理性,它是主体在运用理性意志能力认识客观世界本质与规律的基础上调动人类特有的价值理想和价值评判能力,探求人类道德理想之"善",是祛除了本体理性的抽象性和工具理性的功利性之后达至的"真"与"善"的完美结合,如此,人类才得以领会自然之"美"。

近现代以来,伴随着代表人类理性能力的牛顿经典力学、爱因斯坦相对论以及量子力学理论等基础科学理论的兴起,特别是随着生物工程技术、电子信息技术的广泛应用,理性代替神性成为人们崇拜的目标,人们一度盲目地认同理性的绝对威力,认为人类凭借理性的力量不仅能够征服自然,而且能够统治世界。然而,人类对理性的理解是片面和简单化的,理性的存在具有三重维度,"本体理性"是具有超验性和预设性的抽象理性,"工具理性"在探测宇宙真知基础上具有功利性和相对性,它在忽略了人类的存在价值和生命意义的前提下强调自然世界的工具性,"价值理性"在对世界真知的把握基础上突出了人类的存在目的与价值归属,追寻人与自然的共生和谐与持续存在。然而,在漫长的历史发展进程中,尤其是伴随着工业革命以来现代科技的迅猛发展,工具理性以绝对的优势战胜了本体理性和价值理性而成为人类理性思维的主导,伦理与道德的价值归属、公平、正义、宽容、理解和人类对生命的意义追寻失却了存在的根基,工具理性特别是科技理性成为人类理性思维的全部。特别是欧洲文艺复兴、启蒙运动以来,人们在反对中世纪神权压迫的斗争中表现出对人类主体性和理性的过度张扬,"一切都必须在理性的法庭面前为自己的存在作辩护或者放弃存在的权利。思维着的理性成了衡量一切的唯一尺度"。[①] 从而竭力颂扬人类理性认知的绝对权威,虽然人类在启蒙意义上的理性认知对于反对封建神学、重新确立人类生命存在的价值与尊严具有振聋发聩的理性指导意义,但是伴随着现代科技对人类生活的渗透和影响,这种对理性的推崇逐渐走向了对科

---

① 《马克思恩格斯选集》(第3卷),人民出版社1995年版,第355页。

技工具理性的崇拜和信仰，知性认识扩张为理性，甚至成为理性自身，伦理、道德与自由意志被科技工具理性的浪潮冲毁，至此，人类打破了神性崇拜又创造了科技理性的神话。

（二）"科技理性"

"科技理性"的概念由科学、技术与理性三个层面构成，理性作为认识客观事物本质与规律的思维形式，是在科学理论指导下，借助一定的物质技术手段进行实践活动的认知形态。科学与技术构成理性的人文样态，科学成为理性的观念，技术是理性的物质载体，技术按照本身固有的逻辑模式通过人类的生产实践活动把理性积淀凝聚为劳动技能、工艺手段和实践方法，它以客观的物质体系的形式使理性在实践中获得了稳定、完整的"物化"形态。因此，科技是理性的产物和载体，科技是理性的科技，理性构成科技的内核，当科技以理性的形式固定下来，便逾越了单纯科学技术的领域，凝结为"科技理性"，并上升为人类的世界观和方法论，导致理性的发展走向片面，使"科技理性"成为"技术理性"。

科技理性主要是由人类在科技活动中体现出来并支配人类实践活动的思维方式和行为模式，针对科技在现代化进程中的应用体现出来的一系列负面效应，人类运用其固有的理性能力对之进行反思和检讨，于是形成了科技理性，其中科学"求真"的理论研究属于理性的范畴，而技术应用的实践过程则是理性与非理性过程的统一。科技理性本质上是一种工具理性，它借助主客二分的对象性思维方式，运用抽象的精确化方法把自然世界还原为孤立的原子世界，并且科技理性本质上是运用功利主义的思维方式从"有用性"的视角追求效益的最大化，孕育着对客体探求的无限扩张性，却忽略了对目的的合理性与生命意义的追究和探讨。于是，伴随着近代科技的迅猛发展和广泛运用，科技理性的张扬到了无以复加的地步，科技理性虽然曾经一度给人类的社会生产带来了空前的效率，给人类的社会生活带来了巨大的物质财富，但科技理性的滥用也同样引发了生态困境，把人类世界推向毁灭的边缘，此时的"科技理性"失去了其合理性的内涵而走向"科学主义"和"技术决定论",认为自然物质世界的秩序以及思想价值的秩序可以通过自然科学方式加以把握和堪破,人类社会的进步和人类生活的幸福完全取决于科学和技术理性水平的高低,于是,物质世界在"科技理性"的操控下向与人类生命意义世界背驰的方向发展。那么,"科技理性"作为客观的求真思维模式是否具有价值的生态诉求?或者说,"科技理性"自身是否内蕴并生长着天然的生态价值原素?

二 科技理性的生态价值

科技的开发研制与科技成果的应用并非是纯粹客观的过程,其一旦被人类的理性需要和把握时,就超越了作为纯粹"求真"意义的知识与技能体系,在工具理性之上必会彰显出一定的社会价值。科技理性关涉着人类的持久生存和长远发展的"善性"价值,其"价值"的内涵侧重于主客体之间在需要与满足关系上的效用互动性,在生态视阈下,科技理性体现出一定的道德价值诉求,从内在价值层面来说,科技理性的真理性即为科学精神,从外在价值层面来说,科技理性的应用体现出一定的生态价值。

科技理性作为一种精神与观念的文化样态,具有一种精神性和目的性的价值归属,在对真理的执着追求和对未知世界的永恒探索中,趋向于人类生存与发展的善性目的,体现出人类道德价值世界的精神生活追求,因为"科学像所有社会组织起来的活动一样,是一项精神事业。也就是说,科学不能仅被看作是一项技术性和理性的操作,而同时还必须被看作一种献身于既定精神价值和受伦理标准约束的活动"。[①] 因此,科技理性除却本身具有的工具性价值之外,还具有一定的伦理价值意义,这里主要体现在科技理性在静态层面呈现出来的伦理与道德意义,此种意义通过科技活动所依循的价值和规范体现出来。罗伯特·默顿曾经在其著名的《科学的规范结构》中明确指出,"科学的精神气质是由

[①] [美]伯纳德·巴伯:《科学与社会秩序》,顾昕译,生活·读书·新知三联书店1991年版,第100页。

感情情调的一套约束科学家的价值和规范的综合",这样一种精神气质的综合,在他那里凝结为诸种科技规则,即公有主义(communalism)、普遍主义(universalism)、无私利性(disinterestedness)、独创性(originality)以及有条理的怀疑主义(organized skepticism),并且,科技理性本身的伦理价值同时凝聚在道德主体的科技认知理念中,在运用概念、判断、推理等逻辑手段把握客观自然规律与追求真理的客观进程中,内蕴着按照逻辑因果联系与伦理属性规定活动结构和方向的内在价值。在动机与效果统一的基础上解决合目的性的问题,使科技的研究与应用过程符合人类历史进步的方向,有利于人类整体的持久生存和长远发展,这便是科学理性精神,同时也是科技理性的内在价值所在,科技理性所体现出来的伦理价值是主体道德需要的客观价值存在,由此产生科学合理的伦理价值观念,指导科技道德实践活动。

科技理性广泛应用于各个领域,体现出一定的物质价值、人文价值与生态价值。科学技术的研制与应用提高了物质生产力,给人类社会带来丰厚的物质财富和生活的便利,推动着社会经济文化的繁荣与发展;科技应用过程蕴含渗透着一定的思想与审美的人文理念价值,它渗透作用于人类生产与生活的各个层面,影响着社会与人类整体的精神风貌,推动着传统价值观念的改进,体现出科技应用的道德精神与伦理精神,并且,科学技术在具体的应用过程中提高了人类对客观生态自然与主观自我的认识,推动着人类对客观必然性的体认,以达到主体的生命自由境界,体现出一定的人文价值和生态价值;把握科技理性的科学家的道德品性与科学精神对于社会道德的提升具有一定的示范引导作用和熏陶渗透价值,科技探索活动是一项长期艰巨的事业,科学家在科学活动中体现出的无私奉献、进取创造、自我超越的道德精神,坚忍不拔、执着追求和奋斗不止的献身精神以及谦虚诚实、追求真理、实事求是的探索精神不仅鼓舞着科技工作者献身科学事业,而且昭示着社会大众在感受着科学家的道德情怀与精神魅力的过程中不断进取,体现出一定的社会精神价值。然而,科技理性的不恰当应用以及科技"物性"的无限扩张必然会带来一系列的负面效应,这是科技理性价值的片面性与极端化表现，人类在高扬本身具有的主体性与能动性的基础上，片面强调自身的自为性与目的性，忘却了自然作为人类生命之源的生态意义以及人类自身力量的有限性，忽视了人与自然的一体关联。生态困境的发生使人类反思自身所秉持的科技理性，敬畏生命、热爱自然，因为人类主体能动意识与自觉性的发挥既是自我造就、自我展现的过程，同时也是一个自我限制、自我规范和自我约束的过程，由此实现人类的自我解放、自我超越和自我提升，"科技理性"的无限制膨胀必然会带来人与自然关系的恶化。

第二节 "科技理性"的生态悖论

伴随着欧洲近代文艺复兴和启蒙运动的进行，宗教神学的桎梏被打破，整个社会逐渐孕生着科技发展与人文主义的文化因子，二者相伴相随、相互推进，在随后几个世纪工业文明的发展进程中，科技发展与生产活动的紧密结合，在最初的意义上在创造物质财富、推动社会经济发展、改善人类生活与实现人类的自由和解放方面起到了不可估量的作用，体现出本身特有的认知价值与经济价值。然而，伴随着现代科技的发展与应用，尤其是"科技理性"的膨胀引发了蔓延全球的生态困境，带来了伦理价值的沦丧、人性的碎片化与消费主义的泛滥，消解了人类的生态道德责任，这就是由科技异化悖论所带来的"价值困惑"与生态悖论。

一 科技异化的价值困惑

现代科技作为以探求客观世界的真理认知和改造世界为目的的纯粹工具理性，在遵循自然必然律的基础上，以判断、演绎、推理的严密逻辑进程实现对客观自然世界求真求实的彻底体认和实践改造。然而在对客观世界的科技认知实践中，原本具有合理性的认知理念却演变为控御万物、征服自然的"科技至上"观念，具有"决定论"性质的科技理念是在近代文艺复兴背景下萌芽并逐渐成为盛行于哲学界、科学界与社会生活领域的一种主导思潮，它以"科技理性"主宰世界，把世间万物和人类自身都看作技术理性支配和控制的手段与工具，由此，科技异化了，并同时带来思想领域的价值困惑。

（一）科技悖论与科技异化

早在古希腊文明时期，伴随着人类意识与自我意识的觉醒，古希腊哲人最先意识到自然现象背后存在一种绝对的本质，这是西方早期"决定论"思维传统的萌芽，加之早期先民慑于自然神秘性和威力的敬畏与恐惧，使人类改造与征服自然的欲望无比强烈，人类早期的原始宗教和神话传说都反映了这种对于自然初始朴素的征服欲。工业革命以来，伴随着科学技术的迅猛发展，特别是经过几次技术革命的跃迁，人类对自然的科技认知已到了无所不能的地步，极大地推动着人类社会经济文化的繁荣和发展，特别是近代经典物理学的兴起和机械论自然观的应用为人类认识自然和改造自然提供了强有力的工具，曾经一度创造了科技征服世界的神话，对人类的生产生活方式、消费方式和思维模式都带来一定程度的冲击。于是，"科技理性"决定论使人类的生命本色和自然的生态本色变得不再清晰，作为生命本源的自然生态系统沦为被人类役使和操纵的工具，人类运用科技理性的力量主宰万物，并作为普遍的价值信念被广泛接受。

在文艺复兴和启蒙运动中诞生的近代科学与人类主体意识，其意旨在打破封建神权对人性的压抑和统治，实现人类的自由和解放，谋求整体人类的持久幸福和生命自然界的永续发展，然而，近代科技的发展却正日益背离其最初的出发点，滑向相反的轨道，能源短缺、环境污染、生态失衡等困境难题正威胁着人类的生存和发展。"我们看到，机器具有减少人类劳动和使劳动更有成效的神奇力量，然而却引起了饥饿和过度的疲劳。财富的新源泉，由于某种神奇的、不可思议的魔力而变成贫困的源泉。技术的胜利，似乎是以道德的败坏为代价换来的。随着人类愈益控制自然，个人却似乎愈益成为别人的奴隶或自身的卑劣行为的奴隶。甚至科学的纯洁光辉仿佛也只能在愚昧无知的黑暗背景上闪耀。我们的一切发现和进步，似乎结果是使物质力量成为有理智生命，而人的生命则化为愚钝的物质力量。"① 因此，德国哲学家海德格尔指出，技术把人带入无保护的状态，使人成为无家可归的浪子，技术引导人们去征服大地，而征服大地不过是无限掠夺的第一步，是人与自然关系错置的开始。所以，在他那里，科学技术本身便是一种"框架"，在限制了人的实践行为的基础上更限制了自然生命系统本真状态的呈现，在科技理性的统治下，人类的生态行为成为本能地服从工具理性的实践展现，自然物质在"技术框架"下失去了自在存在的本真面目，以物化的经济效益形式成为技术改造的对象和技术加工的原材料，技术时代增强着人类利用自然的工具和手段，却使人类沦为技术的奴隶，使自然沦为对象化的工具，人与自然的关系异化了，这是科技的悖论，同时也是由科技的异化所必然带来的人与自然关系的异化。

在"数字化"所主宰的市场经济时代，似乎一切都难以逃脱技术化的命运，知识和科技对生命自然界和人类生命的影响以一种新的社会奴役形式展现出来。培根的"知识就是力量"与福柯的"知识就是权力"表现着技术背景的时代特色，其发展逐渐形成对人类的思想和行为模式的支配，演化为时代的主流"霸权话语"，带来科技理性的价值困惑与消费主义的泛滥。

(二) 价值困惑

首先，人性的碎片化与单向度的人。现代科技在带给人类物质丰饶的同时，却导致了蔓延整个世界的生态困境，因此，新技术的应用在某种程度上是经济学上的胜利，却带来了生态学上的失败。生态难题的彰显是由人类对科技的滥用所招致的人类文明与自然冲突的显现，自然生命系统的破坏威胁着人类的生命存在与发展，科技的异化带来人性的碎片化，造就"单向度的人"。

科学技术是人类运用自身的理性和智慧创造出来的成果，其本身是摆脱外在必然性的控制从而服务于人类生命和生活的智能工具，自文艺复兴、启蒙运动以来，科技理性以自身特有的理性能力使人类摆

---

① 《马克思恩格斯全集》（第13卷），人民出版社1979年版，第3—4页。

脱了愚昧和无知，张扬了人性和主体能动性，并为人类世界带来了高效的生产和富足的生活，科技的进步推动着社会生产的发展和世界性交往的扩大，为整体人类生命的创造性的本真状态呈现和全面发展提供了充足的空间和广阔的舞台。然而，随着科学技术的不断发展，特别是工业文明时代的到来和市场经济的发展，生产自动化、产品标准化和组装流水线化的背后，科技已从实现人类生命自由和解放的工具变为奴役人和统治人的工具，人与自然的关系支离破碎、人与人之间的关系疏离瓦解，科技"异化"了。通常意义上，人类借助于对象化的活动把自己的本质物化到自然客体身上，人类是操纵和控制科学技术的生命主体，然而工业化时代的到来，却使技术日益脱离人类的控制，呈现出背离整体人类生命存在与发展的"异化"趋向，造成了科技时代的生态困境难题。

马克思曾经分析关于人的发展的三阶段理论，指出人类发展的第二种社会形态即工业社会，是"以物的依赖性为基础的人的独立性"的历史发展阶段，在机器工业和市场经济蓬勃发展的历史境况下，人们产生了多方面的物质需求和全面的关系要求，工业文明时代在满足人们多方面物质经济关系的基础上促进了个体自主性的独立人格的实现，在科技发展的基础上为个体摆脱人身依附关系、实现人的能力的全面发展和展现自身的生命价值提供了广袤的舞台，但是，社会关系以"异己"的物的关系的形式对人的发展造成了束缚和限制。"以物的依赖性为基础"的人的"独立性"的实现必然会诱发人类对科技理性和物性的崇拜，在接受科技对人的奴役的过程中，人被"物化"了，与此同时，人类"再度丧失了自己"，于是，人类走出了对"神性"的崇拜却跌入了对"物性"崇拜的深渊，只不过，马克思通过分析人的发展的"对物依赖性"的阶段是为更高阶段的到来做准备，因为，它"在产生出个人同自己和同别人的普遍异化的同时，也产生出个人关系和个人能力的普遍性和全面性"。① 因此，人的自由个性的展现和人的全面发展

---

① 《马克思恩格斯全集》（第46卷），人民出版社1979年版，第109页。

是其最终的理论归宿。工业革命以来，人类在"物性"的役使下对自然资源的过分索取带来了生态环境的恶化，人类理性选择的缺失和创造性的丧失使人类在破碎的自然生境中大肆掠夺和消耗着自然资源，人性被碎片化。西方马克思主义的法兰克福学派针对科技异化和人性的"物化"问题对发达工业文明社会进行了无情的揭露和批判，他们认为，科学技术的迅猛发展对现代社会中的人类造成了"压抑性"的统治，现有的社会体制把人们束缚在狭隘的逐利的领地中，在物欲的诱惑下，人类逐渐丧失了追求精神自由和进行社会批判的思维能力，科技在对物质生产进行控制的同时，也操纵和控制着人类的心理、意识与理性，人类逐渐沦为机械性的功能部件，丧失了能动性的自由意志。西方马克思主义代表人物马尔库塞曾分析认为，高度发达的工业社会所酿就的高科技文明使人类从物质生产到精神生活的自由度被强制剥夺，人类经过几百万年建立起来的精神家园在这种舒服平稳、合理与民主的"不自由"演变下分崩离析，人类失去了原本属于自身的独立性和创造性，沦为被社会机械整合的"单向度的人"。

马尔库塞明确指出，"单向度"（One-Dimensionality）是伴随科技异化所带来的突出特点，而以美国为代表的现代发达工业社会是"单面社会"（One-Dimensionality Society），并进而造就了"单向度的人"。科技理性主导的现代工业社会通过发达的技术机制对人类的需要和本能进行操控，使社会的与政治的需要转化为个体生命的"本能需求"。如此，经过此种"异化"过程，便使人类失去了对现存社会机制的否定和反抗因子，人类在无度的物欲追求中丢失了辩证思维的能力和理论批判的勇气，失去了作为人的"类本质"呈现的创造力和创新力。人类成为物性化和工具化的人，社会成为失去内在否定性因素发展的同化的社会，失去了社会变革的动力与活力，这就是伴随科技异化所带来的"单向度的社会"与"单向度的人"。"随着劳动过程越来越合理化和机械化，工人的活动越来越多地失去自己的主动性，变成一种直观的态度，从而越来越失去意志。"① 卢卡奇同样认为资本主义工业化的过程是科技产业化和科技理性征服自然的过程，与此同时伴随着人性异化，随着分工的发展与效率的提升，人性被机械化分割的程度也就越深。海德格尔也曾明确指责现代科技的异化把人类及一切实在物都纳入技术的"框架"，从而蜕变为科技的物质性与功能性存在，失去了真正生命的"存在"本质。"这种生活秩序的普遍化将导致这样的后果，即，把现实世界中的现实的人的生活变成单纯的履行功能。……他可以借助于一千种关系而生活在这架机器中，他依赖这架机器并参与其中的活动，但是，既然他已经成为一支齿轮上可被替换的单纯的齿轮而与其个性无关，那么，若无其他办法可以表现他的个体自我，他就要反抗。"② 这就是科技发展的两面性，科技的发展为人类自由和解放的实现提供了无限可能的空间，但在一种可能性空间的展现过程中又同时会遮蔽甚至遗忘其他丰富的可能性，使人类本真力量的展现单一化和平面化。因为，资本主义工业生产的日益理性化和机械化使人逐渐被工具化，资本主义的科技异化使人逐渐"非人化"，人在被科技操纵和控制的过程中丧失了作为人的主体性和创造性，人在被物欲化和科技异化的过程中丧失了精神追求的动力以及否定性和批判性的勇气，作为人类生命存在的价值和意义被无限放逐了，因此，现代社会的生态困境与危机便不可避免。

其次，消费主义的泛滥。近代科技的迅猛发展使人类在对自然资源的有限获取的基础之上满足着自身无限的物质需求，生产资本的无限扩张直接激发着人们的物质欲望和消费需求，缺失了正确的生产生活理念和伦理价值的观念引导，人类便会在科技进步的时代背景下对自然进行大规模的全面征服和掠夺，超越了人类基本需求的范围，陶醉于经济的繁荣与物质的浮华，特别是近代资本主义生产方式在追求资本无限增殖

---

① ［匈］格奥尔格·卢卡奇：《历史与阶级意识》，杜章智、任立、燕宏远译，商务印书馆1992年版，第149页。

② ［德］卡尔·雅斯贝斯：《时代的精神状况》，王德峰译，上海译文出版社1997年版，第35—36页。

的价值取向下，进一步激发着人类对物质资源的无限占有和对财富的无限索取，在这种无度的物质享受与消遣中催生了物质享乐与消费主义的萌芽，带来人类的生存困境和人的精神危机。

现代工业社会及其资本的无限扩张调动起社会的利益驱动机制与人性的物欲膨胀机制，优胜劣汰的市场竞争法则要求社会生产者创造越来越高的生产效率。科技力量的运行推动着社会的专业化与强制性的分工，为高效率的社会生产准备着条件，从而进一步诱导着人类的物质欲望，刺激着人类的消费需求。黑格尔针对市民社会的市场运行逻辑也曾指出，需要并不是直接从有需要的人那里产生出来的，对此，西方马克思主义的代表人物马尔库塞从"真实需要"与"虚假需要"的视角谈到，"真实需要"是出自人内在"类"的本质属性的自主需求，大致涵盖维系基本生存与生活的基本需要和部分剩余需要，"虚假需要"是指在社会势力或商业现代因子的影响下，依一种市场逻辑的运行法则对人类的物质贪欲进行诱发和强化所带来的人的非自主需要。发达工业社会下，大量生产需要大量消费的支撑，大量商品的诱导、优良的服务与商品宣传手段刺激着人们进行超前消费，"生产者的生产不是为了直接满足自己的需要，而是为了满足其他社会成员的需要；他的需要的满足，也必须依赖于其他生产者的生产。生产者为了取得满足自己需要的手段，必须尽量通过生产去满足他人的需要，甚至设法引起他人的需要去予以满足；而来自其他生产者的某种新产品的出现，也会反过来引起生产者新需要的产生"。[1] "虚假消费"的持续存在导致人类生命主体与自己本真状态的分离，进一步与自然的生命存在系统本身割裂，酿就生态困境，并且，随着社会分工的专业化的推进，人类生命日益失去其存在的丰富性，陷入单面的发展，当人被"物化"后，便会在"虚假需要"的刺激下舒舒服服地屈从于工业制度的操控，"我们再次面临着发达工业文明的一个最令人苦恼的方面：它的不合理性的合理特点。它的生产力和效率，它增加和扩大舒适面，把浪费变成需求，把破坏变成建设的

---

[1] 欧阳志远：《最后的消费——文明的自毁与补救》，人民出版社2000年版，第218页。

能力，它把客观世界改造成人的身心延长物的程度，这一切使得异化概念成了可怀疑的"。① 异化需要源自异化劳动，异化劳动归根结底来源于异化社会，当人类的需要远离了对劳动的需要，成为纯粹动物性的生存的本能需要时，人的需要蜕化为异化需要，当人类以消费主义者的姿态行动时，这种对物质的刻意追求与扩展就带有无限性，"资产阶级社会与众不同的特征是，它所要满足的不是需要，而是欲求。欲求超过了生理本能，进入心理层次，它因而是无限的要求"。② 因此，以物的依赖性为基础的社会中，人的价值被物的价值所取代，奢侈消费泛滥，人生的意义和人性的丰富性被消融于无形的纯粹释放中，人性服从于逐物的欲望需求，这就是"欲望消费"与"需要消费"的差别所在。

　　人类要在自然世界生存下去就要进行物质生产，而人类要在生存基础上谋求更好的生活就要进行消费，生产是人类谋生的基本方式，消费则是社会生产的直接目的，在以消费主导生产的经济时代，深入思考消费的形式与消费的目的尤为重要，生态困境的现状与人类的消费理念紧密相关。万俊人先生曾经在其《道德之维》中指出，消费包括需要消费与欲望消费，基于人类正常生活需要的消费是需要消费，这种消费以人类明确的生活本身的目的为目的，尽管新的需要不断产生，但需要消费始终符合人类正当的经济理性需求，需要消费在兼顾需要的合理性和消费的可能性的基础上推动经济生产与自然运行的可持续性，从而体现人的"类"本质的精神需求，创造社会价值、推动经济发展；基于人类主观欲望需求、为欲望而欲望的消费则是脱离了生活本身基本需要的欲望消费，以个体欲望满足为目的，物质消费成为衡量个体价值的唯一标准，自我价值体现在满足自我欲望的消费与享乐中，人类在失去了内在价值的基础上进一步丧失了道德信仰的精神追求和能动的创造性，跌入欲望陷阱的无底深渊，在物欲贪婪的主观任意性中盲目地追求超越现

---

① ［美］赫伯特·马尔库塞：《单向度的人》，张峰、吕世平译，重庆出版社1988年版，第9页。

② ［美］丹尼尔·贝尔：《资本主义文化矛盾》，严蓓雯译，生活·读书·新知三联书店1989年版，第68页。

实的无限目的。"奢侈意味着生活目的的异化：消费不是为了满足人的正常生活需要，而是为了满足不可满足的欲望。奢侈行为本身既不符合经济理性的原则——它不仅不可能产生（直接地或间接地）任何生产效率，更不用说最大化的经济效率，反而造成社会资源的巨大浪费——而且滋生一种贪得无厌的极度享乐主义。"① 因此，欲望消费是一种非理性的经济行为，在欲望消费的推动下必会激发标榜人的地位与尊严的"炫耀消费"，这是基于异化需要的病态消费，在竞相攀比的无限延伸的消费竞赛中造成了对自然稀缺资源的浪费和破坏，当炫耀消费普遍化、大众化之后又会激起新一轮的消费竞赛，并且，当沉溺于物欲和虚荣之中时，人类的道德责任感和使命感便会消解，带来严峻的生态灾难。

资本主义工业文明下的市场经济运作模式使功利主义和消费主义甚嚣尘上，基于虚假需要诞生的欲望消费引发了人类欲求的无限性和资源的有限性的矛盾和冲突，自然资源短缺、环境污染、生态失衡的困境现状蔓延全球，威胁着人类自身的生存和自然生命系统的持久存续。因为消费主义文化使整个社会包括人类自身呈现为一种"平面性"：科技的发展推动着人类产生越来越多的物质需求，而人类却成为受情欲支配的消费的平面，人际互动成为物质交易的生活平面，人的生命存在的整体性和丰富性被肢解分割，情感、信念和信仰在欲望消费的背景下被无限放逐，社会的物化造成人的异化，对资源的掠夺式开发导致了全球性的生态破坏，在对自然资源和原料的过度挥霍中又带来了世界性的环境污染，使自然生命系统承受着难以负载的巨大压力。其带来的生态危害如同加勒特·哈丁提出的"公有地的悲剧"，自然资源在人类的欲望役使下如同公有牧地一样，每个人都尽可能多地榨取这些免费资源，并向公有牧地任意排放污染物，而从不考虑后代人面临的资源枯竭的窘境和生态环境崩溃的困境，当今生态环境遭受的环境污染与资源短缺难题恰恰

---

① ［美］艾伦·杜宁：《多少算够：消费社会与地球的未来》，毕聿译，刘晓君校，吉林人民出版社1997年版，第5页。

应合了"公有地的悲剧"。

生态困境的现状要求人类理性地反思科技发展所带来的当今人类的生存方式、生活样态以及消费模式,建立科学、文明、生态的生活方式和消费方式是当今时代的迫切要求,在科技创新理念的推动下以及生态伦理精神的感召下,人类的生存生活方式应当由物欲的满足趋向精神价值的追求,提倡绿色消费和生态消费。马克思曾经从人与社会的关系中分析指出,人类的需要应当超越自然的基本生理需要进行自我创造、自我发展和自我完善,人类对精神生活的追求才是人类本性所在。"当西方国家物质匮乏的困境消除之后,人们并没有寻找到幸福,相反,随着物质财富的不断丰富,人们失去的宝贵的东西越来越多,人们不仅失去了洁净的生存环境,而且相伴而来的是灵魂的失落。在痛苦的反思中人们终于醒悟,对人性的摧残和对生产的破坏在根本上是一致的。其根源在于人们的消费方式和生产、生活方式。"① 因此,未来的绿色消费理念应当在生态伦理价值的精神指导下走适度消费、资源可持续增长之路,在精神价值追求中激发人类所独具的思维创造力和审美判断力,实现个体自由而全面的发展。

二 科技理性悖论的文化批判

社会的运作与科技理性的发展,其最终目的应当是人的"类"本质的呈现和人的自由与全面的发展,启蒙的发展打破了神性的信仰,却又把世人带入对科技理性和科技拜物教的崇拜,科技理性成为衡量人的本质与价值的内在尺度和唯一尺度,科技理性的片面发展导致人性的沉沦、人与自身生命本性的疏离以及人与自然生命本体的背离,带来严峻的生态困境。

(一) 生态悖论

科技理性的片面发展带来人与自身生命本性的疏离,导致人性的沉沦。科学技术的产生和发展弥补了人类自然生理上的不足和缺陷,工具

---

① 曹明德:《生态法原理》,人民出版社2002年版,第71页。

化的科技理性延长着人类的自然躯体，拓展了身体器官的功能，为人类摆脱自然必然性的控制、争取自由和解放准备了条件。当人类在精神和意识中获得了独立后，便能够运用科技理性的力量进行自我确证，区分自身与自然事物，然而，科技理性的片面发展却使人类以自然和宇宙的主宰地位自居，科技理性的膨胀使人类的本质进一步技术化，原本自由解放的力量成为奴役人的精神枷锁，人类的创造性和批判性在科技理性面前被无限放逐了。"技术的逻各斯已经变成奴役的逻各斯，技术的解放力量——物的工具化，变成自由的枷锁——人的工具化。"① 技术的"座架"是人类成为科技的持存物，在科技理性的支配下，人类脱离了自身的生命本性，成为追寻经济合理性和效益最大化的理性经济人，人性蜕变为资本运作的符号与经济收益的常数和变量，人类情感和价值的维度在科技理性面前消解了，导致人的精神危机。

科技理性的膨胀导致社会组织运作的技术化统治，打破了自然组织的神秘性。哈贝马斯曾经分析认为，科学技术作为一种工具理性通过劳动的形式展现出来时，具有目的理性的特点，人类社会以劳动实践为基础的交往活动维系着社会文化生活的运作和制度框架的构建。随着自由资本主义的发展，国家社会化和社会国家化的趋势日益明显，为确保制度的稳定性，国家通过科技理性的手段干预社会组织运作的力度逐渐强化，科学与技术的一体化曾经在一定程度上缓解了阶级冲突和社会危机，为资本主义统治的合法性提供了基础，并进而为社会的进步准备了条件。因此，在人们的观念中，似乎社会的进步取决于科技力量的发展与进步，科技的运作逐渐制度化，甚至潜隐着消解以实践为中介的人们之间的劳动交往活动。因此，当科技工具理性的物化趋向深入人们的生活世界并渗透到社会组织的具体运作过程中时，便造成了对社会的技术化统治，以理性和利益为中心的社会组织突出组织成员的科技理性行为和组织管理程序的形式理性模式，必然会打破以血缘和地缘为中心的自

---

① [美] 马尔库塞：《单向度的人》，张峰、吕世平译，重庆出版社1988年版，第135页。

然组织的神秘性和神圣性，由对自然组织神秘性的敬畏转变为对科技理性的组织力量的服从。

此外，科技理性的片面运作会导致人与自然生命本体的背离，引发严峻的生态灾难。美国哲学家芒福德指出，科技带给人类的是一个野蛮的新纪元，"我们的时代正在由一种不得不借助工具和武器的发明去实现对自然的支配的人类的原始状态，转变为一种完全不同的新的人类状况。在这种新的情况下，人类不仅已经完全控制了自然，而且也把自己从他的有机的栖息地彻底分离开来了。"[①] 随着近代自然科学的发展，科技理性与人的主体性伴随着人类改造自然能力的增强而得到片面的张扬，在自然界中，"人以自身的活动来引起、调整和控制人和自然之间的物质变换的过程"[②]。而科技则是人类按照自身的能动理性意志作用于自然的理性结晶，科技总是以自身特有的方式干预自然的本真状态，因为"人按其生物学本性离不开技术活动，他总是干预这些有机界过程，根据自己的目标来改变它们"[③]。如果说远古文明时期技术的萌芽还只限于经验活动的累积，并未对自然生命系统带来实质性的损害，但是由于科技发展内在的逻辑张力，尤其是科技理性的自然膨胀，必然突破自然的承受阈值，造成对自然的征服与掠夺。"海德格尔把技术理解为一种解蔽的方式，但在现代技术中起支配作用的解蔽乃是一种促逼，此种促逼向自然提出蛮横要求，要求自然提供本身能够被开采和贮藏的能量。"[④] 对此，笛卡尔认为人类"借助实践使自己成为自然的统治者"，洛克主张"对自然界的否定就是通往幸福之路"，直到康德确立了"人是自然界的最高立法者"，至此，在科技理性主客二分的思维模式下，确立了人类的中心和主宰地位，如此，自然万物从作为人类生命

---

① Lewis Mumford, *Technics and the Nature of Man in Philosophy and Technology*, ed. by C. Miteham, New York: The Free Press, 1983, p.77.
② 《马克思恩格斯全集》（第23卷），人民出版社1979年版，第201页。
③ [德] 拉普：《技术哲学导论》，刘武、康荣平等译，辽宁出版社1986年版，第103页。
④ [德] 海德格尔：《海德格尔选集》，孙周兴选编，上海三联书店1996年版，第933页。

本源的存在转变为对象化的物性存在，在科技理性的"促逼"下失去了自身发展的独立性和神秘性，当人类以自然征服者的姿态自居时，便会肆无忌惮地向自然进军，生态道德责任与义务也便消解了，这是生态困境重要的逻辑根源。

(二) 文化批判

近代以来，伴随着科学的进步和科技理性的扩展，逐渐出现了有悖于人类生存根基的社会现象，出现了人的物化和难以控制的全球性困境，从而引起哲学家、社会学家和文化人类学家对科技理性问题的广泛关注和深入讨论。近代科技理性的浪潮是伴随着文艺复兴以来的人本主义思潮的兴起而发展起来的，二者具有内在互释性，在很长一个历史时期，科技理性在解放人类劳动、改善人类生活状况、推动生产的工业化和物质经济的繁荣方面的确发挥了很大作用，其认知价值、经济价值与文化价值已得到普遍和广泛的认可。然而，20世纪以来，特别是两次世界大战的爆发、法西斯主义的扩张与愈演愈烈的全球性的生态困境现状，使世人开始冷静反思科技理性至上的弊病，人类自我意识开始警醒：人类自身应当如何控制自己的主体力量与现代科技，通过全面发挥人的"类"的本质力量和创造性思维力量，谋求社会发展和人类幸福，使人与自然生命共同体和谐共生？

面对全球性的生态环境恶化、上帝信仰理念的式微、伦理价值的沦丧和人的"类本质"的异化现状，科技理性的发展，一方面逐渐把对人的道德关怀从其关注领域中排除出去；另一方面也不断把抽象思辨的理性嬗变为具体实证的理性，人类通过不断增强的科技理性力量追求外在祛魅的自然环境，推进着整体人类的自由和解放的实现，然而科技理性的无节制发展却把人类推向"物化"的深渊，人类对自然生境的无节制的破坏与物欲的无限制释放使人类最基本的生存和发展问题面临困境。针对于此，西方法兰克福学派的反科学主义和罗马俱乐部的技术悲观主义思潮竞相萌生，欧洲"绿党"组织甚至主张落实于现实实践行动，通过日益升级的过激的社会运动形式干预科学技术与经济的继续发展；美国史学家怀特同样认为当代环境困境与科技理性息息相关，并且科技理性产生于基督教对人与自然关系的处理中,"除非我们找到一种新宗教,或者重新思考我们的旧宗教,否则,更多的科学和更多的技术将不会使我们摆脱目前的生态危机";① 西方人本主义者则主张对科技理性进行适当的人文批判和生态批判以回归科技的人文秉性,马尔库塞曾明确指出,工业时代的科技理性释放使自然遭受到"压抑的统治",要解放自然、重新发现和释放自然本性就应当实现科技的人本主义回归。海德格尔则进一步揭示,在现代科技的遮蔽下,人与自然迷失于技术的"座架"下,自然本真状态的丰富性和多样性无法展现,人类自身也面临精神的无家可归状态,"他主张在对技术本质的追问、沉思和体悟中寻求拯救力量,回归'诗意的'的生活方式"。② 因此,科技理性的无限扩张必会带来人类生存状况的异化,新的历史时期应当进行科技理性的人文价值定位;西方后现代主义者则从自身独特的理论视角质疑现代性的科技理性与工具理性,对现代性的种种"合理性"展开批判,现代性作为以科技理性为表征的社会文化形式,具有解放和异化的价值两重性,现代性既把人类从自然和社会的依附状态下解放出来,同时又以"异化"的方式使人的生存与自然的持存从生存的目标方向中脱离出来,日益背离可持续发展的价值方向。后现代哲学的代表人物利奥塔提出了"合法化问题"与"叙事危机",认为科技理性是一种新的信仰主义和教条主义,没有伦理和价值引导的科技理性的片面发展带给人类的可能是毁灭和灾难,"从逻辑上讲,危机归根结底不是来自于军事而是来自于新的现代技术的无方向性的文化环境。在现代理性主义社会中,用于指导技术发展方向的精神指南越来越难找到了"。③ 如果人们采取了不道德的态度运用科技,那么世界将以一种毁灭的方式报复人

---

① L. White, The Historical Roots Environmental Ethics: Attitudes Company, Our Ecologic Crisis, in Ian Barbour ed. *Westem Man and Towards Nature and Technology*, Addison Wesley Publishing. 1993, p. 28.

② 肖巍、钱箭星:《环球同此凉热》,安徽教育出版社2002年版,第88页。

③ [美]大卫·雷·格里芬:《后现代精神》,王成兵译,中央编译出版社1998年版,第65页。

类，因此他们呼吁在现代世界彻底毁灭之前建立一个后现代世界。

因此，无论是西方反科技理性思潮的萌发，还是人本主义者与后现代主义者对科技理性的积极建构，其基本立足点都在于重新确立科技理性在人与自然和人与人之间的价值定位，在摒弃机械还原论、二元论的基础上赋予科技理性以必要的伦理精神内涵，在研究世界本原问题的基础上超越主客、心物二元对立，以整体有机的思维模式探求人的生命、情感、意志与尊严，以直觉、顿悟和体验的非理性逻辑弥补科技理性的不足，超越片面强调经济价值的功利主义科技观和片面凸显认知价值和真理价值的理性主义科技观，以对人类进行终极价值关怀的视角关注科技理性应用的社会效应，消除科技理性与伦理价值的分裂。所以，在"生态"的理念引导下建构"科技理性—生态理性"辩证融合的合理生态体系是我们应当进行的学术努力。

第三节 "科技理性—生态理性"的合理"生态"体系

科技理性不仅仅是人与自然中介体系中的工具理性和知识理性，而且因其本身具有的社会性还应当是一种价值理性和生态理性。合理的制度框架与正确的价值观念引导十分重要，它能够指导作为科技创新与应用主体的人类运用自身的理性能力处理人与自然、人与人之间的价值关系，合理预测与评价科技理性活动的社会文化后果，关注科技理性的运作对人类的生存和发展带来的社会影响，避免科技异化对人类自然生命系统造成的负面效应，在科技理性创新与应用的过程中贯通正确的生态价值观念，使生态保护活动全民化和日常化。因此，科技理性具有自身的合理性限度，应当以生态价值理念对其进行必要补充，使"科技理性"与"生态理性"互补共通，"科技理性"成为"生态理性"。

一 科技理性的合理性限度

自文艺复兴、启蒙运动以来，人类理性意识伴随着科学主义思潮的兴起而觉醒，逐渐产生了以经验实证、分析还原与演绎归纳为特点的科技理性思维。传统的科技理性思维模式强调认识主体与客体的绝对分离，用机械还原和分割的方法通过对部分和要素的精微分析以达到对整体的把握，以分析与综合的单向度逻辑思维程序认识和把握客观自然规律，制定发展规划，寻求思想的精确性与合理性。在科技理性的指导下，现代人类能够运用生态科技缓解能源短缺问题和环境污染难题，创造适合人类生存和发展的自然环境，并且，科技理性认知的主客二分的思维模式排除了主体认知的随意性和主观任意性的干扰，在对真理的把握上体现出一定的客观性和精确性；但是，科技理性的"二分理念"却抹杀了主客之间的辩证转换和人与自然的一体相依性，单纯强调对客观自然规律的直观把握，忽略了从道德价值和伦理精神的维度去关注自然的生命演化历程。在机械论自然观的支配下，传统意义上的科技理性荡涤了自由、解放和价值的人文理念，在追求精确化、标准化、工具化的理念模式下带给世界的是缺乏生命关爱的非人化技术统治，自然世界作为认知工具和手段被简单化和线性化，机械分析方法虽然具有精确性但却难以解决生态的系统整体问题，能源短缺、环境污染和生态失衡严重困扰着人类的整体生存和未来发展，自然生命系统整体有机的内在联系应当依靠科技理性的人文价值转向才能更好地把握。事实上，随着科技理性的膨胀和价值理性与人文理性的日益萎缩，伦理世界已经逐渐被从科技世界和自然世界中驱逐出去，从而给人类的生命世界制造出一种天然的道德屏蔽。这就是，"真"成为科技活动的唯一目的，"善"服从、服务于"真"的领域而逐渐式微，随着人类认识与改造世界能力的增强，科技的异化与科技理性的片面发展必然会导致人与自然关系的激烈冲突，引发生态困境，暴露出自身的合理性限度。

首先，科技理性运用其特有的"理性"能力对生态自然和社会共同体进行设计和改造，却暴露出对自然和社会进行操纵、控制甚至奴役的"合理性"弊端。它认为"知识就是力量"，凭借科技理性的认知活动便可以控制自然、认识世界，并且，宣扬人的主体能动性和理性意识能力，"人生而自由""我思故我在"的理念进一步突出了理性精神活动的重要性,并把理性意识提升到至高无上的地位,认为经过科技理性的思考便可以实现行为的合目的性、推进人类社会的发展,但却导致了"人类中心"的目的观念,破坏了人与自然的一体关系,造成了对自然的压迫与统治。其次,科技理性在对自然规律和社会法则的把握过程中却萌生了"中心""原则"意识,在对普遍性思维的强调中带来本质主义与还原主义的"逻各斯"情结。它认为世界存在某种终极的本质与本原,人类的理性思维意识必须与之符合并对其表象,于是主客"二元对立"的思维模式的产生成为必然,并且,科技理性伴随着人本主义思潮的涌现而产生,在谋求整体人类自由与解放的旗帜下,科技理性本质主义的指导理念必然从认识上和实践上对一切"异端"进行摒弃,带来社会的文化危机,引发人类的精神价值信仰危机。

虽然科技"理性"在过去很长一段历史时期对于反对封建强权,推进经济现代化起到了重大推进作用,但是当把科技理性和掌握科技理性的人类提高到认识本体论的高度去把握时,就掩盖了科技理性的合理性内涵,造成人的"类本质"意义的丧失。新的历史时期,面对科技理性的膨胀所带来的人类的生存困境和生态难题,重建人与自然和谐的生态伦理关系,就必须以生态的理念赋予科技理性,探索"生态理性"的道德合法性。

二 生态理性的道德合法性

生态困境的发生主要是由于人类的实践行为脱离了正确的生态道德理念指导所呈现的自然生态难题,困扰着人类的生存和长远发展。重建人与自然和谐共生的生态理念,需要构建科学理性、生态理念与价值关怀相契合的"生态理性",这是区别于科技理性,并给予科技理性以必要"生态"补充的生态理性,具有自身的道德合法性。

首先,生态理性是系统有机的思维范式。生态理性克服了传统科技理性机械还原的分析方法,分析还原的思维模式把世界看作是部分与要素的机械组合和简单相加的物质体系。这种单向思维方法并没有看到系统综合的有机性,自然生命世界是由有机体和无机体相互作用构成的复杂系统网络，每一系统网络中，较小的部分依赖于作为整体的生命系统，万物之间相互作用、紧密相连、共生互动，推动自然生命世界的和谐有序运作。生命自然系统的整体平衡是多样性的自然事物总体上非平衡的稳态，自然生命系统稳定状态的维系是一个整体的动态过程，人类作为生命主体，其本身源于自然，与自然一体相依。在科技理性加深了人对自然影响的时代，人类应当审慎地改造自然，在遵循自然规律的前提下，以系统有机的思维方式确立"生态理性"的指导理念；在把握生态科学的基础上，确立合理适度、自我节制的生态价值观；在共生互动、动态平衡的生态系统中把握人与自然的关系，人类不仅应当以系统有机的理念考察自然系统的内部关系，同样也应当以系统有机的方式处理整体人类社会的关系，这是"生态理性"的内涵所在。

其次，生态理性是主体与客体相统一的思维范式。传统科技理性遵循经验与归纳的逻辑，主体被认为是脱离自然客体和社会存在的单子，客体被认为是与主体毫无关涉的客观物质载体，人类的一切理性认识活动都是基于对客观真理的体认过程，科技理性则是在感性认知基础上对科技内部规律的探讨与揭示，原本对自然应当具有的道德关怀和人文价值理念被漠视，人类只是与自然相互作用的具有理性意识和实践能力的对象性存在物。然而，由于自然与人相互作用，自然规律就具有属人性，确切地说，是自然性和属人性的辩证统一，并且自然属性是属人性的前提和基础。因此，传统科技理性"主客二分"的机械论思维模式实际上遮蔽了人与自然的内在联系，只注重自然相对于人类而言的工具价值，忽视或掩盖了自然本身具有的内在价值以及生命系统内在的生态价值，当仅仅以工具理性思维看待自然，便会从满足人的物质需求的视角把自然万物看作实现人类目的的工具与手段，在人类"物欲"的释放面前，自然便只能成为人类奴役的对象。"生态理性"克服了科技理性"主客二分"的弊病，将自然的工具价值属性与内在价值统一起来，经济价值与生态价值贯通一体，通过人类的生态实践活动沟通人与自然之间的鸿沟，使人与自然的和谐共生、主客一体的辩证关系清晰地呈现出来。

最后，生态理性是事实与价值相契合的思维范式。传统科技理性"主客二分"的思维模式带来的必然结果便是事实和价值的对立与二分，使科技只限于从直观的角度探讨自然客体世界。在单一的经济哲学指导下，关注科技理性带给人类社会的巨大的经济效益和社会效益，单纯的开发与利用必然会忽略生态环境内在的生命价值，即非经济意义层面的生态价值。因此在局部与眼前经济利益面前，人类往往以子孙后代和其他非人类存在物共同的生存条件为代价，出现蔓延全球的生态困境。然而，人类作为具有理性意识能动性的生命主体，其认识世界与改造自然的实践活动必然会打上人类目的理性与价值理性的烙印，人类生态实践活动所及的那部分自然必然因吸纳了人类的伦理意志并凝聚了人类的价值精神而体现出事实与价值相统一的含义，这是人类的"生态理性"要求。生态理性的价值属性不仅表现在人类要在尊重自然规律的前提下进行改造自然的实践活动，而且还表现于人类在改造自然的实践行动中合理地调整人类的价值取向，促进未来生态世界的和谐发展。因此，在未来科技理性的发展进程中，人类应当以"生态"价值的理性思维关注代内关系、代际关系、种际关系，并维系其内在的生态平衡，特别是关注作为自然整体生命系统的生态平衡，在科技理性的发展过程中，应当实现现代科技的生态化转向，由传统科技理性只关注部分、个体的工具理性和实用理性转向关注人类生命整体和自然生态系统共体的系统价值理性和目标多元的非线性理性，对传统科技进行生态化转向，用道德哲学的思维理念对传统的科技发展给予价值目标的规导。

如此，科技理性在正确的生态价值目标引领下便能够实现"生态"的转向，在系统有机的思维范式下消解主体与客体的分裂和对立，实现事实与价值的统一与融合，使真与善相伴而行，在科技理性实践活动中促进人—自然—社会的协同发展，在科技理性活动的目的规范方面进行科技伦理的生态指导，增强科技活动主体与生态践行者的道德责任感与伦理使命感，促进人与自然生态世界的和谐与共生。

三 "科技理性"成为"生态理性"

科技理性是人类运用其独特的理性思维的力量在追问自然的合理性以及对自然进行理性探寻的过程中萌生的人类改造自然的力量。由于其以对象性的物质世界为把握对象，以对物质世界客观规律的掌握为认识和实践的必要过程，从而有效地认识世界、改造世界，这种对人类发展手段与途径的探索具有"工具理性"的内涵，在理论的维度上具有相对独立的地位。然而，运用"科技理性"作用于自然生态系统则显示出一定的价值效应。因此，科技理性并非价值中立，而是体现出认识论和价值论意义上的"属人性"，尤其是科技理性的创新与应用过程凝结在整个历史进程中，其对人类生活世界的作用与影响便日渐凸显。近代以来伴随着工业革命的进行，特别是伴随着生态困境和人的精神失落现状的彰显，科技理性认知理念的弊端也呈现出来，科技理性认知的偏颇造成科技"非人性化"的发展趋向，失去了对人的生存与发展的"伦理关怀"与"道德关注"。

"科技理性"在其诞生之初就带有人性关怀的价值因子，在整体人类共同利益的支配下为了人类种族的延绵和人类生活的长远幸福而体现出自身具有的伦理精神旨归，因此其潜藏着人与自然生命系统和谐共生的生态伦理价值向度。"科技理性"在科技创新与实践运作中通过理性探寻的方式追问人的生命存在的合理性，探索人与自然生命世界的生态互动关系，有助于追求作为"类"的人的存在的价值和意义，或者在伦理精神对人的生命意义世界的建构中推动科技理性认知活动的探索过程，展现人类丰富的内心情感与价值世界，实现人的全面发展意义上的"目的"，使人类真正以"价值主体"的形式展现自我，这是科技理性发展过程中体现出来的生态价值理性内涵。科技理性失去生态理性必要的互动与补充，必然会对人的全面发展和人类整体幸福的实现带来阻滞，甚至引发一系列严峻的生态困境。但是，环境问题绝不能依靠彻底否定和抛弃科技理性的办法得到解决，因为科技理性已经融入人的生命和生活，在揭示自然世界规律和事物运动必然性的基础上为人类改造自然、谋求人与自然的和谐发展提供了手段性的推进作用，科技悲观主义者与盲目乐观主义者分别从两个极端走入了人类认知理念的误区。在具体的生态实践中，既不应因科技理性带来的负面效应而彻底否弃它，也不应以科技理性的工具性价值手段而将科技绝对化，环境污染的治理、生态平衡的恢复以及舒适宜人的生态环境的创造需要整体人类的共同努力，在推动生态科技发展的基础上，把握好科技理性与生态理性之间"必要的张力"，使科技理性成为生态理性，创建人类未来生态文明的绿色世界。

（一）"科技理性—生态理性"的适度"生态"张力

首先，科技理性与生态理性应当在人的发展中保持适度的张力。科技理性作为人类自由和解放的必要条件，为人类幸福生活的实现提供了坚实的物质基础，并强化着人类驾驭自然和改造自然的能力，凸显着人类的优越性和主体地位。随着人类科技手段的提升，人类逐渐远离自然界，然而人类对科技创造物的依赖却日益紧密，人类运用科技手段在自然界中变得愈益强大，然而人类在科技面前却愈加渺小，人类生命内在的体力、智力活动逐渐被打上科技理性的烙印而被"工具化"。人类对自然必然性的体认和自由的实现过程实际上却是以"不自由"的结果呈现出来，人的主体优越性、人性的尊严实际上却是以科技理性对人的异化体现出来，人类对科技理性的盲目崇拜必然以人类对自我价值和尊严的怀疑为代价。"人创造了种种新的、更好的方法征服自然，但却陷于这些方法的罗网之中，并最终失去了赋予这些方法以意义的人自己。人征服了自然，却成为自己所创造的机器的奴隶。"[①] 因此，应当辩证看待科技理性的工具性手段与人的发展的关系，科技理性应服务于人类目的性存在，或者说，科技理性的发展原本就应当是人的发展，人类运用自然的理性能力通过科技的手段实现自然必然性的体认，从而实现自身的自由和解放，人类则应当在遵循自然规律和科技工具理性规律的基

---

① ［德］埃里希·弗洛姆：《为自己的人》，孙依依译，上海三联书店1988年版，第25页。

础上实现人与自然生态关系的和谐有序，克服科技理性的片面发展对人的控制和压抑。因此，需要在科技理性发展惯性基础上融入生态理性的价值关怀，并在两者之间保持必要的张力。"生态理性"是超越了自然自在状态的人的自觉生存状态的"理性"表征，它在对生态世界观和生态价值观的把握基础上，通过人的主体精神世界的建构追问作为人的存在的"类"的本真价值意义和人"类"的存在目的，探索人与自然和谐共生之道。通过自我生态意识的建构和生态伦理"精神"的把握克服科技理性的弊端，这种人文价值的生态因子的补充使人类能够运用科技理性在物质世界中寻找生态意义，在精神世界中追寻生命永恒，在物欲本能的释放中调整价值航向，为人的生命的发展提供明确的目的性和无限的可能性，并且在尊重人的生命价值与尊严的基础上实现自然生命系统的和谐有序以及人与自然的共存共荣。

其次，科技理性与生态理性应当在生态伦理道德教育中保持适度的张力。科技理性教育作为文化过程的一部分，其对社会的影响力渗透在物质和精神层面，然而科技理性教育与人文生态教育之间却存在无法遮蔽的鸿沟。人文生态教育即生态理性对人们的思想渗透力却远远不及科技理性的冲击力，然而，科技理性的知性思维的单一指导却可能使人们的生态实践行为误入歧途。因此，还需要在形上道德哲学的指导下借助生态理性的觉醒给予适度补充，即在具体的生态伦理道德教育中，科技理性和生态理性之间应当保持适度的张力。"目前整个世界上弥漫着对科学的错误看法。科学享受着过分的尊重，由于现实生活秩序只有通过技术才得以治理，而技术则通过科学成为可能，所以，在这个时代里人们产生了对科学技术的信仰。""对科学的迷信导致了：对一切事物的了解都是乌托邦式的，认为科学技术无所不能，一切困难都可以克服，人类从此可以过上幸福富裕的生活，简言之，就是把凡是理性思考的内容看成是绝对正确的信条。"[①] 科技理性教育培养人的科学思维能力，

---

① ［德］卡尔·雅斯贝尔斯：《什么是教育》，邹进译，生活·读书·新知三联书店1991年版，第113页。

提升人的科技实践素养，倡导运用科技的理性力量分析事物、探寻世界，然而，人文生态理性的培育却在知性理性的基础上发掘人的形象思维能力和审美判断力，在美德熏陶的基础上提高对人生价值和意义的感悟与体验，达到生命的至高之境。科技理性教育是侧重于传授自然科学知识的"纯粹理性"能力的教化，在分析、归纳、演绎的手段下力求把握自然世界的物质结构。然而，科技理性教育观却对人类精神深层的人生理念和伦理价值信念束手无策，科技工作者本身应当具备的求实、创新、宽容的道德品质并非是与生俱来的，生态道德观念的落实需要人文生态理性的教育以及经过科技工作者长期的生态实践工作培养熏陶出来。随着科技研究工作逐渐走向职业化、专业化和组织化，科技建制化的趋势也日趋明显，科技研究者逐渐融入社会成为一种特定的社会角色，凝合为科技共同体，科技共同体作为一种社会共体，在科技研制、创新与应用的整体过程中其本身内在的社会责任感和伦理使命感对未来生态文明的走向具有至关重要的作用。因此，科技理性的培养需要人文生态理性的教育，二者之间应当保持适度的张力，科技理性工作者在科研创新与突破的基础上还应当关注人生的信念、情感、信仰与价值，失去了人文生态理性的教育只是传授自然科学知识而不是教化，失去了科技理性的教育则会陷入信仰主义和理念培养的窠臼，科技理性教育与生态理性的培育只有辩证契合并保持适度张力才能够促进创新能力和责任意识的共生互动，实现人类的全面发展。

最后，科技理性与生态理性在真、善、美的生态伦理实践中保持适度的张力。人类以科技理性的实践能力实现对自然科学知识的掌握，这是人类以"求真"为目的的理性能力，在生态理性基础上实现人的生态道德责任意识的确证以建构人与自然和谐共生的生态体系，这是人类"臻善"的生态理性能力。在具体的生态实践中，二者唯有时刻警醒并保持适度的张力才能够实现"达美"之境，这就是人类生命的安顿与生活的幸福。真—善—美的生活理念链条的承接以人生幸福的实现为最终旨归，"幸福"在古希腊哲学家那里被认为是身体的无痛苦状态和灵魂的无纷扰境界，到了中世纪神学家那里却以反对现世的物质需求并提倡禁欲主义为理论前提，以对上帝的信仰依托否弃现世的幸福。然而，真善美的契合与幸福生活的实现毕竟是人类生命存在的内在归宿，科技理性是实现物质生活幸福的必要条件，人生真善美的契合应当是在物质幸福基础上追求更高层面的精神、情感、尊严与生命价值意义的幸福。单纯的物质供给使人们获得物质满足感，但是物质供应的扩展却使人们的珍爱感和幸福感随之流失，科技理性的无限扩张使人的劳动过程规则化与普遍化，人类逐渐幻化为增进工作效率的功能性存在，成为按机械节奏运转的机器。在科技理性原则支配下，人类的生命行为成为原子与分子的物理运动与化学运动。在科技理性定量化、机械化、非人格化的趋势运作中，追求科技进步和物欲满足成为社会普遍一致的需要，进而成为衡量生命个体价值的唯一标准，"信念的普遍丧失，可以说是技术及其世界的控诉。人所取得的惊人进步使他能够在很大程度上支配自然，赋予物质世界以符合自己意愿的形式。但是，这些进步不仅有人口的巨大增长相伴随，而且有无数人的精神萎缩相伴随，而谁也无法要求这些人对他们的生活的起源和进程的现实负起责任"。① 其实，人类生存的物质需求的解决是人生幸福的必要条件，但人生的幸福除物质的满足和享受之外还有生命创造力的实现和生命价值的追求，特别是爱和情感的需要是作为伦理"精神"主体的内在规定，并且对于形上问题的追索是人生存在问题的终极追问，必须依靠人文生态理性的思考才能更好地展现。人文生态理性是人类精神系统的核心和灵魂，它以对人的生命和价值意义的终极关怀为表征，是在对客体世界"求真"的外在超越的基础上实现对主体世界的内在超越，关注人生的自由、解放与生活幸福，提升人的生存状态、展示生命的"类"本真状况，是生命在求真、臻善基础上达成的"美"之境界，也是科技理性与生态理性在必要张力下实现的契合之境。

（二）"科技理性"成为"生态理性"

科技理性与生态理性之间必要的张力是伴随着生态实践的运作而变

---

① ［德］卡尔·雅斯贝尔斯：《什么是教育》，邹进译，生活·读书·新知三联书店1991年版，第41页。

化发展的，其最终归宿却是科技理性与生态理性的辩证契合，使"科技理性"成为"生态理性"。

由科技理性到生态理性的迈进是经过生态伦理的觉醒与反思之后的思维趋向，当以生态理性考察科技的研制与创新和应用过程时，实际上便为科技的发展注入了合自然与社会协调发展的目的性的伦理价值因子，以系统、整体、有机的生态理念把握科技理性的发展能够克服科技滥用所导致的价值缺陷。从宏观视角来看，科技理性的发展具有"质"和"量"的区别，发展速度和规模是科技工具理性的"量"的规定，发展质量与效能是科技价值理性的"质"的体现。然而，科技工具理性唯有与生态价值理性相结合，或者使科技理性成为生态理性，才会展现自身的生态合目的性，体现人文关怀，从而化解生态困境。面对全球性的生态灾难，应当在社会根源的层面全面探析，科学对待人类理性和技术的力量，不能简单地遏制发展或回归自然。首先应当看到人类道德认知层面的科技理念误区，及时以生态理性的因素进行必要补充，同时还应当意识到"贫穷是最大的污染"，停止科技理性的发展则意味着社会的倒退，尤其对许多发展中国家而言更是如此，并且这是造成当今环境问题最重要的社会根源，致力于公平、公正与合理的国际政治经济秩序的建立是解决问题的根本途径。因此，对于整体人类来说，应当运用并创造有利的生态资源实现科技理性发展，在生态系统的动态平衡中使科技理性转化为生态理性，针对人类科技理性能力的空前增强，应当理性而清醒地重构人类的生态价值坐标。以关爱自然、珍惜生命的生态情怀感知自然，承认自然资源和生命系统的自身价值；以生态理性的绿色信念融入科技运作，实现生态科技化和科技生态化的辩证统一，在生态科技的导引下实现对于自然生态保护性的发展，提倡改造自然的科学性与保护自然的必要性的有机统一。

绿色是生命之色，自然生命系统的平衡有序与蓬勃发展是万物生灵的共同期盼。"科技理性"成为"生态理性"是科学技术绿色化与实现人类社会可持续发展的必要途径。以生态的理念指导科技理性发展能够进行生态资源的合理开发、保护增殖和有效利用；以合宜适度的消费方式与健康文明的生产生活方式建构生态文明，发展高效节能的生态绿色技术系统；以人与自然的生态和谐为价值目标，实现经济、社会、环境与资源的有机协调运作。因此，"科技理性"成为"生态理性"是可持续文明的内在要求，它在克服科技理性负面效应的基础上有助于实现人与自然、人与社会、人与人以及人与自身关系的和谐共生，这是在人类道德认知的科技理性层面的必要转向，如此，人类生命的"类"本真状态才能够得以呈现，从而"诗意地"生存、"诗意地"发展。

综上所述，科技理性的蓬勃发展使人类改造和利用自然的力量不断增强，推动着物质文明的发展。随着科技理性对自然的"祛魅"的强化，却带来了全球生态的恶化与人的异化。在物欲追求和消费享乐面前，人的生存意义逐渐单面化，人在自然面前不再具有神圣性的敬畏感，失去了对生存家园眷恋和依赖的道德情感，由此带来人与自然关系的断裂。美国未来学家奈斯比特在其《大趋势——改变我们生活的十个新方向》中提出了高技术时代寻求与高情感的平衡问题，提倡"在高技术时代寻找人性的意义"，科技理性发展下的高技术隐含着非人性化的发展趋向，从而造成生态理性和人性的价值与情感的缺失，正是由于科技理性对人性的遮蔽，所以才需要从"理论的态度"层面寻找"人性观"的确证。

第 四 章

人性观与生态困境

当今时代,人类正面临着严峻的生态困境,从"理论的态度"分析,既有"自然观"根源与"科技观"根源,同时还与人类对大自然的道德态度和实践行为密切相关。因此,需要向内追索,从人性观的深层探寻生态困境累积的价值论根源。近代以来,生态困境问题凸显的直接因素是人类对自然资源的疯狂掠夺和肆意占有,实践行动的展现以一定的价值理念和人性观念为指导,特别是伴随现代性而来的全球性生态危机的促逼,要求人类从道德形上的认知高度审视"人性观"的现状,寻求生态与自然的理念从而批判和超越人性价值困境。

自有人类历史以来,特别是伴随着人类思维意识的萌发,尤其是自我意识的觉醒,人类在人与自然关系的触动中逐渐意识到"自我"的存在,这种"自我"在最初的意义上是作为整体和整个的个体而存在的"我们"。随着历史的发展和人类实践内容的丰富,"我们"的概念逐渐包含了"我"的意义,在整个人类意识进程和实践活动的推进中,特别是自雅斯贝尔斯所声称的以轴心时代为标志的人类文明的起源开始,人们对人性观与价值观的探讨和各种方式的解答便一直持续、从未间断,但是对人性本真状态的解读并未获得最终的统一。苏格拉底的"要认识你自己"的哲学主张把哲学关注的焦点由自然科学的研究转向为对人类思维认识和道德意识的探讨;《圣经》中也有"人是什么,我们要注意他"的理论论述,神权宗教论者提出人是上帝众多创造物中的一种,一切自然物都具有神圣性,人与其他自然存在物都存在价值;

荀子在中国传统哲学中对人的存在特性进行过一定的阐发，认为所有的生物都有气，植物有生，动物有知，只有人有义；在亚里士多德那里，人成为"政治的动物"；在马克思主义视野中，人则是"一切社会关系的总和"，社会中的个体是各种关系网络的纽结，人们在具体复杂的社会与自然生态机制中相互依赖、共生互动，马克思侧重于从历史进程和社会关系中考察作为"类"的人的生命主体特征，自然生态主体的全面发展是应对生态困境的有效途径。自文艺复兴以来，人性的价值和尊严从封建神权的压抑下解放出来，人文主义者认为人是居于尊贵地位的万物之灵，其他存在物因人的存在才具有意义，普罗泰戈拉提出，"人是万物的尺度，是存在的事物存在的尺度，也是不存在的事物不存在的尺度"。此种人本观念推动着西方传统人类中心主义观念的萌发，技术时代的到来使"人是自然的主宰"的观念变为现实，人类开始运用自身的理性力量肆无忌惮地对自然生命系统施加主体性的暴虐，陷入技术霸权的悖论。

因此，辩证审慎地探寻人类的本质以及人性的确证方式，特别是系统分析梳理造成生态困境的人性观根源，是应对生态困境、构筑人类文明大厦的可能路径。人性确证的密码或许永远无法破译，但是人类认识自己的努力从未止息。人类意欲进行人性价值论的探求并建构符合生态文明发展的自然人性论的行动根基一直在持续，相信能够为生态难题的破解提供一定的价值理论方向，这同时也是人类超越其他存在者、超越有限、超越必然，走向自由和解放的主体明证。

第一节　对峙自然的人性发展轨迹

一定意义上说，生态困境也是人性价值观的困境。随着历史的演化和社会的发展，西方世界由自由资本主义逐渐向垄断资本主义迈进。科技理性社会创造了丰富的物质财富，人们在物质丰饶中挥霍无度，"人的问题"也随之凸显出来，现代社会先进的技术手段扩大了人们的交往范围、增强了交往频率并缩短了交往距离，但是人们却产生了前所未有的孤独感。在体制化的科技成果背后，人们遭受着"自由"的悖论，这种对"自由"的恐惧使人们迷失了自我生命的意义和人生的价值，精神失落的背后折射出"人性观"的偏差，从而成为引发生态困境的深层价值根源。舍勒在《人在宇宙中的地位》一书中在系统总结历史人性观的基础上详尽阐明了对人的三种看法，从哲学观念上来看，人是理性存在物，依托理性能力，人才得以认识世界、改造世界；从神学观念分析，人是上帝按照自己的形象创造出来并代替上帝统治自然；从科学观念考察，人是生物进化和演化史上的最高等级的物种，自身并没有摆脱动物性的本能束缚。综合来看，不同的历史时期和历史背景下伴随着不同的与自然相对峙的人性发展轨迹，从生态困境的道德认识论视角，即从"理论的态度"考察人性观，大致可涵盖在上帝神性"笼罩"下的"神性人性观"、追求"凡人幸福"的"自然人性观"以及理性启蒙"神话"中的"理性人性观"。

一　上帝神性的"笼罩"

"神性人性观"是对人的本质的异化，在上帝神性的"笼罩"下产生了统治自然的人性倾向。"神性人性观"起源于西方中世纪基督教神学对人性的阐述，《圣经》中讲述了上帝创世的传说，上帝创造了世间万物，并按自己的形象创造了人，赋予人的生命存在以灵性，造就了人的灵魂和本质，即人从上帝那里获得了神性。因此，神性的存在决定人性的存在，甚至"神性人性观"直接用神性替代了人性。人本身所拥有的躯体、灵魂、理性与智慧都是全知全能的上帝的意志体现，"认识你自己"的人性思考转化为对上帝神性的思考，自然世界成为上帝为人创造的物质现实，人类获得了统治自然的天赋权利，从而进一步奠定了人性优越论的神性基础。在强大神权的支配下，人性脱离了世俗生活的凝练，开始专注于灵魂的救赎和来世的幸福生活。人性的主体性和创造性被压抑和遮蔽，自然万物失去了应有的生命系统价值，人类开始运用上帝赋予的"理性"和与生俱来的"感性"能力统治自然，"人格神"开始取代"自然神"在自然世界中的至上地位，自然界沦为神学人性的"殖民地"。

中世纪"教父哲学"时期，奥古斯丁借助《圣经》的创世说详尽阐明了人类的"原罪"。人类的始祖亚当和夏娃背负了原罪被赶出伊甸园，象征着人性的堕落，物欲、权力欲和性欲束缚着人性的方向，从此以后人类世代要在世俗生活中受苦受难才有可能摆脱"原罪"，获得救赎、拯救自身的唯一可能途径便是皈依上帝、自我忏悔；"经院哲学"时期的托马斯·阿奎那从亚里士多德的"形式"与"质料"说中得到启示，认为人的肉体与灵魂的存在与之相契合，人类的肉体与本能欲求的存在是人类生命存在的前提，因而肯定了物质欲求存在的合理性，这是人的自然本性。然而，人的灵魂存在与上帝相感呼应获得神性，它使人类能够生活在形上超验世界和精神世界中，以理性控制情欲，使灵魂获得永生，从而进入神的境界、获得永恒的幸福；马丁·路德对人性也有所分析，"人在肉体里和灵魂里全都有一个搅乱了的、败坏了的和受到毒害的本性，人类没有一点东西是好的"。[①] 他认为在原罪的奴役下人性和人的灵魂已经堕落了，唯有接受上帝的感召才能够获得心灵的自由、人性的完善和永恒的幸福。

由此看来，在中世纪基督教神学视阈中，上帝是世间万物和人类存在的根源，并且是人性和灵魂神性的本原。虽然人的灵魂和肉体要服从于上帝的恩赐，但上帝按照自己的形象创造了人，"我们要照着我们的形象，按照我们的样式造人，使他们管理海里的鱼，空中的鸟，地上的牲畜，地上所爬的一切昆虫"。[②] 于是便赋予人类高于自然存在物的优越性和统治自然世界的权力，人类拥有灵魂并且与上帝的生命存在最为接近，因而能够获得救赎，获得上帝的恩宠和关怀，"正像宗教世界观使上帝成为了世界的主宰一样，它也使人类在上帝的特别关照下成为了地球的主人。宗教世界观并非只是神学中心论，它也是人类

[①] 周辅成：《西方伦理学名著选辑》（上卷），商务印书馆1964年版，第485页。
[②] 《圣经·创世纪》。

中心论"。① 因此，在中世纪神性人性论信念的"笼罩"下，自然世界成为上帝为人的存在而创造的物质载体，人类统治世界是在行使上帝赋予人类的神圣使命，由此增强了人类向自然进军的信心和勇气，为人类役使自然提供了神性的依据，并且，神性人性论把自然物质世界排除在上帝神性的关照之外，幻化为简单的物质存在，为后来机械论自然观和主客二分的思维模式的产生奠定了基础，在价值信仰层面为生态困境的萌发提供了可能性。但是，应当看到，"神性人性论"倡导人们皈依上帝必须在世俗生活中勤勉节约、施行禁欲主义，这是对人们幸福生活渴望的终极价值关怀，人类只有寄托于天国和来世，感受上帝的召唤，超越当下的物质享乐才能求得灵魂的宁静。在一定程度上，它抑制了人们掠夺自然的本能的释放和物欲的膨胀，有利于缓解生态困境。

由于"神性人性观"借助上帝的权威肯定了人高于自然万物的主体地位，进而肯定了人代替上帝成为自然立法者的主宰地位，因此带有"人类中心论"的理论倾向，当人类把自身看作世界最高目的时，便把自身的价值作为衡量万物价值的唯一尺度，无形中便忽视了自然的权威与尊严以及自然的系统价值。伴随着生态困境问题的日益凸显以及全球性环境保护运动的进行，传统的神性人性观开始反思自身的理论缺陷，并及时补充必要的"生态"因子，"生态神学人性观"取代旧有的"神性人性观"对人与自然的生态关系进行重新诠释。在"生态神学人性观"的视野中，上帝是自然界的真正统治者和主人，人从属于上帝，在上帝的权威管辖之下，代替上帝行使对自然的权力。因此，人类只是上帝委任的自然的管家，代替上帝尽职尽责地看护好自然财产，包括精心地管理、细心地呵护以及耐心地治理，这里的托管职责并非是压迫、役使以及肆无忌惮地征服。所以，神性人性论的"生态补充"赋予宇宙自然以必要的神性关怀，使人由自然的统治者还原为接受上帝管辖的自然的看护者，人与宇宙万物都在上帝的"神恩"下拥有必然的生存权力。由此在上帝神权的"笼罩"下，人被赋予了看护自然的责任与

---

① ［德］蓝德曼：《哲学人类学》，彭富春译，工人出版社1988年版，第101页。

义务，为生态自然的保护提供了"神性"的理论依据，但是，仔细分析不难发现，人类承担生态保护的责任是因为听从上帝的"召唤"和来世进入"天国"，并非是人性内在的深层觉悟，受限于"神学"视野的关照，人性内在的"生态"意蕴并未真正展现出来，这仍然是人的本质的"异化"状态。

因此，中世纪的"神性人性观"通过上帝的权威确立了人类相对于自然界的优越性，进而确立了人类对自然的权威，奠定了人性绞杀自然的理论基础。虽然后来的"生态神学人性观"纠正了人性统治权的观念并重新确证了人类对自然看护的责任，但在"神性"光环的笼罩下仍旧没有建立起人性与自然的内在联系，"神性人性观"消解了古希腊时期确立起来的人与自然的一体关系，把原本充满灵性的有机自然还原为上帝创造的机械的物质世界，"自然异化"了。在"神恩"的赐予下，人类成为代替上帝行使主宰权的优越性的动物，真正人的责任意识和人的自然本性被遮蔽了，"人性异化"了，从此人类背负上了上帝神性的精神负担，人性的神化在绞杀自然时也把自身拖入被绞杀的旋涡中，因此，在"神性人性观"模式下，生态困境也就不可避免了。

中世纪"神性人性观"的持续发展带来了人性道德的堕落，遭遇到宗教改革运动的剧烈冲击和人文主义者的激烈批判，文艺复兴与启蒙运动的到来宣告中世纪"神性人性观"的终结。于是，在反对封建神学、还原"人性"的人文主义潮流中产生了人性观发展的两条轨迹，一是追求"凡人幸福"的"自然人性观"，二是理性启蒙"神话"中的"理性人性观"。

二 凡人幸福的"关照"

"自然人性观"强调人的自然属性，在追求"凡人幸福"的生命历程中产生了掠夺自然的人性倾向。起始于14世纪意大利的文艺复兴运动为人文主义思潮的进行拉开了帷幕，从此，"人性观"的发展开始了世俗化的进程。文艺复兴运动以人权消解神权、以人性取代神性，用世俗生活代替禁欲生活，由中世纪时对人性的神权束缚转换为对人性的物性提倡，在倡导人性价值与尊严的基础上充分肯定世俗生命和生活的意义，提倡个性的解放、个人的自由和权利，实现了从神性世界到自然人性世界的转向。

早在古希腊时期，"自然人性观"便开始萌芽，古希腊思想家在对万物的始基和生命源泉的把握中提出，人与其他自然存在物一样是感性自然的存在物。经过漫长的中世纪，"自然人性观"开始复苏，文艺复兴时期的人文主义者把人性从神性的权威下解放出来，认为人并非是上帝创造的附属物，人产生于自然，是自然而然的生命存在。因此，人是自然的有机组成部分，人性是自然性的存在，人性应当是人的自然之性。由此，在文艺复兴的人文主义者那里，人的自然之性就是追求感官快乐和个人幸福，人类自然情欲的存在和趋乐避苦的本性是与生俱来的自然本性，按照自然本性生活、满足人的物质需求并尽情享受尘世快乐才是合乎人性的生活。彼得特拉明确提出，"我自己是凡人，我只要求凡人的幸福"。[①] 薄伽丘在《十日谈》中认为七情六欲是人的自然本性，人们只有打破禁欲主义的束缚，勇敢地追求并享受世俗的幸福和爱情才是合理和正确的。因此，文艺复兴时期的人文主义者在"人本自然"的指导理念下打破了中世纪神权禁欲主义的羁绊，肯定人生尘世的幸福生活与物质感官的快乐，把人生价值的实现与物欲的满足和趋乐避苦的私利获取联系起来，从而在哲学高度为自然人性论奠定了基础。启蒙运动继承了文艺复兴时期的"自然人性论"传统并把它加以深化，托马斯·霍布斯认为，自然性是人性存在的前提，人的本性中具有趋乐避苦和自私利己的天性，人生自由和幸福的实现得益于人的自然本性的释放，为维持自己的生命，人人都要在利欲场上趋利自保；孟德威尔同样承认人性自私论，"人类行为的动机不论是出自生命自保的冲动或是为了满足个人的荣誉感，归根结底，行为动机都发端于人的自私本性。人类的一切行为、一切美德，都起源于人的利己心，没有任何力量能够消

---

① 全增嘏：《西方哲学史》，上海人民出版社1993年版，第361页。

灭人类的这种自私本性"。① 因此，自私之人性成为人类物欲追求行动的价值源泉；斯宾诺莎认为，人性作为神性的组成部分仍旧具有趋利自保的自然本性；爱尔维修进一步强调人性趋乐避苦、利己自爱的肉体感受性，人性的情感欲望与行为都源于肉体感受的不同；霍尔巴赫指出，人的本性是"自爱"，肯定了在肉体感觉主义引导下谋求个人私利和追求幸福的重要性；卢梭在批判封建专制主义的基础上提出的"天赋人性说"也承认了人性"自利自爱"的自然本性，同样属于"自然人性观"的范畴。

综上所述，欧洲近代以来的人文主义思想家确立的"自然人性观"把人性从上帝权威的束缚下解放出来，消解了宗教原罪说和神性禁欲观念，把人性重新阐释为追求物欲享乐和感官快乐的本然之性，把利己自私、自爱自保作为人性的自然本性。从此，人类可以勇敢地追求"凡人的幸福"，释放自己的本能物欲，谋求自己在尘世的幸福、尽享世俗的快乐。因此，经过文艺复兴和启蒙运动时期的人文渗透，人性从神性压抑下解放出来，人的自然本性成为人的内在规定性，相比中世纪对人性的束缚，具有一定的积极意义。它对人性进行本真状态恢复的努力以及对世俗幸福追求的行动，打破了宗教神权的役使，并激发出人的创造潜能，推动了资本主义生产力的蓬勃发展和物质财富的积累。然而，一旦人性物欲束缚的牢笼被打开，在"自然人性观"的导引下去追求"凡人的幸福"，如果没有作为"类"的人的精神价值的正确指导，人性便会在追求世俗幸福的"旋涡"中向自然开战，在掠夺自然的"感官快乐"中迷失人性的方向，为人类奴役自然提供了合理化的理由和基本的行为动力。当人类以肆无忌惮地开发、挥霍自然资源为"人性"价值的支撑时，貌似确立了人性在自然中的主导地位，实则把人类降格为只会世俗享乐的"物性人"，作为人的生命存在的价值与尊严在"凸显"中便消退了。因此，西方社会的现代化在某种程度上是人性世俗

---

① 罗国杰、宋希仁：《西方伦理思想史》（下卷），中国人民大学出版社1988年版，第106页。

化的过程，由对神性人性的渴望转变为对人性世俗享乐的重视，由中世纪时对来世天国的信仰转变为对物质欲望的顶礼膜拜，人性在欲望的释放与张扬中蜕变。

三 理性启蒙的"神话"

"理性人性观"突出人的理性能力的至上性，在理性启蒙的"神话"中产生了控驭自然的人性倾向。文艺复兴与启蒙运动同时开启了两条人性发展路径，在"自然人性观"发展的同时承认人是具有理性能动性的存在物，尊崇理性历来是西方思想的古老传统，"自然人性观"和"理性人性观"共生互动、辩证契合，为反对中世纪宗教神权和禁欲主义提供了"理性"的基础，使启蒙的理性审判代替宗教的末日审判，从而拉启了自启蒙以来的近现代历史发展的帷幕。

古希腊哲学时期凸显了"理性人性观"思想的萌芽，认为人们应当过理性节制的生活，人本身作为一种理性的存在物的观念已经深入人们的思想意识深层。苏格拉底曾经明确提出"美德即知识"的命题，认为"人是一个对理性问题能给予理性回答的存在物"。[①] 人具备理性的能力也能够从理智的生活中得到有价值的生活，理性的生活就是能够运用理性控制情欲，使理性与情欲达到天然的平衡态，这同时也是在理性指导下达到的德性存在状态；柏拉图在此基础上进一步认为有德性的生活是幸福的生活，这种幸福侧重于人内在心性秩序的和谐有序，灵魂是人性中最初的东西，灵魂源于永恒不变的"理念"，灵魂中存在理性、欲望和意志三部分内容，其中理性居于主导地位，具有统帅意志和控制个体情欲的主宰功能，而幸福生活的获得需要理性、欲望和意志三者之间的协调一致，这同时也是理性生活的最高目的；亚里士多德同样认为"求知是人类的本性"，[②] 并且，"人的行为根据理性原理而具有理

---

① [德] 恩斯特·卡西尔：《人论》，甘阳译，上海译文出版社1985年版，第9页。
② [古希腊] 亚里士多德：《形而上学》，吴寿彭译，商务印书馆1981年版，第1页。

性的生活"。① 人的本性就在于理性,通过理性对自身行为的调节和对欲望的控制实现合乎德性的幸福生活,因此,幸福生活实质上就是合乎理性的现实生活和"至善"生活,他反对柏拉图的"理念论"和禁欲主义,肯定世俗幸福的重要价值。因此,"理性人性观"被古希腊哲人理解为,依靠理性的智慧获得道德真理的人性能力,通过理性的平衡力量克服意志和情欲的片面性,使物质享乐和感官欲望的满足在理性的合理限制下达到和谐一致、共生互动,过一种有德性的幸福生活,这是古希腊人"至善"的道德理想与价值目标。

近代以来,"理性人性观"的表现更加突出。笛卡尔的唯理论倡导一种明确的"心物二元论",认为物质与心灵分别从属于两种彼此不相关的实体,即精神实体和物质实体,二者共同构成了有机的世界体系,而人的思维能力和精神性确证了人的存在本性,"我思故我在";斯宾诺莎作为唯理主义的代表进一步把自利自保的自然本性和人类的理性原则贯穿起来,"理性既然不要求任何违反自然的事物,所以理性所真正要求的,在于每个人都真爱他自己,都要自己的利益"②;莱布尼茨的"单子等级说"确证了最高级别的单子是具有理性灵魂的单子,它能够认识世界的必然性和真理性,获得后天的经验与知识,并且人先天就是具有理性意识的存在主体;西欧理性主义思想的集大成者康德直接把人看作理性与精神的存在物,"人自身实在有个使他与万物有别,并且与他受外物影响那方面的自我有别的能力,这个能力就是理性。"③ 理性是人的天赋能力与本质属性,它能够有效抵制感性欲望的本能驱使,决定人之所以为人的道德价值,所以,人"可以作为天赋有理性能力的动物而自己把自己造成为一个有理性的动物"。④ 由此建构内在的生命秩序;黑格尔认为人是"自在自为地存在的精神",⑤ 并且"自为地存

---

① 周辅成:《西方伦理学名著选辑》(上卷),商务印书馆 1964 年版,第 287 页。
② [荷兰] 斯宾诺莎:《伦理学》,商务印书馆 1981 年版,第 169—170 页。
③ [德] 康德:《道德形而上学探本》,唐钺译,上海人民出版社 1986 年版,第 65 页。
④ [德] 康德:《实用人类学》,邓晓芒译,上海人民出版社 2002 年版,第 248 页。
⑤ [德] 黑格尔:《法哲学原理》,贺麟译,商务印书馆 1979 年版,第 45 页。

在的意志即抽象的意志就是人"。① 即他认为人作为自在自为的精神存在物是具有自我意识和理性思维能力的存在物，"人能超出他的自然存在，即由于作为一个有自我意识的存在，区别于外部的自然界"。② 由此可见，文艺复兴、启蒙运动以来的"理性人性论"不同于古希腊时期理性控制情欲达到平衡互动，获得"凡人的幸福"的人性内容，此时的唯理论者以理性解释一切，"宗教、自然观、社会、国家制度，一切都必须在理性的法庭面前受到了最无情的批判，或者为自己的存在辩护、或者直接放弃存在的权利"。③ 通过理性能力认识与掌握客体世界，通过对自然物质资源的无限占有实现"凡人的幸福"，理性沦落为物欲满足的工具，成为控驭自然的力量助动器。应当说，"理性人性论"具有一定积极的历史意义，作为当时新兴资产阶级开展革命斗争的理论武器，对复苏人性、反对封建专制起到了一定作用，但是，它进一步把"理性"夸大为独立存在的精神实体却是片面的。在"理性人性观"引导下，认为人类具有认识自然的理性能力，通过科学实验与推理、演绎、归纳的逻辑方法能够达到控驭自然的目的，成为自然的主人，培根的"知识就是力量"、康德的"人为自然立法"都是在理性力量的驱使下表达出的对人类理性能力的信心，特别是牛顿力学体系的建立与此后所发生的科技革命及其取得的巨大成就强化了人类征服自然的雄心。因此，"理性人性观"的片面发展高度提升了理性认识自然、揭示自然规律的能力以及对于自然和人生的意义，甚至最终走向了对理性力量的高度信仰和极度崇拜，当理性成为人类物欲释放的工具时，自然界便演变为可供人类无限攫取的物质资料库和能源基地，人类由此陷入了自己制造的生态困境中。

文艺复兴以来，伴随着科学观念的传播和人文主义思潮的发展，人们开启了社会世俗化的历史进程，拉开了"世界祛魅化"过程的帷幕。

---

① ［德］黑格尔：《法哲学原理》，贺麟译，商务印书馆1979年版，第46页。
② ［德］黑格尔：《小逻辑》，贺麟译，商务印书馆1980年版，第38页。
③ 《马克思恩格斯选集》（第3卷），人民出版社1995年版，第719页。

在历史的发展轨迹中衍生出"自然人性观"和"理性人性观"的发展脉络，推进了对宗教神学和蒙昧活动的批判，为解放人性、高扬理性，以及对平等、自由和解放的追求提供了人性的理论前提，应当说，启蒙精神培育起来的人性精神对于中世纪具有划时代的进步意义。然而，追求个性独立和解放的现代性意识在科学理性的激发下催生了"主客二分"的思维模式，从而引导现代人把摆脱"神性人性观"束缚的自我解放幻化为谋求"凡人的幸福"的"自然人性观"，以及追求个体主义独立和彰显个体理性能力的"理性人性观"，人类个性独立与自由变为单个人的个性物欲释放，人与自然的同一性被彻底解构。"理性人性观"本来是要以人的理性代替神的主宰，但是最终却又带来新的理性启蒙"神话"，现代人在高扬理性与主体性时，造成人的中心性与至上性，人类成为自然的主宰者，作为"类"的人的存在的本真意义丧失了，人沦为"理性"的附庸和奴隶。

综上所述，伴随着历史演化而发展出的"神性人性观""自然人性观"与"理性人性观"都从不同的视角阐述了对于人性的看法，在一定的历史视野下，都拥有不同程度的理论合理性，然而却都潜在着"生态困境"的价值困惑，形成了与自然相对峙的人性发展轨迹。"神性人性观"借助宗教上帝的神性关照把人类看作是自然万物的看护者、管理者乃至统治者，人性具有至上的优越性，具有统治自然的人性倾向；"自然人性观"把人类看作追求感官快乐和欲望满足的动物，引导人们追求"凡人的幸福"，具有掠夺自然的人性倾向；"理性人性观"高扬人类理性的能力，"理性"蜕化为物欲满足的工具，具有控驭自然的人性倾向。因此，理性地反思当今蔓延全球的生态困境现状，需要在系统梳理总结传统的与自然对峙的三种人性论的基础上，合理探讨现代性发展中的人性困境及其根源，以期从人性价值观的层面为应对生态困境提供深层的道德认知理念指导。

第二节 现代性中的人性危机与生态困境

在个人成长史上，通常把"我"的概念的出现和使用作为个人意识和自我意识形成的表征，那么，在有文字记载的人类历史上，则把对"人"与"人性"问题的考察和反思作为人类思维意识成熟的标志。

近代"人性"的发现是基于"人的存在是什么"的本体论追问和把人进行对象化的本体式探究，当把人作为纯粹的"在者"进行考察时便潜在着把人"物化"的可能性，造成"在的遗忘"，人性是关于人之所以成其为人的内在理由的追问，是"人之所以异于禽兽者"，是对人性"是其所能是"和"是其所当是"的可能性视阈的探求，在文化存在的意义上具有本原性的基础意义，无论是超验的"神性人性观"还是经验的"自然人性观"与"理性人性观"，其共同彰显着不同文化背景下的人性存在方式，在对人性现状的领悟和探求中激发着"人为自身立法"的生态理论勇气。在"现代性"高扬人的理性能力和主体能动性的历史背景下，现代人的存在意义逐渐被遗忘，并普遍性地感觉到丧失人文精神的焦虑，"生物自然人"忧虑于生命个体的死亡和命运，"理性经济人"忧虑于人"类"生命本真意义的消解和终极价值追求的丧失，未来生态文明时期人的生存状态应当超越"生物自然人"和"理性经济人"，在生态伦理精神的引导下寻归"道德生态人"的生态价值归宿，重建人与自然共生和谐的"生态"状态。

一 生态视野下"人"的存在之维

福柯曾经坦言，"人不过是一个近代的发明"，世界的发现和作为主体的人的发现是西方文艺复兴以来文化启蒙的标志性成果，并且，"人的发现"为"世界的发现"开辟了主体认知的广阔道路，在自然生态演变的历史视野中，人的存在维度历经了"生物自然人""理性经济人"的演化，并应当进入未来生态文明时期的"道德生态人"的发展进程。

  首先,"生物自然人"是根据人类适应生态环境的行为观察、研究、探索人的自然存在状态并在考察人的自然性状的基础上形成的生态自在人。受达尔文进化论的影响,人类个体与整体关系、身体与意识的冲突与协和都是历经自然选择和优胜劣汰的自然法则规约而产生的"自然"现象,通过对人的生物神经系统的探测和基因遗传密码的破译,使人的行为方式和语言模式得到"科学"的说明。因此,"生物自然人"作为一种自然存在物,是自然科学研究的对象,在自然法的管辖下被赋予一定的生存权利、文化权利和内在价值,作为个体存在的"生物自然人"既享有自然赋予的天赋权利,同时也承担不可推卸的社会义务。达尔文的进化论使人们第一次掌握了生物进化的自然选择机制,并从根本上对神创论的自我观念产生了巨大冲击,它认为人是生物长期进化的自然产物,肯定了人与其他生物和自然息息相关的必然联系,人类作为自然经过亿万年进化的最高产物,应当能够认识到生态自然系统的复杂性和精妙性,为人与自然的和谐共生奠定了基础。法国启蒙学者孟德斯鸠主张"人是环境的产物",环境地理因素和气候对一个民族的性格情感、精神风貌和风俗习惯具有决定性的作用,爱尔维修则把环境的范围扩展到地理环境和社会环境的总和,费尔巴哈是近代"生物自然人"观念的集大成者,他主张人既是自然的产物,又是自然的一部分,既是自然的创造者,又是自然的本质,人通过自然的力量不断完善着自身的本质,人的"类意识"的觉醒使人的本质成为自然的最高本质。

  然而,达尔文进化论的自然选择机制和优胜劣汰自然法则的背后同时潜藏着"弱肉强食"的自然定律。受马尔萨斯《人口原理》的启发,生存斗争是自然生命物种的普遍存在状态,自然选择决定着生存斗争的胜负,强者胜利、弱者毁灭,人类作为自然生命存在,与其他生物一样,要维系生命物种的延续就要无限制地繁殖自身、尽可能多地占有自然物质资源,并不惜向自然开战,以肆无忌惮地掠夺和奴役自然为快乐,凸显人类生命物种的优越性。然而,能够满足生物生存需要的自然资源是有限的,于是,人际、代际与种际之间必然产生争夺生存空间和自然资源的生存斗争,斗争愈演愈烈,终于酿就了当前严峻的生态困境。

其次,"理性经济人"是现代主流经济学中最基本、最主要的概念,是"经济人"和"理性人"的契合一体。"理性经济人"是"经济人",即会算计、有创造性、能获取最大利益的人,亚当·斯密认为经济人的活动是受利己心驱使的,"毫无疑问,每个人生来首先和主要关心自己",[1] 并且个人利益是经济人从事经济和社会活动的出发点。经济人的概念界定在主流经济学中是明晰的,主要是指市场经济中的主体和自身利益最大化的追求者;同时,"理性经济人"是"理性人","理性"的概念在哲学中主要指人所特有的自我意识的思维能力,它借助于一定的逻辑思维能力把握自身的内在世界,它与情感、想象、激情、经验和信仰相对立,同时又具有实践理性特征,在道德、宗教、审美的精神活动中体现自我、完善自我,因此又与感性经验的非理性活动关系密切。在所有可能选择的行为中,经济理性行为是指能够带来最大经济利益的行为,因此,在主流经济学中,理性人与经济人的概念合而为一,经济人的行为就是谋求个人经济利益最大化的理性行为,"理性经济人"就是在维护个人主体性的基础上按照理性的要求自主地追求自身经济利益最大化的人。

然而,"理性经济人"的概念在现代主流经济学中是个人本位基础上的经济利益最大化,并非是群体或集体意义上的经济利益最大化。也不是群体中的个人利益最大化,因为群体作为多方面利益关系的共同体,其经济与非经济利益的重要性远远高于群体中作为个体的经济与非经济利益,并且群体中个体利益的获得受限于群体利益的满足程度。因此,"理性经济人"的经济利益最大化并非是群体或群体中个体经济利益的最大化,而主要是指独立、自由、自主地追求自身经济利益最大化

---

[1] [英]亚当·斯密:《道德情操论》,谢宗林译,商务印书馆1997年版,第101—102页。

的人的利益获得，这显然是"个人本位"的利益最大化。在"个人本位"的视野中，个人利益的获得和个体价值的实现是至高无上的。在法律法规容许的范围内，个体经济利益优先于群体和集体的利益与价值，从个体利益出发才逐渐汇聚成为群体的利益，即使强调整体价值的重要性也是因为整体利益的存在以大部分个体利益的满足为前提，所以，"理性经济人"的假定必然推演出个人本位的社会价值观，在追求和满足个人私利的舞台上，个体经济利益的最大化的满足成为唯一的价值标准，自然价值和生态道德标准被边缘化，并逐渐淡出人们的视野，自然物质资料和生态资源成为满足经济利益最大化的物质供给仓库，在疯狂掠夺和无限攫取的背后暴露出人性的危机。

最后，"道德生态人"是指在生态道德理性和生态伦理精神的支撑下自觉追求和维护人与自然和谐发展的生态文明人。现代生态学的研究表明，自然中的生物存在与其天然的栖居地之间相融共通，同时生命自然物质之间通过竞争、共生、寄生的方式建构起精妙的营养链网结构，这样一种天然的生态平衡机制用充满生机的流动、循环的方式维系着自然系统的生命活力，所有的自然生物个体与群体在生态系统中各自占据不同的生态位，对生态平衡的维系发挥着不可替代的作用，自然生命物种的丰富性和多样性进一步维系着生态系统的稳定，推进着生态系统的进化。随着生态困境问题的彰显，在对生态事实进行理性反思的基础上，"道德生态人"的概念应当被提出并在生态实践中被贯彻。"道德生态人"应当是理性地认识人类与自然休戚与共的密切关系，自觉遵循生态平衡规律，并努力在生态实践中身体力行的道德人，是人类生态道德意识的高度觉醒，它不同于消极顺应自然、释放自然生物本性且不去努力改造自然的"生物自然人"，也不同于在个人本位引导下，追求个体经济利益最大化并一味改造与征服自然，从而引发生态困境的"理性经济人"，"道德生态人"是在生态道德意识的正确指导下，以作为文化存在意义的"类本质"为引导，在追求与自然和谐的基础上优化自身的生命存在，既在改造自然的生态活动中体现出人性的伟大，又在保护自然的活动中体会出人性的完整，在生态理性认知的基础上对自然保有强烈的道德责任感和深切的关爱之情。"作为'生态人',他具有充分的生态伦理学素养;他又是'理性的',他具备与其职业活动及生活方式相应的生态环境知识。这样,第一,他能对一切与环境有关的事物做出符合生态学的评价;第二,他会有充分的道德、智慧和知识制定符合生态学的策略。这种理性生态人,可以是个人,社团,企业,政府。"① "道德生态人"相对于"理性生态人"增添了生态道德理性的内涵,更加注重从生态和谐的道德认知角度把握人性的发展方向。

"人"的存在维度伴随着历史的发展进程呈现出不同的人性视阈,不同的人性把握方式造就了不同的人性发展趋向,并且,在人性的深层,能够体现出理性与价值的整合。

二 理性与价值整合的"人性"设计

分析"生物自然人""理性经济人"以及"道德生态人"的理论视野,会发现它们具有对人性的不同的把握方式,生物科学的方法和理性知识论的把握模式隐藏着把人"物化"的趋向,对基于文化存在意义上的人"类"属性的把握应当超越简单的生物模式,实现理性与价值的整合。

从生物学和生理学的视角考察人性,对人类的肉体情欲进行充分的肯定和重视,是文艺复兴时代探讨人性的基本趋向并相应地得到了哲学的辩护。法国唯物主义者试图把人性的基础还原为人体解剖学的事实,拉美特利的"人是机器"的命题进一步使人沦为知识论的对象,在生物科学的领域中,以达尔文的生物进化论对人性的诠释为标志,他认为世界范围内整个生物界内的生存斗争是不可避免的,在马尔萨斯人口论的启发下,把人类社会的事实和现象应用于整个动物界与植物界,并获得了充分的解释力,市民社会下人类的生存方式从某种程度来说与普通动植物的生存模式具有惊人的相似之处:一方面说明了人类是自然生物

---

① 徐嵩龄:《环境伦理学进展:评论与阐释》,社会科学文献出版社 1999 年版,第 419 页。

进化链条上的普通一员，人由动物演化而来，与生命自然具有休戚与共的内在联系；另一方面把人的生存方式与其他动植物的生存方式相等同，存在将人"物化"的可能性，达尔文在动物世界中重新印证了人类社会中的分工、合作、竞争以及"生存斗争"，并且市民社会下人的生存方式恰恰契合了动物世界中的生存状况，生物科学中描述的肉体存在的人更多的是作为一种物质需求的主体而存在，一切外在自然物质都纳入了人类的"为我关系"中，当生物人性的物欲被释放出来以后，在利己动机至上的生物人格导引下，自然事物丧失了自身的生态自足性和生态价值性，沦落为满足人性需要的工具和手段，于是造成了现代性所造就的市民社会中人性向物性沉沦的文化后果，自然世界"祛魅"了。

近代以来，"人的发现"在"人是什么"的追问下被揭示出来，然而，"人是什么"的追问只是把人作为对象性的规定，对人进行客观描述，遮蔽了作为"类"的人的本真存在方式，由此开启了现代性下人的自我反省，即从"我—你"关系到"我—他"关系的转变。人类作为"此在"，进一步发展成为普通的"在者"，遗忘了作为人的"存在"本身，在"它"的世界中，因果联系作为根本的科学秩序统率一切，由此造就了人的异化，从而使自然的"存在"沦为"在者"。人与自然成为客观的物质对象被把握，为使用生物科学方法和知识论对人性的诠释提供了理论合法性，人的"在者"化设定了人性发展的生物学方向，同时也注定了自然生命世界被"物化"的命运。然而"人性"的把握却应当有自己独特的文化把握方式和价值视野，应当是理性与价值的整合。

在人性的把握方式中，存在经验论立场的实证论传统和超验论立场的形而上学传统的对立，经验论立场把人"在者"化，遗忘了"存在"本身，用科学的方法描述人的生物学属性，最终弘扬的是人的自私性和利己性，体现出一定的理性视野，是一种自然主义、科学主义和理性主义的人性论预设；超验论立场超越了经验归纳的生物学描述，体现出价值的视野，是一种人格主义、人文主义和情感主义的人性论预设。这是中西方不同的文化背景下形成的人性论传统，不同的人性设计从不同方面体现了不同的人性精神，凸显出不同视野下的人性的本真属性，各自具有其内在的价值合理性。在中西方文化整合的时代背景下，新的文化形态应当进行中西人性设计的整合，实现人性发展的自由、自主与自足，既具有现实的平实性又具有理想的崇高性，既具有科学发展的理性内涵又具有人文主义的价值情怀，体现人性的生命价值归属意义。

西方的自然主义人性论强调了人的生命的内在需求，它的单方面强化带来西方民族的人道主义并导致个人主义，但是它是人性存在的基本需求，中国的人格主义人性论能够给予必要的补充，它弘扬了人性的价值与尊严，虽然强化了封建主义并带来德性主义的缺陷，但却突出了生命的本真价值；西方的科学主义人性论使人性的设计具有科学和真理的基础，但却囿于生物科学与知识论的水平，中国的人文主义人性论强调了人性的主体性价值和社会性、道德性的内涵，但却缺乏科学的理论根基；西方的理性主义人性论把理性作为人性的主导，中国的情感主义人性论以情感作为人性的主体，但是脱离了情感的理性会使人性缺乏活力、陷入自我算计的泥沼，脱离了理性的情感，会使人性的发展迷失方向。因此，应当实现中西方人性精神设计的辩证契合，尤其在理性主义人性论盛行的当前社会，在人性的发展陷入危机、引发严重的生态困境的情势下，更应当认真反思中西人性设计的差异，给理性与算计的人性发展趋向以必要的人文、价值与情感的补充，探寻人性危机的信念根源，建构科学合理的人性论的发展趋向。

三 现代性中的人性危机

从人类历史的进程考察，现代性的到来以"人的发现"为标志，人的自我意识和理性能动性的觉醒推动着社会在契约化、民主化、法制化方面取得重要进展，但是人类又在社会生活的世俗化中付出了惨重的代价，现代性的知识论框架把人性的"自我"分解为支离破碎的对象性存在，人性的"主体性"在现代性的确立中被颠覆在地。现代性应当实现"人性的自由和解放"并塑造"大写的人",然而在现代性世俗生活和物欲的激发下,人类一方面使自然界变为机械分割后的外在有用物和对象,在"为我关系"的操纵下,自然成为供人类随意役使、掠夺、操纵和控制的工具性和手段性存在,自然原本具有的神秘感、生命价值与尊严在人类面前荡然无存,自然"祛魅"了;另一方面,在生物科学和知识论的诠释视角下,人的"存在"意义被遗忘,人性沦落为知识论把握的经验事实,成为普通的"在者",物欲的泛滥造成人的精神世界的萎缩,带来了人性的自我迷失,人类或者成为类似于机器的存在物,或者在知识论的框架下成为生物学上的"高等动物",或者在经验论的视野中成为私利的追求者,或者在市场逻辑中因自我异化而遭遇"物化"和"客体化"的命运,因而,现代性的危机从根本上来说是人性的危机。

(一) 外部表现

首先,现代性下的物质主义和消费主义的盛行带来人的理想信念的失落和人格的残缺。现实生活中人的物欲的释放造成了弥漫整个生活世界的消费文化,消费主义泛滥引导人们通过时尚消费和奢侈消费彰显自身的生命价值和生活档次,现代性下的人们"把无度的消费、物质享乐和消遣当作人生最大的意义和幸福。它使人改变着千年来人类积累下来的高尚道德价值观念,把消费水平当做衡量人的尊卑、贵贱、荣辱的尺度"。① 现代性的物欲消费刺激充分调动了人性追求物质享乐的积极性,在现实生活世界和自然世界,人们更加看重效用、实际和利益,在物质性的消费场域里,人与人、人与自然、人与自身逐渐呈现出"平面"和"单向"的关系模式,并感性地认为,人与人之间通过物质交易就可以相互融通,人与自然通过物质资料的索取与供给就能够实现"价值"链条的对接,殊不知,人类的精神世界和价值理念世界在情与欲的支配下已经变得支离破碎,未来的理想预设和永恒的价值准则在人性的世界里已经被现实主义和务实主义所取代。优胜劣汰、适者生存的

---

① 石毓彬、杨远:《20世纪西方伦理学》,湖北人民出版社1986年版,第12页。

生物逻辑准则伴随着市场运行的逻辑原则催促现代人类不得不把效率和效益放在首位，在本能的驱使下，关于对生命存在的价值与意义的问题的追问在人们的思考中逐渐隐退，当一切都沦为对象性的"在者"时，人性也被吞没在"功能"中，成为客体化的存在，人性的物化进而造成对人的尊严的蔑视，人的理性信念的失落和人格的残缺造成"生态环境"的进一步恶化，人"类"生命存在的本真意义同时被瓦解了。

其次，现代性带来的"在"的遗忘导致人类生态道德责任的遮蔽和消解。在现代性技术主义的塑造下，人的存在方式被技术化，在海德格尔的理论视阈中，人与自然的关系逐渐对象化，原本对自然"在"的领悟逐渐退回到对"在者"的占有，现代性物质丰饶的背后是精神的极度"贫乏"，现代技术方式下对自然功利性的占有成为对艺术、审美和诗意的剥夺，这是海德格尔"在的遗忘"，同时也是"神不在场"的状态和诗意的丧失。自然的"此在"应当是具有生命价值底蕴的生态状态，而非受制于技术限制的对象化的机械状态，现代性的危机恰恰是"在者"统治了"在"，使"存在"沦为"在者"，尤其在人的生活世界逐渐商业化和世俗化的现代性下，一切都成为被"算计"和被"利用"的手段与工具存在，实利的追逐使自然事物成为被占有、被攫取和驾驭的对象，人的存在的"诗意"的丧失使现代人在精神上"无家可归"，成为漂浮的幽灵，并且，人的存在的"在者化"逐渐把人固定在机械的流水操作线上，使他们局限于自我利益的获得，不愿意也不可能关心产品带给生态世界的意义，"在者化"的人不可能对自己的行为后果进行准确的估计和预期，从而遮蔽并消解了人的生态伦理道德责任。这如同韦伯所提到的"科层制"，科层制中的组织成员只把圆满完成指定的任务作为天职，并不关注自身行为乃至整个科层组织的行为所带来的预期后果，人的"在者化"导致生态自然世界的"在者化"。与此同时，对人的生物科学知识论的把握方式为人的生态道德责任的遮蔽提供了学理上的辩护，从生物学上阐释人性必定抹杀人性存在的价值属性和行为意志选择的自由属性，使人类与其他动物在生物解剖结构上相等同，更不可能揭示作为人的生命价值意义深层上的"类本质"属性。

因而，对人性的生物学的阐释总是能够为人类逃避生态道德责任寻找到合适的理由，把生态道德责任归结为生物属性、天道神意、科技理性或者历史本身，因为当把"应当"的人性价值判断还原为"是"的人性生物学事实判断时，一切的"伦理责任"与"道德义务"也就彻底解构了。

因此，在现代性所塑造的历史中，"人性"伴随着人的诞生和自我意识的觉醒经历了一个从诞生到死亡的历程，拯救现代性中"人性"的危机需要我们重新找回失落的"存在"，唤醒被遗忘的"存在"并重返人性"在"的家园。由此就应当通过审视和反思的努力，重建人性深层的精神价值信仰，重寻生态文明时代的终极实在，使人性重返自然的生态家园。

（二）内部归因

现代性下"人性"的失落是人类精神家园的失落，同时也是形而上学把握方式的衰落，主客二分的对象性思维方式使一切"在者化"，认识论与经验论的思维理念对人性精神信仰层面的绝对本体造成了冲击和消解，人性失却了精神家园"终极实体"的皈依之所。因此，系统考察和梳理人类历史上的终极信仰理念，重建属于人性深层的终极实体信念，具有至关重要的意义。

原始洪荒时期是人与自然的"未区分"状态，生存能力低下的早期人类只能接受自然力量的支配和摆布，因此原始人类崇拜自然、敬畏自然，这种对自然与生俱来的膜拜心态催生了早期自然本体论意义上的自然宗教观，并通过"图腾崇拜"的方式表达对自然的崇拜，"图腾崇拜"是原始人类生态意识的最初的无意识萌发，也是原始人类自我意识向外投射的最原始形式。"图腾"（totem）一词源于美洲与印第安语"ototeman"，原初意义即"我的亲族"，原始人类把与自身生存关系密切的动植物或自然现象逐渐神圣化、人格化和偶像化，使之成为掌握外部世界和探索人自身命运的有效手段，从而以自然神教的形式表达了对自然生命共同体的敬畏并乞求"图腾"之神的眷顾，"图腾"成为原始人类精神价值信仰的"终极实体"。图腾崇拜实际是人类历史上第一次生态困境的客观反映，原始人类在尚未发现自身的主体力量之前，为克服人类力量的有限性、化解自然力量的无情和冷漠并解决人与自然的对立和冲突，从而以"图腾"的形式进行着一种自然神教的努力。"图腾崇拜"既表达出了早期先民对自然的敬畏与崇拜，同时逐渐孕育出了以自然为敌、征服自然的生存理念。

人性的价值关怀和终极关切在中世纪宗教神学中以歪曲的形式表现出来，神学伦理占统治地位的中世纪，是西欧历史上人性惨遭压抑的黑暗时代，基督教神权将"上帝"视为人性生成和人之存在的最终根源，人性在上帝的召唤下唯有奉行禁欲主义和听从上帝"神恩"的召唤才能够求得来世永恒的幸福。中世纪神权统治时期，"上帝"是人性深层最终的价值关切。文艺复兴和启蒙运动的到来，使人道主义代替神道主义成为人性价值的主导，特别是运用科技手段征服世界使人的主体地位凸显出来，人的自我崇拜和科技理性崇拜代替上帝崇拜成为时代的显著特点。宗教神学衰落以后，伴随着启蒙运动以来自然科学和人文科学的蓬勃兴起，整个人类世界的发展呈现蓬勃兴旺之势，人的自由和人性的解放向着合理的方向迈进，然而科学内部却出现冲突，自然科学这种对于自然世界和人类生存的事实性认知，以其确定性的理论特点和显著的实践效果，在认识世界和改造世界中发挥着重要的作用，而对于世界和人类生命存在的价值与意义进行探究的人文科学，其重要性逐渐被遮蔽、消解甚至淡出科学发展的舞台，自然科学和人文价值科学的对立、冲突和分裂带来了文化生态系统的失衡，自然科学以对世界必然性的体认消解了人文科学对于世界和人生终极价值的思考，在自然科学功利主义的文化理解中，文化生态系统的失衡带来了自然生态系统的失衡。这就是人性价值理念与终极实体的渐逝，以及所必然带来的"上帝之死""人之死"以及"自然之死"。

中世纪基督教文化中具有追求文化价值根基的文化基因，当运用理性的方式证明这种价值根基的合理性，即证明上帝神性的仁慈与智慧时便导致了近代科学的兴起。启蒙运动以来，自然科学的发展对未知领域的开拓，哲学变革对神学视野的扫荡和对蒙昧世界观的冲击，使"上帝"在本体论、认识论和价值论中失去了栖身之所，从而失去了在世俗世界中的精神引领作用，人类理性和智慧的力量取代了上帝的智慧，人类的创造力被激活，拥有了独立的责任和权利并获得了"新生"，所以，尼采宣布"上帝死了"。但是，"上帝死了"之后，人类并没有得救。在没有上帝的日子里，人类应当为自己的生活寻找新的价值目标与意义，实现人性的真正"自由和解放"，在现代性科学与民主的"启蒙神话"下，人们应当实现人与自然关系的解放和人与人关系的解放，然而，在科技理性的支配下，人类主体性的释放却使自身由自然的受虐者转换为施虐者，引发了严峻的生态困境。在民主制度的促发下，人从旧有的人身依附状态中摆脱出来却跌入新的"民主"羁绊，带来"集体道德无意识"难题，由此陷入人的解放悖论。启蒙之后的人类虽然从上帝神权的束缚下解放出来，然而对自然无节制的掠夺、支配、占有的野蛮行为却又把人类变为"全知全能的上帝"，在"知识就是力量"的指导理念下，人类妄图运用科技理性的力量拥有一切，实现彻底的"解放"，然而这样的"解放"并没有使人回归生命"类本质"存在的本真状态，而是在技术主义和物欲的宣泄中，把人性本身拖入深深的危机中。

在现代性技术主义的操作下，人本身被技术化，在技术面前，人自身的神圣性和尊严再次遭受到巨大的冲击，人格、价值与主体性卷入旋转不息的科技车轮中被"物化"，科技理性主义与个人主义的结合进一步诱导了人性本能欲望的膨胀和"丛林原则"的盛行，对人性知识论的把握方式使人变成逻辑划分、机械分割和技术操纵的对象，人的自我意识成为知识论的"在者"存在。现代性中塑造的人与"人性的发现"在"异化"中走向它们的反面，这是现代性的文化基因中所潜在的人的悖论。人文价值理念的失落与缺失使天上的繁星、心中的道德律与人生的价值和意义显得苍白而无力，这同时也是启蒙辩证法所带来的对人的遮蔽。因此，法国哲学家福柯说，"人已死亡"，因为真正的人和人性本身已经淹没在现代性造就的技术、符号和话语霸权系统中，并且，"人之死"的必然生态后果便是"自然之死"。

"自然之死"是美国当代环境哲学和环境伦理学家卡罗琳·麦茜特提出的,她以女性主义的特有视角考察了科学革命的历程,认为古代有机论自然观逐渐被科学革命和市场化兴起的机械还原主义自然观所取代,她通过性别的分析工具揭示了自然观的机械化和理性化将自然逐渐概念化,原本充满生机的有机自然成为机械死寂的物质载体。在"驾驭自然"观念的支配下,地球作为养育者的母亲的隐喻逐渐消失,伴随着在文化观念上人类对自然的蔑视和亵渎,以及实践行为上人类对自然的掠夺和占有,"自然也死了"。

(三)重寻生态文明时代的"终极实在":生命自然

终极实体的渐逝使人的生活世界和精神世界失去了精神支柱和价值支撑,从"上帝之死""人之死"到"自然之死",折射出人的价值信仰世界遭受冲击后的价值"空场",因此,重寻生态文明时代的"终极实在"具有理论重要性和现实紧迫性。

人与自然之间的关系是丰富多彩的,在功利与利益关系之外还存在更多的艺术、审美与价值关系,自然原本便是人类的母亲,应当分享我们的爱和尊敬,然而,自然的"对象化"却导致了生态困境,同时也反映出人性深层的精神世界的失衡与精神信仰体系的崩溃,日益严重的生态困境使人类开始反思自身,在人性深层重建自然的生态理念。海德格尔的"此在"恢复了人类存在的历史性和自然的生命系统本性,德里达的解构主义摧毁了"罗各斯中心主义",为人与自然和人与人关系的重建提供了哲学基础。现代性下,人的物化带来人的精神平衡的破坏,人性对自然精神依恋的丧失必然加剧人对自然的疯狂掠夺和破坏,从而进一步加深人与自然的隔膜,并导致严重的社会问题,这一切与人性的物欲膨胀和精神匮乏的关系密切,人是社会之子,但在本源上说,人更应当是自然之子。因此,未来生态文明时代应当寻归人对自然的眷顾与依恋之情,在人性深层重建生态理念的终极实体,那就是:生命自然。

生态伦理的文化深层的真义是对生命自然和人类的终极关切,它是融汇工具理性、伦理价值与审美维度的深层文化价值体系,内蕴着对自然生命系统存在的终极价值意义的思考和对人类终极自由和解放的文化关怀,现代性下人类的精神危机与人性危机的呈现与生态伦理的主旨背道而驰,绿色文明时代要求我们重新塑造符合时代发展要求的人性观,在"生态自然"的价值理念层面实现对人性的重新整合。

第三节 生态人格的重塑与"爱自然"的人性生成

在生命自然世界中,人类经济、政治与文化活动的展开和进行,以及人类对外部世界所采取的态度和行为方式,归根结底都取决于人类对内部自我人格的认识和把握以及人类对自己本质的认知和理解。"人性作为意义和价值基础,对人类世界的存在、人们的社会生活、人本身的创造发展有着广泛影响。人必须了解自己存在的真相,理解人性,才可能更好地生存于社会并改造人类社会。人类历史发展过程已说明,人们按照什么样的方式来适应环境和生存,选择什么样文化价值系统作为自己生活的导向,本质上是和他们如何认识自己以及认识的水准相一致的。"① 因此,人类对自身人性本质与文化价值系统的确认是生态困境之自然观、科技观的深层价值论的根源,对当今日益严峻的生态困境现实的追问有必要超越已有的浅层认知,深入人性观的深层,在生态困境面前应当深入挖掘人类"是其所是"的本质。生态困境的表层是生态平衡与自净能力在人为的干预下超过了自身的承受阈值从而引起的自然生境的残破和恶化,然而道德认知深层的原因却在于人性脱离了"是其所是"的人"类"的本质,遗忘了人类自身的本质规定性,当彻底远离了自然生态家园的根基时,人类便成为无家可归的幽灵,开始了对自然肆无忌惮的征服和掠夺,因此,人性危机是生态困境的深层根源。寻归人性"是其所是"的本性在分析和批判导致人性异化的社会根源的基础上,应当着重从道德认识论,即"理论的态度"的形上深层对

---

① 葛晨虹:《人性论》,中国青年出版社2001年版,第3页。

人性进行新的生态确认,把人从被欲望的奴役和束缚状态中解放出来,"只有当我们能重新做人时,我们才能安全地生活在地球上"。[①] 而人类唯有改变与自然对立的态度和征服自然的自我规定性,确认与自然生态和谐并守护自然的本性,才能够从根源上克服因人性欲望的释放而对自然生态环境造成的威胁,从而激发人类保护自然的生态实践行为。

一 生态人格的重塑

人类源于自然又超然于自然,既具有自然存在的规定性,又因其精神和价值属性而具有超越自然存在的社会规定性,在不同的历史发展阶段和不同的文明形态中产生着不同的人性规定,在由传统农业文化向现代工业文化和生态文化转型的过程中存在不同的人格模式,进行现代主体性人格和生态文化人格建设应当系统分析不同历史阶段的人格塑型,探寻"爱自然"的人性生成的理论路径。马克思在《政治经济学批判》中将人与自然、人与社会、人与自身的关系分为三大形态,[②] 这就是农耕文明时期的"依附型"人格、工业文明时期的物化"单向度"型人格以及生态文明时期基于生产力高度发达基础上全面发展的自由人格。具体的人性人格是人类通过自身的生存活动在与周围具体的自然环境和社会环境相互作用过程中产生的心理积淀、价值取向、性格结构和思维方式,并通过个体外显的行为模式和生活方式表现出来,人性人格的形成和塑造与特定的社会环境、生产条件和发展状态紧密相关,不同的社会形态更迭造就了不同的人格塑型。传统农耕文明时期受制于生产力发展水平的局限以及重农轻工的传统观念的影响逐渐形成了重内在心性修养不重外部创造、重道德教化不重工具理性的封闭保守的依附性人格,并且由于当时人类的生存在很大程度上主要依靠自然的恩赐,通过汇聚个体的生命力量组成群体部落才能够体现人"类"的本质属性、摆脱生态困境。传统农耕文明时期强调整体和谐有序与社会等级秩序,在对

---

① 卢风:《启蒙之后》,湖南大学出版社2003年版,第411页。
② 《马克思恩格斯全集》(第46卷),人民出版社1979年版,第104页。

自然敬畏与依顺的基础上，连同个体的主体性消融于整体的等级秩序中，遮蔽并压抑了生命主体的创造性与理性能动性；高扬理性的工业文明时期，伴随着科技的发展和人类认识水平的提高，很大程度上增强了人类改造自然、抵御野蛮与愚昧的能力。与此同时，人性精神的缺失进一步彰显着物化单向度的人性与人格，物化单向度人格在对物的依赖性的前提下，关注社会性人格要素的基础，忽略了人格的自然基础要素，从而在个人至上、物质至上的理念追求下，人性价值信仰迷失、精神颓废、道德堕落。在处理人与自然的关系过程中，充分挖掘自然外在价值和工具价值，倡导向自然进军，疯狂地掠夺和攫取自然，遗忘了人类生存的价值与意义，迷失了自我，从而导致了生态失衡、环境恶化、生物多样性锐减、能源枯竭等生态困境，而人性主体性的彰显应在超越单纯个人本位的基础上，在精神深层把握人与人、人与自然、人与自身之间的本质联系，发挥人性主体性的能动与协调作用，实现人与人、人与自然的协调发展，这就是生态人格的重塑；生态人格源于生态文明时期生态科学的高度发展，它是新时期道德人格发展的一种新的范型，它将生态伦理原则理念与生态道德素养内化为人的内在生态道德良知，从而彰显为人类对待自然的生态道德认知态度、生态道德情感、生态道德信念与生态道德行为。伴随着当今绿色环保运动的兴起以及环保教育活动的贯彻落实，人们的生态意识逐渐开始觉醒，生态伦理逐渐开始作为一门显学渗透于自然科学与人文社会科学领域，使生态人格的塑造成为可能，"生态意识和生态伦理学所反映的价值观将实现对人的重新塑造"。[①] 因此，生态人格的塑造既是历史发展的必然，同时也是对农业"依附型"人格和工业物化单向度型人格的继承与发展，它既克服了农业社会的文化人格对自然与社会的依附性，又肯定了现代文化人格的主体性，主张塑造个体人性的自觉性与自主性，既克服了现代文化人格的个人主义、物质主义与利己主义的人格倾向，又在继承传统农业文明人

[①] 徐嵩龄：《环境伦理学进展：评论与阐释》，社会科学文献出版社1999年版，第410页。

与自然、社会和谐的人格特征的基础上突出强调人—自然—社会和谐一体的生态理念,将人的主体性、理性与情感、意志、自由等因素看作健康互动、有机联系的复合系统整体,从人与自然关系和社会关系的总体理解人的社会本质与自然本性,为生态自由人格的重塑提供了理论依据。

生态道德人性理念对当今社会人的人格转型和重新塑造提出了新的时代要求,生态道德人性应当在拓展道德关怀范围的基础上把对道德权利的尊重与维护作为衡量人类行为善恶的重要依据,在完善自身生态道德责任意识和道德义务意识的基础上明确人生的价值和意义,自觉选择和确证人性"是其所是"的"类"的本质规定,实现道德主体从"小我"向"大我"的转向,在自然资源的分配与生存空间的共享方面实现人际和谐、种际和谐、代内和谐与代际和谐,以人地和谐为精神旨归,以生态资源的可持续性为价值目标,从而肩负起拯救人类自身的历史使命。生态道德人性的塑造总是要落实到社会个体身上,因而在处理人与自然关系和进行生产实践的过程中,社会个体应当遵循生态伦理的基本理念,学会以宽容和理解的心态与自然、社会和他人共荣,推动"爱自然"的人性生成。

二 "爱自然"的新人性观

古希腊哲人认为人自身的理性和情欲是一个"小宇宙",外部客观的自然世界是一个"大宇宙",人自身"宇宙"秩序的和谐源于外部自然"大宇宙"世界现象的和谐。所以,人性世界是一个活的充满灵性的有机整体,它遵循着自我生命秩序的自我运动和自我生成,与生命自然世界一样具有系统整体性和统一性,并且,深层生态学的"自我实现论"也认为,真正的自我是与自然融为一体的"大我",而非狭隘的"自我"或"本我"。"自我"或"本我"是以社会为指向的"小我",与生态自然融合一体的"生态自我"是真正的自我与"大我",它不仅包括人类生命整体与"我"的个体,而且包括动物、植物、山川、河流、大地乃至整个自然生命系统,在所有存在物中直观到"自我",并在"自我"身上影射出所有存在物。所以，自我实现的过程是不断拓展自我认同对象、扩展"大我"并缩小自我与其他自然存在物的疏离感的过程，是从"本我""自我"到"生态自我"的"大我"实现过程。当人性依靠自身的主体能动性通过不断扩大自我实现对其他自然存在物的包容与认同时，也就实现了人类道德关怀范围的扩展，将所有自然存在物的利益纳入自我意识的关照当中，建构起人类与自然之间的伦理关系，使人性与"自然生态"相融合，形成"爱自然"的人性观。于是，自然世界进入人的关怀视野，与人的本质融为一体，人类进入自然世界，在探寻自然生命家园的根基的旅途中，感受自然之"爱"，形成热爱自然的人性体系，使人类"是其所是"的本质展现与自然"是其所是"的本质内涵融为一体，因而是超越了简单的生物学意义的人性生成，是人性向自然本性的生命认同并使自我意识自然化。由此，人类在与自然相互作用的过程中，推动"爱自然"的人性生成，在生命"类本质"的展现过程中，人"成其为人"。

自然孕育了人类，是人类和其他生命物种的生存和发展的源泉，人类是自然之子，人类文明的每一点进步都浸润着大自然的甘露，人类理应对自然抱有永恒的感恩之心和感激之情，珍爱自然、善待自然、欣赏自然并融入自然，因为，"人不是存在者的主人，人是存在的看护者。"[①] 人类按照自身存在的使命"看护"作为人的身存根基的自然与大地，从而体现人生命存在的道德责任感与伦理使命感，并在人与自然的融合中寻归自身的"类本质"，因为作为"存在"的所谓自然与大地是人类最根本的栖息地和居所，当遗忘了"存在"本身，人类自身也便成为"无家可归"的幽灵。然而，由于人类的无知和狂妄，从而对自然生态系统进行了太多的不必要的干预，人类对自然过多的役使和索取违背了自然生态规律，带来了生态困境，因此人类理应对自然心存忏悔之意。由于自然生态规律的不可违背性以及自然古老而神圣的生态智慧，决定了人类生命的产生和进化历程只是生物演化史上短暂的一瞬，

---

① [德]海德格尔：《路标》，孙周兴译，商务印书馆2000年版，第403页。

人类只是自然生态系统中的一个"纽结",自然生态系统通过诸多客体在一定时间、空间中的相互联系和相互作用体现出本身具有的丰富性和多样性,从而维系自身的稳定运转。人类是"万物之灵",但并非"万物之主"。因此人类不应当一味地索取自然,在"爱自然"的人性感召下,人类应当学会给予和奉献,要怀抱恻隐、同情、悲悯与慈爱之心包容自然,在追求自身的价值与尊严时兼顾自然界其他生命的价值与尊严,因为"我们研究自然的要求,我们的品德将更加完善"。[①] 所以,人类道德范围的不断扩展与人类道德的完善和对自身"类本质"的占有是同一个过程。"爱自然"的人性关照还应当体悟"自然之美",通过精神的"觉悟"和价值的体悟去用双手创造山川之美、自然之美,由此自然也将馈赠人类,复现天籁之声和秀丽、宁静、幽远之境,陶冶人的情操,愉悦人的感受,进而净化人的心灵并提升人的修为,因此人类应当敬畏自然并保持谦卑之心。人类演化史上,自人类祖先打造出第一块石斧开始,人猿便拱手揖别,人类从此走上文明之路,历经原始文明、农业文明、工业文明的历史演化,人与自然的关系经历了一个从古朴和谐到激烈对抗的演化历程,当把自然作为人类征服和奴役的对象时,实际上遗忘了人性"是其所是"的本质规定性,生态文明时代的到来,要求人类从"理论的态度"的道德哲学视角,在人性价值观的层面突破旧有的人性模式,确立人与自然和谐一体的生态理念,形成关爱生命、热爱自然的新人性观,从而真正"诗意地栖居"于自然之中。

以上是从"理论的态度"层面对生态困境难题的辩证解读,无论对"自然观"根源的探析、"科技观"根源的解析还是"人性观"根源的辨析都紧紧植根于道德认识、意识与理性的视角,作为"类"而存在的人,其本身追求的精神自由生态和"类"意识的觉醒是道德认知的价值指向。黑格尔认为,法的基地是精神,精神的实体或精神的本质是"自由",因此,"自由"构成了精神的实体规定性和自我同一性,"我们说精神除有其他属性之外,也赋有自由,这话是任何人都欣然同

[①] 《马克思恩格斯全集》(第25卷),人民出版社1975年版,第926—927页。

意的。但是哲学的教训却说精神的一切属性都从自由而得成立，又说一切都是为着要取得自由手段，又说一切都是在追求自由和产生自由"。①黑格尔的"法哲学"理论认为，自由的本质是解放，精神自由的实现既包括从伦理关系、自然关系、政治关系等客观关系的外在控制下的解放，由此，道德哲学内在地包括经济学、政治学与法学；同时也包括情欲内在束缚下的解放，即道德解放，由此，道德哲学内在地包括伦理学、道德学与宗教学，这是完整的"精神自由"。所以，伦理与道德是一种精神的存在，"精神"概念涵括了理智、意志、道德乃至人的全部灵魂，而"精神一般说来就是思维"，因而人"类"精神自由的实现首先包括意识、观念、理智等思维的"自由"觉醒，"理论的态度"的觉悟便是精神自由在此层面的展现。黑格尔在其《哲学全书纲要》中指出，"精神自由"具有两条发展路径：一是理论维度的"理论精神"，包括意识、认知或思维；二是实践维度的"实践精神"，包括"达到定在的冲动"的意志与行为，"理论精神的创造是精神世界的观念性基础，实践精神的创造是精神世界的一种形式性材料和内容"。②"理论精神"与"实践精神"共同处于道德主观精神领域，"理论精神"作为认知或思维的精神结构，指向"知"，"实践精神"作为意志或实践的精神结构，指向"行"。康德在《实践理性批判》中确认了人的心灵具有的两种能力：认知能力与欲求能力，"于是在这种方式下，心灵两个能力，即认识能力和欲求能力的先天原则从现在起被查明了，它们应用的条件、范围和界限也就得到了规定，不过稳固的基础也因此为作为科学的、成体系的理论哲学和实践哲学奠立起来了"。③ 于是认知与欲求的概念规定构成了理论哲学和实践哲学的划分基础，黑格尔在《法哲学原理》中把这两种能力概括为"理论的态度"和"实践的态度"，思维和意志构成精神的两种不同态度，这与康德的"两种哲学"的划分正

---

① ［德］黑格尔：《历史哲学》，上海书店出版社1999年版，第17页。
② ［德］黑格尔：《哲学科学全书纲要》，上海人民出版社2002年版，第270页。
③ ［德］康德：《实践理性批判》，韩水法译，商务印书馆2003年版，第9—10页。

相对应。

思维、理念、认知与理想意义上的"精神自由"只局限于主观层面，是"精神自由"的潜在性和可能性，"精神自由"要落实于现实，必须赋予认知、思维和意识观念以行动的品质与能力，这就是作为"最广义的人类活动"的"意志"和"行为"。"思维"与"意志"并非精神的两种官能，而是对待同样对象的两种不同的态度，即"理论的态度"和"实践的态度"，"它们不是两种官能，意志不过是特殊的思维方式，即把自己的转变定在的那种思维，作为达到定在的冲动的那种思维"。① 因此，意志是思维的特殊表现形态，精神不仅包括意识、观念、理性层面的思维，同时还涵括了"作为达到定在的冲动的那种思维"即意志，意识认知和意志冲动构成了"精神"的一体两面，分别是作为意识认知形态的精神和意志冲动形态的精神，因此，"自由的精神历程"便包含了精神现象学研究的"自由的意识"的演化过程和法哲学研究的"自由的意志"的实现过程，意识和意志在道德形而上学体系中达到具体和现实的自由，构成了现实的伦理道德的精神，成为精神哲学发展的概念基础，其辩证综合与现实统一是民族伦理精神"自由"的历史发展，也是道德形而上学体系的历史哲学结构。所以，伦理精神的"自由"不应当停留于抽象和思辨，它应当在辩证发展中达到特殊与普遍、道德自由与伦理自由的现实的统一，自由必须外化自己并发展为一个世界才能证实其现实性，如同道德哲学的真义是由"知"走向"行"，达致"知行合一"，并且道德哲学最深刻的形而上学难题正在于此。伦理道德的基地是理性，但又不能停滞于理性；理性必须走向行动，但尚未达到行动。由意识向意志、由知向行过渡，最终达到"知行合一"，是道德哲学应当完成的任务，同时也是现代性的时代背景下，探讨生态困境理论根源，推进科学的"理论的态度"（"自然观""科技观""人性观"）落实于生态实践应当考虑的理论问题。

现代性的时代背景催生了理性主义的觉醒，应当说道德认知理性特

---

① ［德］黑格尔：《法哲学原理》，范扬、张企泰译，商务印书馆1996年版，第12页。

别是从"理论的态度"层面对现代性的困境问题进行深层的形上分析具有理论必要性和现实重要性,生态困境的"自然观"根源、"科技观"根源以及"人性观"根源的探究建基于道德认识、意识、思维和理智的理论基础,从黑格尔道德哲学理论体系分析来看,属于"精神现象学"的范畴。同时还应当清醒地看到,现代性对道德认知和道德理性主义太多的执着和过高的热忱背后却是对诉诸生命本性的道德直觉能力的漠视与消解,生态困境问题的克服与超越在许多层面有时候并不需要太高的道德认知和哲学理性能力,并且意识深层科学合理的道德认知要向现实的行为转化,即使精神自由"现实化",需要加以重视的是作为自然生命本性的道德直觉力,即道德哲学体系的道德意志力。应对生态困境的"理论的态度"是"实践的态度"的前提和铺垫,理论只有最终转化为行动才有切实的解释力,所以,需要实现"理论的态度"与"实践的态度"的整体合一。认知、意识层面的思维如何向"达到定在的冲动的思维"转化,即意识如何向意志、观念如何向行动转化,这需要对人类"需要和欲望"进行关注,即作为内在推动力量的"热情",它"和人的意志息息相通,决定了它全部的特性而和它不可分离。因此,这种内容就是意志之所以为意志"。[①] 在《法哲学原理》中,这种内在推动力即"冲动","冲动和倾向首先是意志的内容",[②] "冲动应该成为意志规定的合理体系。这样从意志概念上来把握冲动,就是法学的内容"。[③] 因此,通过上篇在"精神现象学"的层面对生态困境问题进行"理论的态度"的分析后,应当开始转入"法哲学"的层面,展开对"达到定在的冲动的思维"即"实践的态度"的探讨。

[①] [德] 黑格尔:《历史哲学》,上海书店出版社 1999 年版,第 24 页。
[②] [德] 黑格尔:《法哲学原理》,范扬、张企泰译,商务印书馆 1996 年版,第 28 页。
[③] 同上书,第 29 页。

下 篇

面对日益严峻的生态困境难题，人类以自身特有的文化价值理念和"精神自由"信念重新整合自然生态存在与人类文化存在、自然生态利益与人类整体利益的关系，以"类本质"的生命价值诉求把生态关怀重新融入人文价值关怀，在道德哲学的形上高度重新审视、反思并合理建构"自然观""科技观"与"人性观"的生态价值体系，从某种程度上来说，这不仅是人类对自身所生存的自然生态系统和社会现实状况的关注，而且是人类对自身未来生存、生活、生命存在和发展的真诚关切。实际上，作为"类本质"的生命存在与精神的"自由"之境，并不生成于脱离"现实"的抽象、孤立、自然的"个体"或"本体"的理念之中，而是存在、生成并体现于具体的社会化的生态实践活动中，体现在具体的处理人与自然关系的实践行动中。

由理性向行动、由意识向意志转化的中介和内在推动力，在黑格尔的"法哲学"中被表述为"冲动"，"冲动"概念在始源上并非是心理学与经济社会学的概念，而是道德形而上学的"法哲学"理念，意志作为冲动形态的思维，内在地包括了行为及其品质。因此，意志不仅是冲动的主体，而且是"冲动一般"，冲动构成了意志的内容和表现形式，作为冲动形态的精神，意志是人们对待事物的"实践冲动"的态度。在现代性高扬理性认知的当今时代，无论道德哲学体系还是现实的生活世界本身，都过度冷落、遮蔽甚至消解了道德与实践欲求的因素，当现代性中的人类运用高度"理性"的认知理念指导具体的生态实践行动时，却带来生态伦理精神的无所归依。须知，生态困境的现实难题的合理应对路径，除却在道德哲学的层面对"理论的态度"进行合理纠偏外，还应当充分重视无须加以反思的"道德直觉力"，这种诉诸自然生命本性的道德欲求和道德意志论，正是把理性的道德认知转化为生态实践行为的"合理中介"，从而成为克服生态实践难题的关键点，并且很多种情况下，这种生命自然的"欲求与冲动"具有道德认识和理性无可比拟的人性优势。由道德认识向欲求和意志的转化是由道德自我意识向伦理客观意志转化的必然，道德自我意识侧重于建构个体内在的生命秩序，通过客观的伦理意志的扬弃，才能够形成合理的社会生活秩序，建构生态世界的"和谐秩序"，因此必须由意识的现象学考察推进到意志的法哲学分析，即从"理论的态度"的分析过渡到"实践的态度"的考察，通过对生态自然世界中"伦理—道德悖论"的实践难题的探讨，推进生态伦理视阈中"个体"向"集体"的运动与"集体"向"实体"的提升，使参与具体生态实践行动的"伦理实体"成为"道德主体"，当生态自然世界中的"伦理的实体"能够作为"道德的主体"去践行生态伦理原则、履行生态道德义务时，便实现了道德哲学在生态自然世界的推进，从而扬弃"个体个人主义"与"实体个人主义"，破解生态自然世界最为严峻的"实践难题"，建构伦理实体在生态自然世界中"冲动力的合理体系"，在精神自由的层面设定伦理世界"预定的和谐"与道德世界"预定的和谐"的价值承诺，实现精神价值世界与生态自然世界"和谐"的辩证复归。

第五章

"伦理—道德悖论"

现代性下的生态困境问题的彰显是人与自然生态关系的断裂，从文化深层上分析，人与自然的关系受制于人与人之间的关系，人与人之间的关系反映在人对自然的文化价值观念和实践态度中。西方中世纪时期，人性在精神价值观念深层崇仰上帝神性，这是人类观念层面的绝对信仰，无须经过认知和理性的中介而被把握，人类与自然都是充满灵性的存在，上帝是宇宙的最高主宰，人类必须在遵循宇宙整体和谐秩序的基础上加工和治理自然，否则便是亵渎上帝。西方近现代社会的到来，上帝的理性化和人本化的趋势使人本理性取代上帝的权威而成为主宰，随着人类对自然和社会征服的主体性的提高，自然似乎被人彻底战胜，然而，却只是现代性思维方式下的人的"主观假象"。现代人虽然取代上帝成为宇宙的主宰并奴役万物，然而在"杀死"上帝的同时却正在把自己"杀死"，并使人类自身遭受到自然和社会的无情反抗。事实再一次证明，人类改造自然必须在自然的承受能力范围内进行，当超过了自然的承受阈值，自然便会反弹人类自身，对人类进行报复，甚至使人类遭受毁灭的威胁，现代性的膨胀和人类主体性的张扬使人类遗忘了自身的有限性，人类越是无限度、无反思性地掠夺自然，自然便越是惩罚和报复人类，这是现代性下人的"主体性悖论"。

人与自然关系中的"主体性悖论"通过现代性下的人与人之间的关系得以体现，现代性下，个体逐渐摆脱他人和群体的束缚，而享有更多的独立自主性，而"个人主义"价值准则的确立却使人对自身和他人或群体关系的认同产生危机,对"人是谁"的价值问题产生困惑。在宗教的理念链条发生断裂的现代社会,人与人之间充满竞争和功利性的"契约"关系和"理性"关系取代了上帝神性的崇高信仰,在一定程度上有利于现代社会对人的模式化管理和控制,但是,单纯的契约关系下,人与人"根本没有什么久远的责任或义务"。① 现代性下人与人之间的合作、依存及其社会秩序的建构仅仅是功利性的工具理性和市场逻辑的要求,人与人之间缺乏情感的信赖与本源的认同,作为占有性主体的自我仅仅把他人作为达到自身目的的工具和手段,并且人与人之间互为目的和手段,追求效率至上和利益最大化,个人之间这种"原子化"的不可通约状态使个人与他人、个人与集体、个人与社会之间缺乏理解、认同与沟通,情感冷漠和相互隔阂使物欲释放和急功近利成为可能,虽然工具理性主义在一定时期对社会经济发展起到了促进作用,但现代性社会下,工具理性对"价值理性"的消解却引发了一系列的伦理难题。黑格尔在"法哲学"理论中,揭示了考察伦理的两种方式,即实体性的观点和原子式的观点,"在考察伦理时永远只有两种观点可能:或者从实体出发,或者原子式地进行探讨,即以单个的人为基础而逐渐提高。后一种观点是没有精神的,因为它只能做到集合并列,但是精神不是单一的东西,而是单一物和普遍物的统一"。② 实体式的观点与原子式的观点都属于理智的直觉,然而,现代性文明发展的过程却在不断背离从实体出发的观点,去尊奉原子式探讨的方法论,认为"实体性"的方法论囿于传统性的论断,容易造成整体至上主义和伦理专制主义,从而以原子式探讨的方法论取代实体性研究。然而,当以个体主义取代集体主义、群体主义和整体主义时,却带来一种新型的伦理专制主义,即"实体个人主义",它突破了固有的单个人之间相互指向的专制主义形式与伦理实体对个体的专制形式,而上升为一种伦理实体对

---

① [美]弗朗西斯·福山:《大分裂:人类本性与社会秩序的重建》,刘榜离等译,中国社会科学出版社2002年版,第10页。

② [德]黑格尔:《法哲学原理》,范扬、张企泰译,商务印书馆1996年版,第173页。

另一种伦理实体或者一种文明形态对另一种文明形态的专制主义，此种"专制主义"潜隐着文化帝国主义、文明帝国主义与"价值霸权"的社会灾难，并且是更深层面上的全球性的生态困境的道德哲学根源，不可避免地引发最为严峻的生态实践难题，即生态伦理实践的"伦理—道德悖论"。

第一节　问题的提出

在具体的生态自然世界，如果说，乱砍滥伐、竭泽而渔式的生产生活方式造就了自然资源短缺、能源匮乏以及环境污染的难题，尚且可以通过生态伦理教育启迪人们的道德良知，通过道德认知理念的觉醒贯彻"可持续性"的生态实践准则，通过生产科技的运用发现再生能源与可替代性资源从而达到降低环境危害的负面效应的目的，但是，真正的"生态困境"乃至"生态危机"发生的直接根源却往往并不局限于简单的道德认知和"理论的态度"，而是道德意志层面的"实践的态度"，突破简单的个体实践的视角，生态自然世界中的"伦理实体"在实践中往往逃逸于道德审判的舞台，成为"不道德的个体"，造就最大的生态实践难题。

一　"伦理的实体与不道德的个体"

"伦理的实体"在具体的生态实践行动中何以成为"不道德的个体"？又如何产生生态实践悖论，带来生态困境？樊浩先生曾经在其《伦理的实体与不道德的个体》[①] 一文中分析了著名的"伦理—道德悖论"，该文借助俄罗斯伦理学家别尔嘉耶夫在《论人的使命》中所揭示的道德生活的悲剧性与善的悖论性，他认为在道德生活中存在"一个善和另外一个善的冲突，一种价值和另外一种价值的冲突"的悲剧性，以及在一个真正至善和充满正义的社会中，"道德应当成为多余"的悖

---

① 樊浩：《伦理的实体与不道德的个体》，《学术月刊》2005年第5期。

论性，因为"完善的社会制度自动地塑造着完善的人，在这个社会制度里不允许也不可能有任何非道德的行为"，所以，"善是悖论性的。道德生活是悲剧性的"。① 樊浩先生在此基础上更深入地揭示出，善与善、价值与价值之间的冲突和悖论并不局限于个体道德内部或社会伦理内部，而是更深层次地存在于伦理与道德之间，即社会伦理的善可能表现为一种道德上的恶，善的伦理实体成为恶的道德个体，即出现"伦理的实体与不道德的个体"的理论和实践难题。在当今时代，追问"生态困境"的道德哲学根源，不得不承认，这是一种更为深刻的和需要时刻加以警醒的"伦理—道德"的悖论与悲剧。

在生态伦理世界，合理应对生态困境难题应当充分重视并严肃对待伦理与道德世界潜在的"伦理—道德"的悖论与悲剧。因为此概念性的悖论和悲剧在现实生态世界的外化将导致严重的生态问题甚至文明灾难，蔓延全球的生态困境与危机是人类生命演化史上的灾难，超越道德哲学的意识认知，应当发现真正全球性"困境"的形成的直接根源往往并不是生态个体的行为，而恰恰是作为"整个的个体"的生态伦理实体的行为。当脱离了作为人的"类"的本真状态的引领，一旦作为伦理实体的"个体"充分释放自然本能的"冲动"，牟取自身经济、物质利益，便会在生态自然世界领域内发生互相争夺有限自然资源的"实体"之间的行为，出现社会之间乃至国家之间的"生态争夺战"、大规模的生态困境转嫁行为乃至战争杀戮，这就是把人类文明推向毁灭边缘的生态危机。当生态自然世界中的"伦理的实体"在"伦理"和"道德"的外衣的掩盖下，肆无忌惮地牟取自身的利益时，实际上已经作为"不道德的个体"在行动，一旦逃离了生态道德准则的约束并缺乏内在的道德反省机制，便造就了生态自然世界中已经发生和正在发生的"伦理善—道德善"的悖论与悲剧。在道德哲学的概念理论上来看，社会中的伦理实体奉行"单一物"与"普遍物"相统一的伦理的善，作为"普遍物"的伦理的善已经渗透内化于伦理实体内部，因此作为

---

① ［俄］别尔嘉耶夫：《论人的使命》，张百春译，学林出版社 2000 年版，第 205 页。

"整个的个体"的实体性存在,应当是道德的"个体",于是,善恶的道德责任评价便可以越过"伦理实体"的行为,作为"整个的个体"的伦理性的实体就可以堂而皇之地逃逸道德个体的角色与本应承担的道德责任与义务。这实际上潜藏着严峻的社会难题甚至"生态灾难",即作为"整个的个体"的伦理的实体逃离了道德评判和审判的舞台,挣脱了社会规则的束缚,一旦释放本能欲望,作为"单一物"与"普遍物"相统一的"善"的伦理实体也就成为"不道德的个体",善的伦理实体进行恶的道德行为,"伦理的善"成就了"道德的恶",这就是发生在生态自然世界中的"伦理—道德"的悖论与悲剧,即"伦理的实体与不道德的个体"的悖论与悲剧。生态伦理"实体"之间利益的对决,民族与民族、国家与国家之间的生态利益争夺战,将使自然生命系统遭受重创,使人类与自身生存基地的可持续发展成为泡影。由此,人类生命演化史上规模最大、持续时间最长、危害最严重的"生态困境"将在此种悖论的推动下演化为一场真正的"文明灾难"。

二 隐匿的"道德风险"

"伦理的实体与不道德的个体"的生态实践难题是现代社会容易忽略且又是需要加以警醒的道德哲学问题,因为在具体的生态自然世界,当作为"伦理实体"的家庭、市民社会、国家等自然组织形式作为"不道德的个体"去进行生态实践行动时,其产生的实践后果将不可预知,它将彻底打破生态自然世界的有序和谐,成为隐匿的"道德风险",不可避免地引发"生态困境"乃至"生态危机"。

黑格尔在"法哲学原理"中把家庭、市民社会与国家作为"伦理实体"的三种基本形态,这是对"精神现象学"中所做出的家庭与民族两大伦理实体的必要的补充与说明。如果说,伦理在本性上是现实性的普遍的东西,实体是有精神的"单一物与普遍物的统一",那么伦理实体就是普遍性的现实精神的客观化与运动环节。如果把家庭、市民社会与国家当作生态自然世界中"伦理实体"的基本形态,会发现其共同蕴含或隐藏着生态实践的"伦理—道德悖论"。

首先，家庭作为生态自然世界中自然的伦理实体，隐藏着沦为"不道德的个体"的伦理风险，潜藏着"伦理—道德悖论"。家庭是天然的伦理共体，具有自然的伦理精神，是神圣性和义务性的源泉，但同样存在伦理合理性与道德合理性的限度："家庭，作为无意识的、尚属内在的概念，与概念的有意识的现实相对立，作为民族的现实的元素，与民族本身相对立，作为直接的伦理的存在，与通过争取普遍目的的劳动以建立和保持其自身的那种伦理相对立——家庭的守护神与普遍精神相对立。"① 家庭作为以情感和爱为基础的直接性与自然性的伦理实体，其内部行为诉诸无须加以反思的感觉或直觉性，遵循非理性的情感逻辑去行动，反理性的绝对逻辑使理性的伦理体系从源头上遵循非理性的运作模式，非理性的"爱"的直觉性扬弃了家庭成员的个别性，维系着家庭的伦理同一性。但是，非理性的家庭伦理实体在生态自然世界中的行为，应当遵循生态理性的原则与准则，在"类意识"的理性指导下去认识世界、改造自然，无论是作为家庭成员的个体还是作为"整个的个体"的家庭伦理实体却共同遵循"爱"的非理性原则去行动，虽然在一定程度上造就了家庭的自然性与直接性，但是"理性—非理性"的矛盾潜隐着使家庭伦理实体成为生态自然世界中不道德的"整个的个体"的可能性。中国古代"父为子隐""子为父隐""亲亲互隐"的伦理教化印证了此种伦理—道德悖论，在"互隐"的理念引导下，可能会"忽略"生态伦理准则，从而违背生态自然规律去行动；家庭作为自然的伦理实体，诉诸爱的直接性和感觉的质朴性，依靠非历史选择性的血缘情感相缔结，遵循"神的规律"。然而，民族或社会伦理实体则是存在于作为社会成员的反思中建构的，在普遍精神的感召下，个体产生对民族不可分离的认同感和归属感，遵循"人的规律"。因此，作为家庭成员，难以产生健全的社会公民意识，两者之间存在过渡与转化的矛盾与悖论，在"家庭成员"与"社会公民"的身份认同的悖论中，

---

① ［德］黑格尔：《精神现象学》（下卷），贺麟、王玖兴译，商务印书馆1996年版，第8页。

常常以"利益"为优先考虑的范畴;并且,当家庭固守自身伦理实体个别性的时候,仍局限于"个体思维","这个(家庭)整体的行动所具有的有意识的目的,就其只关涉这个整体自身而言,它本身仍然是个别的东西"。① 从而难以产生对生态自然世界伦理准则的普遍遵循,以及对生态社会"普遍精神"的总体认同。

其次,市民社会作为生态伦理世界中重要的伦理实体,存在特殊目的与普遍形式的"伦理—道德悖论"。"具体的人作为特殊的人本身就是目的;作为各种需要的整体以及自然必然性与任性的混合体来说,他是市民社会的一个原则。""但是特殊的人在本质上是同另一些这种特殊性相关的,所以每一个特殊的人都是通过他人的中介,同时也无条件地通过普遍性的形式的中介,而肯定自己并得到满足。这一普遍性的形式是市民社会的另一个原则。"② 这就是市民社会运作的两个鲜明的原则,即特殊性的目的与普遍性的形式,市民社会中的个体在生态自然世界中借助他人与社会的普遍形式的手段和中介,以获取个体的特殊私利。因此,在伦理的形式普遍性的原则下谋求个体的道德目的,但当以个体的私利作为行为的目的与归宿时,便从源头上"污染"了道德,产生"伪善",从而具有最终演化为不道德的可能性,"伦理性的手段"与具有"不道德"倾向的"私利目的",是引发生态难题的直接原因,"伦理性的形式"为个体尤其是市民社会"伦理"实体掠夺自然资源、牟取经济利益的"生态恶行"披上了"伦理"的外衣,具有强大的"伪装性"和"隐藏性",市民社会伦理实体成为不道德的"整个的个体",这是市民社会难以摆脱的"伦理—道德悖论"和隐匿的"道德风险"。

最后,国家是生态世界中最具有现实性的伦理实体,其内部存在的"伦理—道德悖论"将会导致全球性生态困境的不可逆性,带来难以修

---

① [德]黑格尔:《精神现象学》(下卷),贺麟、王玖兴译,商务印书馆1996年版,第9页。

② [德]黑格尔:《法哲学原理》,范扬、张企泰译,商务印书馆1996年版,第197页。

复的文明灾难。从国家内部关系来看，国家制度、国家组织与国家利益具有无限的至上性和权威性，家庭、市民社会伦理实体及其内部成员应当为维护国家利益表现出最大的忠诚度并能够自我牺牲，这是集体主义精神的精髓。然而当国家的权威性演变为忽视、漠视甚至损害社会公民福祉的利益实体时，国家便成为飘忽的幽灵，其"实体"的本性便丧失殆尽，在生态视野考察中，国际关系的生态共同体，即国家与国家、民族与民族之间的交往平台也同时成为为谋取经济与政治利益而相互厮杀的战场。为此，国家公共意志的代表在"国家利益"的口号下可以行使不道德的行为，国家之间在"永恒利益"的信条下可以展开争夺自然资源、转嫁生态危机的战争。在国际关系共同体中，爱国主义的生态教育活动和民族主义的坚定信念一旦"道德缺场"，便会为国家伦理实体的"不道德"的行为推波助澜，"在一个更大的共同体中并不具有确定的功能，它本身就是一个至高无上的共同体；是一个完整世界的捍卫者，而不是一个有组织的道德世界中的一个因素。道德关系是以有组织的生活为先决条件的；但是，这样的生活只存在于国家的范围内，而不存在于国家与其他国家的共同体中"。① 国际关系间的无组织性不能为道德关系提供存在的丰厚土壤，伦理的国家实体往往成为不道德的国家"个体"，当"伦理性的"国家实体之间的行为蜕变为"不道德的"国家个体之间的冲突时，一场真正意义上的"生态困境""生态危机"甚至是"文明危机"也便一触即发，这同时也是作为"伦理实体"的国家在生态自然世界的行动所隐匿的"道德风险"。

因此，在道德哲学的伦理"冲动"层面，作为生态伦理实体的家庭、市民社会与国家在走向生态自然世界的实践行动过程中都现实地存在程度不同的"伦理—道德悖论"，隐匿着深层的"道德风险"，找寻"生态困境"的根源，应当对此问题进行充分的关注、认真的分析和严肃的对待。不仅应当关注道德生活内部以及"个体与实体相统一"的伦理生活内部，而且道德—伦理相关联的生活视阈中同样存在

---

① 鲍桑葵：《关于国家的哲学理论》，商务印书馆1995年版，第305—306页。

悖论难题，其潜隐着"伦理的实体"沦为"不道德的个体"的道德风险，不道德的"整个的个体"的生态行为必然酿造无法克服的"道德困境"与不可逆转的"生态危机"。因此应当进行认真反思，从生态自然世界中伦理实体的"实践的态度"入手，对生态伦理实体的行为重新进行道德的评判，使实体行为进入道德哲学反思与批判视野，从而赋予伦理实体以必要的道德责任意识与义务意识。由此看来，除却对个体道德进行反思之外，应当及时对集体与实体的道德行为进行理性的反思与批判，实现道德哲学必要的重大推进与转换。当生态伦理实体作为生态道德主体去行动时，才有可能克服"实体个人主义"的道德风险和生态世界的"伦理—道德悖论"，摆脱愈益深重而严峻的生态困境和文明危机，推进生态和谐世界的建构，这是道德哲学的努力方向。

第二节　必要的生态推进：个体—集体—实体

生态自然世界中潜隐着巨大的"道德风险"，这就是道德哲学视野中的"伦理的实体与不道德的个体"的悖论难题，涉及个体与实体的关系问题。在具体的生态自然世界中，"伦理的实体"如何在生态道德法则的践履下作为"道德的个体"去表现和行动，是思考"生态困境"根源的道德意志论的突破点。个体与个人主义在生态世界中的行动具有道德合理性限度，原子化的世界必然会带来个体道德生活的"悲剧"，必须向"普遍物"皈依，实现"单一物"与"普遍物"的统一，推动个体到集体的运动，由于集体内部的个体性差异，难以作为"整个的个体"去行动，从而产生集体行动的"困境"。因此必须实现集体向实体的提升，在克服生态道德生活领域的悲剧与悖论的基础上，超越"实体个人主义"的难题，完成道德哲学在生态自然世界中的必要推进。

一　个体道德生活的悲剧

在人类社会的原始蒙昧时期，在现实性的群体生活和人类意识中，起初并没有"个体"的概念和作为第一人称单数的"我"，人类的实践行为紧紧围绕血缘氏族群体和部落群体的利益展开。因此，在社会和人类意识蒙昧未分之时，只有实体意义上的"我们"，受制于人类改造自然的力量的局限和自然条件的恶劣，人类只有组成群体、部落，过群聚合一的生活才能够生存下去。随着人类思维意识的萌发，特别是"自我意识"的觉醒，人们能动地改造自然的力量逐渐增强并创造出生存之外更多的物质资料。此时，私有制和私有观念产生了，这是人类"自我"和"个体性"的第一次觉悟，也是人类进化史、人类智力发育史和人类文明发展史上标志性的"革命"事件。"个体"的概念在道德哲学视阈中一是被作为具有意志的社会经验个体，二是被作为与社会意识形态相关的伦理性的价值载体。黑格尔在其道德哲学体系中，阐明了个体"自由意识"与"自由意志"的辩证发展过程，二者分别在"伦理—道德"的辩证运动中完成。"精神现象学"认为人的自我意识发展首先要超越伦理的抽象实体性，经过"教化"的环节，在"道德"阶段使客观性的实体性精神内化，在个体内部实现个体意识与实体精神的现实的、具体的统一与"自由"；"法哲学原理"认为个体的自我意识与行为首先要超越"抽象法"阶段的抽象的自由，经过"道德"的主观自由阶段，达到"伦理"阶段家庭、市民社会、国家的诸伦理实体的"自在自为"的自由。因此，个体的"自由意识"与"自由意志"的辩证发展过程以及个体与实体的精神内在相关性始终是道德哲学关注的对象。

应当承认，"个体"意识与"个体"意志的产生是人类文明发展史上的进步，它推动了人类的主观能动性和创造性的觉醒，在意识自由理念的促动下，带来了社会物质财富的积累和生产力的发展。私有制的产生推动了"个体意识"的发展，但是又从经济、政治制度深层压制了"个体"的意识自由，西方中世纪神学时期对人性的压制与压抑便是历史的表征。资本主义所带来的现代性空前地释放并高度膨胀了"个体性",造就了没有精神的"原子式的世界",市场经济体制与严密的分工体系又把个体带入高速运转的机械旋涡,造成人性的"碎片化"与"单向度"的人。后来的马克思主义者的努力,其最终目的便是释放人性,恢复人的价值与尊严,把人从彻底"异化"的状态下解放出来,实现人的"全面的自由",但是个体人性的意识与意志的"精神自由"应当是个体与实体的统一状态,即"单一物"与"普遍物"的统一。因此,使个体重新回归实体并获得文化合理性成为道德哲学重要的理论内容。

"个体"自由意识与自由意志的"过度"发展带来了"个体主义"的价值取向,"最高价值体现在个体之中的,我称之为个体主义;相反,价值存在于整体社会的,我称之为整体主义"。① 由于"个体"具有"经验主体"和"价值载体"的双重属性,从作为"价值载体"的个体属性来看,"个体主义"便发展为"个人主义"。英国伦理学家史蒂文·卢克斯在《个人主义》中认为"个人主义"具有目的性、自主性、隐私性、自我发展的目标性以及抽象性,在道德哲学视野中,具有"伦理个人主义"的存在形式,认为生态自然世界中人们行为的道德目标指向个体经济私利的获得。于是,"伦理个人主义"便可能演化为"伦理利己主义",由于生态个体经济私利的多样性和多元性,"伦理个人主义"便发展为"伦理相对主义和伦理多元论",② 这种道德自主形式的片面发展将有可能颠覆个体与社会的伦理价值信念,带来生态社会道德生活领域中一种形式的"善"与另一种形式的"善"、一种形式的"价值"与另一种形式的"价值"的矛盾和冲突,带来对个体和自我的坚执与对他人的排斥,形成"自我中心主义",对社会整体社会道德秩序的建构带来一定的冲击,"不难看出,一个盛行个人主义的国家,就

---

① [法]路易·迪蒙:《论个体主义》,谷方译,上海人民出版社2003年版,第22页。
② [英]史蒂文·卢克斯:《个人主义》,阎克文译,江苏人民出版社2001年版,第141页。

不再能处于正常的社会状态,因为社会是精神和利益的统一,而个人主义则是一种无以复加的分裂"。① 个体思维理念的多样化和利益的多层次性,决定了个体与个体之间难以作为统一的整体进行共同的生态实践行动,形成统一的道德"凝聚力",这是个体在生态自然世界中所遭遇的道德生活的"悲剧",是生态困境难题的直接根源,同时也是道德哲学的研究应当正视的问题。

因此,生态自然世界中"个体"与"个人主义"理念的现实化存在道德合理性限度,要走出个体道德生活的"悲剧",扬弃个体的抽象性和个人主义的非合理性,就应当克服生态自然世界中个体利益的多样性和多元化的弊端,使个体转化并提升为具有统一组织形式的集体和社会,形成生态实践行动的"冲动合力"。

二 集体行动的困境

个体是生活在生态自然世界中具有"自我意识"的主体自我,然而,个体的存在形态在人类发展史中一开始便不是一个单独的概念,从原始状态的"群居生活"到今天的"人类社会",人总是生活在特定的"组织"形式中,接受组织生活理念的引导,因此,"个体性"只是一种抽象的概念性存在。马克思主义唯物辩证法明确指出,人类要生存和生活必须进行物质资料的生产活动,在物质生产过程中必然会发生人与人之间的相互交往,结成一定的生产关系,创造社会的经济基础并建构上层建筑。因而,"集体性"和"社会性"的存在才是人类具体的、现实性的存在方式,以伦理价值性的"义"建构的人类的"集体性"是人优越于动物的存在方式,是个体行动方向的指导力量。

"集体"是个体组织化的凝聚体,"集体"在现实生活世界中的存在形态是"组织",按照现代管理理论的代表人物巴纳德的观点,

---

① [英]史蒂文·卢克斯:《个人主义》,阎克文译,江苏人民出版社 2001 年版,第 6 页。

现实的集体组织形式的运作首先在客观层面要存在组织生活真实的"共同目的",组织内部真实统一的经济、政治和伦理驱动力是组织得以存续的依据,适时的政治经济体制改革是确保组织共同目的的真实性和有效性的关键举动,此外要求组织内部个体对"共同目的"的自觉认同,这是集体内部必要的伦理精神凝聚力,集体在扬弃个体性的过程中,提升个体目的成为组织目的,并使组织目的进一步成为个体目的,形成客观存在、主观认同、自在自为的伦理目的,推进共同的"伦理行动"。集体组织行动的运行还需要个人为组织贡献的"协作愿望",这种个人意识的伦理凝聚成为组织或集体形成的伦理精神条件,此外,需要通畅的"信息"沟通媒介,保证个体行为的合理化。"共同目的"与"协作愿望"分别在个体伦理意识和走向行为的伦理意志冲动层面扬弃了"个体性","信息"传递则是集体形成的客观基础。

在具体的生态自然世界,生态实践"个体"依一种必要的组织形式凝聚成为"集体",从而有了共同的实践目的、共同协作的愿望,能够作为统一的"整体"去践行生态伦理规约,克服了"个体"实践行动的无组织性和道德生活的"困境"。在道德哲学体系中,"集体"往往是由"个体"向"实体"提升的中介和过渡环节,"集体"作为"个体"的否定性环节,并不具有完全的合理性与真理性。"集体"因其内部的"伦理性"而具有价值同一性,但也将会因其内部"伦理性"的不完备和不充分而失去其存在的现实性与合理性,生活世界中现实的"集体"应当继续前进,并转化为精神意义世界中的"实体"。集体是"个体"的集合体,集体内部个体的"目的"与集体的"共同目的"往往存在内在冲突和矛盾,当个体目的充分彰显时便会掩盖集体共同利益目的。因此,"个体性"有可能演化为集体内在的否定力量,具有不同主体利益的众多道德个体内在于集体,同时又阻碍集体作为"整个的个体"去行动,形成共同的"实践冲动力",造成集体行动的"困境",由此潜隐着颠覆"集体"的风险,这就是在生态自然世界中,"集体"在应对生态困境的实践活动中因缺乏"主动性"而难以形成凝聚力的重要原因，从而便无法作为统一的"整体"去践行生态实践法则。因此，在道德哲学内部，"集体"实际上是原子式的"世界"和缺乏"精神"的概念存在，只是个体或"单一物"的集合。因此，必须以"单一物与普遍物统一"的伦理精神统一集体的行动，实现集体向实体的跃迁，才能够超越"集体行动"的困境。

三　潜隐的"实体个人主义"

（一）实体

"集体"缺乏"精神"，内部个体或"单一物"利益的多元性阻碍集体向真正的"普遍物"提升，难以作为"整个的个体"去行动，当集体继续前进，被赋予真实而完全的伦理性时就获得了健全而现实的"伦理精神"，集体提升为"实体"。

在黑格尔道德哲学概念体系中，"实体"是一种作为公共本质和普遍本质的"共体""同一体"与"统一体"，"作为实体，精神是坚定的正当的精神同一性"，当"理性已意识到它的自身即是它的世界、它的世界即是它的自身时，理性就成为了精神"，[①] 因此，作为个体自我意识与它的公共本质或共体的同一，精神就是实体，实体透过"精神"并借助"精神"形成"单一物与普遍物的统一"，因而又是"自在而又自为的精神本质"。"在考察伦理时永远只有两种观点可能：或者从实体出发，或者原子式地进行探讨，即以单个的人为基础而逐渐提高。后一种观点是没有精神的，因为它只能做到集合并列，但精神不是单一的东西，而是单一物和普遍物的统一。"[②] 所以，实体虽然有各种"个别化了的现实"形态，但实体不是"个体"，而是"单一物与普遍物的统一"的共体，实体也不是"集体"，"集体"要成为"实体"，必须要有"精神"作为灵魂和统摄。如此，实体就是被"精神地"把握和认

[①] ［德］黑格尔：《精神现象学》（下卷），贺麟、王玖兴译，商务印书馆1996年版，第2页。

[②] ［德］黑格尔：《法哲学原理》，范扬、张企泰译，商务印书馆1996年版，第173页。

同的"公共本质"和"共体";伦理实体是在伦理精神中体现的"单一物与普遍物的统一"的公共本质,"伦理的自我意识乃是实体意识"。①"实体,一面作为普遍的本质和目的,一面作为个别化了的现实,自己与自己对立起来了;其无限的中项,乃是自我意识,这个自我意识自在地本是它自己与实体的统一体,而现在则自为地成为其统一体。"② 因而,实体的构成要素是普遍的公共本质与共体、个别化了的现实即共体的个别现实形态以及作为联结的中项,即自我意识。由此,在实体中,个体自我与公共本质、单一物与普遍物实现了现实的合理的"统一"。

在集体的组织形式中,应当有一种共同的"命运感"感召内部个体成员为之奋斗,从而形成超然于个体心灵的集体组织内在的精神气质,才能够产生强大的集体实践的冲动力,集体组织中的命运相通的精神气质在实体中表现为一种作为"伦理意境"的"悲怆情素"。"悲怆情素"即"渗透个体整个存在的、决定着他的必然命运的一种感情因素",③"在诸个体那里,普遍(共体)表现为一种悲怆情素",④ 这是一种对公共本质的自我意识,也是渗透于个体中的实体意识。因此,在伦理的范围内,实体是个体的悲怆情素,悲怆情素是个体行为者的性格,它带有普遍的真理性并与伦理伴随始终,"在个体性那里实体是作为个体性的悲怆情素出现的,而个体性是作为实体的生命赋予者出现的,因而是凌驾于实体之上的;但是实体这一悲怆情素同时就是行为者的性格;伦理的个体性跟他的性格这个普遍性直接地自在地即是一个东西,它只存在于性格这个普遍性中,它在这个伦理势力因相反的势力的缘故而遭到毁灭时不能不随之同归于尽"。⑤ 所以,在生态伦理世界,

---

① [德]黑格尔:《精神现象学》(下卷),贺麟、王玖兴译,商务印书馆1996年版,第22页。
② 同上书,第5页。
③ 同上书,第27页。
④ 同上书,第30页。
⑤ 同上书,第27页。

人类生命个体应当在自然的层面归依自然生命实体，因为自然是人类的生命之源，人类是自然之子，在孕育生命的自然造化方面，自然实体是人类的生命家园，人类是自然的一部分，自然是人的无机身体，热爱自然便是爱惜人类生命存在本身，这是人类得以延续的精神宿命，同时也是人类在生态伦理实体内部的"悲怆情素"。人类生命源于自然，最终必然复归于自然生命实体，这是不可改变的"命运"，人类能够创造意义世界，在"类"的本真状态引领下能动地、积极地改造自然，但又必须服从自然生态规律，因此，人类应当敬畏作为实体的生命自然。

所以，在现实的生态世界，人类应当认真把握人与自然的生态关系并对自然生命价值系统进行重新评估，改变对自然的工具性态度，从生命深层爱护自然、尊重自然的内在价值，这本身是作为"类"的人的自我超越精神。传统"天人合一"与"宇宙和谐"的自然精神是人类对自然和自我认同的文化根基，同时也是人类"精神自由"的必要环节，然而近代社会以来的自然观却是以牺牲人性的完整性和主体性来谋求人与自然的一致节律，到了现代世俗社会，人与自然的和谐发生了根本逆转，自然成为没有生命和灵性的机械存在被人类随意驱使，自然资源成为纯粹的物质资料被人类肆意开采，人类赖以生存的自然生境的合理的生态秩序被打乱，出现史无前例的生态困境，这不仅是人类的生存灾难，也是整个人类文明的生态灾难。

（二）实体个人主义

长期以来，人们一直对个人与集体关系中的"个体个人主义"保持高度的警惕并进行道德哲学的反思，认为"生态困境"难题的发生离不开"个体"与"个体"利益的冲突与对撞，"个体个人主义"是原子化世界造就的"原子化"的个体样态。人类意识与自我意识的觉醒不仅使人类从自然界中分离出来，而且从原初的类的实体意识中诞生出来，意识与自我意识的高度膨胀催生了"个体性"，当个体与其所在的集体分离与对立起来以后，"个体个人主义"便呈现出来，个人主义对于历史的进化曾起到过积极的促进作用，但是作为潜在的否定因素，它却造成社会与集体的"内部分裂"。在以获取利润最大化为终极目的的现实性的功利社会中,"原子化"的个人之间是目的与手段的契约式的物质关系,并非是互为价值主体的主体间性的关系,"个体性"与"个人主义"的极度膨胀使生态个体无法自觉尊重统一的自然价值理念,并可能带来社会价值观念的分崩离析,形成多样性的"善"与"善"、"价值"与"价值"之间的矛盾和冲突的道德生活的悲剧,因而有可能造就局部的合理性与整体的合理性之间链条的断裂,他人、集体、社会与国家最终可能退化为实现个人目的、谋求个人私利的手段和工具性存在,不仅带来个体的自我认同危机,还将带来生态自然世界中人与人之间的关系冷漠,无法彰显个体之间的共性与共同利益。如果说,道德生活的"悲剧"能够通过道德哲学的努力,实现个体向集体的运动与集体向实体的提升,使生态世界中的个体能够在保障自身生存利益的前提下形成共同的价值信仰和伦理信念,归依自然生态"实体"的精神家园,在社会共同体的价值塑造下形成人的自觉的"类本质"与"类意识",由此扬弃个体的个别性并获得内在的实体性,成为伦理的存在,扬弃组织的外在性和抽象性,成为伦理精神的共体,从而解决道德生活中的价值冲突与对立难题,为"生态困境"的合理应对找到被共同认同的实体"公共本质",那么,突破个体道德或社会伦理内部的局限,会发现伦理与道德之间的悖论与悲剧,奉行"单一物"与"普遍物"相统一的"善"的"伦理的实体",往往容易逃逸于道德责任与义务的评判,演化为"不道德的个体"。因而,近代以来更加需要严肃对待和认真反思的个人主义形态,应当是"实体个人主义","实体个人主义"的现实实践运作,必会带来人类历史上最为严峻的生态实践"困境"。

"实体个人主义"自产生以来一直长期逃离于道德哲学反思与批判的视野之外,由于它具有实体内部的伦理性和伦理精神,因而是"伦理型"的个人主义,具有伦理"伪装性",是一种"隐匿的"个人主义,从而难以被发现,更难以被准确地把握。伦理精神将生态个体凝聚、同一为整个的伦理实体并具有伦理性,然而,实体并不具有先天的道德合法性,缺乏实体的道德自我意识也便容易丧失实体行为的道德合理性，从而失去自身的道德合法性，演变为不道德的"整个的个体"，并且，当逃离了道德的审判并缺乏有效的道德干预时，"实体个人主义"便成为潜隐着造成巨大生态灾难甚至文明灾难后果的"个人主义"存在形态，即内部"伦理的实体"成为外部"不道德的个体"。实体的存在具有演化为"个人主义"的理论可能性与实践可能性，"整体主义成分以极隐晦的、几乎偷偷摸摸的方式从属于个体主义成分"。① 民族内部的伦理性有可能蜕变为民族利己主义与民族个人主义，"民族是一种肉体性的统一，与其说是由理智维系起来的，倒不如说是由势力和情绪维系起来的。既然没有自我批评就没有合乎伦理的行动，没有超越自我的理性能力便没有自我批评，那么很自然，民族的态度几乎不可能合乎伦理"。② 没有合理的自我批评和反思意识，民族作为一种实体存在也就失去了道德合理性。"当代人类核心价值理念实际上既是个人中心主义（相对于国家而言），也是国家中心主义（相对于人类而言），也是人类中心主义（相对于宇宙而言）。个人主义把自己的实利看作是至高无上的，国家也把自己的实利看作是至高无上的，人类也把自己的实利看作是至高无上的。"③ 其中，国家个人主义是一种"国家利己主义"，"国家利益"与"国家安全"可能成为利己主义的国家损害别国利益换取自身利益的锐利武器，国家伦理实体蜕化为基本的利益单位、"安全"单位和暴力使用单位，人性弱肉强食、自私自利的生物欲望本能以"国家利益"的形式张扬到极点。所以，当"个人主义"穿越了"个体"落实于实体，或穿越了国家、民族伦理实体落实于人类甚至宇宙时，世界的"毁灭"也便为时不远，这将是一场不可预知的生态"灾难"。

当集体、社会的存在形态以"原子式"探讨的方式被理解为众多

---

① ［法］路易·迪蒙：《论个体主义：对现代意识形态的人类学观点》，桂裕芳译，上海人民出版社2003年版，第107页。
② ［美］莱茵霍尔德·尼布尔：《道德的人与不道德的社会》，桂裕芳译，贵州人民出版社1998年版，第68页。
③ 江畅：《论人类公认的价值理念》，《天津社会科学》2001年第1期。

"单一物"的累加式的集合体时,即抽离了"精神"的意蕴,便能够带来"个体个人主义"的泛滥,制造道德生活的"悲剧",当把作为"单一物"与"普遍物"相统一的伦理实体的存在形态,当作不可进行伦理追究和道德反思的伦理合理性而无条件认同和接受时,便使伦理实体逃逸了道德审判的舞台,极易产生"实体个人主义",带来严峻的生态灾难与文明灾难。合理而审慎地反思"生态困境"根源,进行人与自然关系的生态回归,不仅需要依赖于人类社会政治经济制度的变革和创造性,以及道德哲学认知层面的反思和觉醒,同时也需要道德哲学实践层面的生态觉悟,进行人与人之间关系的存在形态的重新整合。在探寻"生态困境"根源的努力过程中,如何在道德哲学的层面合理应对具有现实意义的"伦理—道德"的悲剧与悖论?这是将要探讨的理论问题。

第三节 可能的生态觉悟:"伦理的实体"成为"道德的主体"

合理应对现实生态自然世界的"伦理—道德"的悖论,避免"实体个人主义"的现实落实所引发的生态灾难,必须继续推进道德哲学体系的辩证发展。经过个体向集体的运动与集体向实体的提升之后,在具体的生态实践过程中,还应当推动"伦理的实体"向"道德的主体"的辩证发展,使"伦理的实体"形成统一的道德实践的"冲动力"并作为"整个的道德个体"去行动,成为能够承担生态道德责任与义务的"道德主体",才能够合理应对生态困境并化解生态道德难题,并且,唯有对逍遥于生态道德归责之外的"伦理的实体"进行及时的道德主体的生态复位,通过改造自然的实践的落实,使参与具体的生态实践行动的伦理实体成为道德的责任主体时,才是应对生态困境和文明灾难的有效途径,并且这是道德哲学在生态自然世界中"可能的生态觉悟"。

一 生态视阈中的"道德主体"

(一) 主体

何谓主体？主体与主体性的思想是文艺复兴以来，人们在反对中世纪神权对人性蔑视和泯灭的运动中明确提出来的。它对于人的解放和发展，对于打破神权教条的束缚，恢复人的尊严起到了重大的作用。在道德哲学的理论视野中，"主体"是相对于"客体"而言的，指具有能动性、创造性且居于主动和主导地位的存在者，并特指具有自我意识的自主、自由、理性的人类主体，因而带有"人类中心"的意识内涵，在生态现实世界中，主体既是生态实践行为者又是生态道德责任承担者。"主体性"从主体概念内涵中引申出来，主要是指人作为主体在对象性活动中本质力量的外化，主要包括自主性、能动性和创造性。黑格尔在其道德哲学的"精神现象学"体系中，把主体看作人类的意识由理性发展到精神的自在自为存在，此种主体在"自我意识"的反思中具有把理性外化为现实的行为能力，并履行道德义务、承担道德责任。因此，"主体"与"主体性"在道德哲学中的整合主要是指具有道德自我意识与自我反思能力、能够能动地进行道德实践活动并自觉承担道德责任与义务的自在自为的存在。

然而，主体与主体性的概念在以工具理性为特征的现代人的观念中却蜕变为狭隘的占有性意义上的主体概念。在生态自然世界中，人通过现实的实践活动使"自在自然"转化为"人化自然"，"原生态"的自然生境在人的文化创造下发生存在形态的改变，同时也推动着人类改造自然力量的增长，伴随着科技的发展和知识的积累，人类改造自然的主动性演变为征服自然的狂妄，人与自然原本和谐一体的关系被主—奴关系所替代，"自然"完全被启蒙时代的理性精神和自由意志"祛魅"，人类摇身变为自然界的合法操纵者和控制者，大气污染、土壤沙化、生物多样性减少等生态困境接踵而至，对人类自身的生存带来严峻挑战。具有"悲剧性"意味的是，人与自然关系的断裂和人类遭受的生存威胁并不源于自然的无情，而恰恰来源于启蒙时期以来现代人的过于外求的先验的主体性思维方式和实践方式。极端的非人类中心主义者由此把生态困境归咎于人类主体性的过度膨胀，主张返回于非人类中心的自然存在状态，然而并未逃脱从人类整体的长远的利益出发的理论逻辑。占有性意义上的主体性与市场同一性的逻辑相结合，高度膨胀了现代人的征服欲和占有欲，从根本上遮蔽了人的始源的自然性的生命存在，在消费主义和享乐主义的现代性主体意识中，人类沉迷于商品拜物教的狂欢中，逐渐丧失了自我批判与反思的能力，人类对自身、对生活已经不会也不再进行苏格拉底式的"扪心自问"。启蒙运动精神提倡人的价值与尊严、注重人的现世的幸福生活，反对宗教式地追寻彼岸的至善与幸福，对于打破封建神权的禁锢曾经显示了积极的意义，伴随着现代性所带来的"主体"与"主体性"的文化概念的断裂，给整个世界带来了严重的生态灾难，并有可能演化为深重的文明灾难。

因而，传统的以工具理性为特征的"主体"与"主体性"是狭隘的，人能够确立比单纯的物质利益享受更高层次的目的，"类"本真存在状态下的人还相应地具有审美、伦理、道德、宗教、情感等精神"自由"层面的创造性与超越性，并且，在精神"自由"信念的指导下，人类挣脱外在自然的束缚和压迫，自觉合理地控制不合理的内在情欲本身就是"自由"和"解放"的表现方式，单纯地把"主体"与"主体性"体现并外化为控制自然的异化状态的人与对自然疯狂攫取的主动方式，本身便是一种局限和歪曲，生态伦理世界中的"主体"应当融汇"道德"的价值理念，并能够深刻反思生态困境的时代难题。

（二）道德主体

黑格尔在其"精神现象学"体系中阐明了意识的自我运动过程，发展到"精神"阶段，经过了"伦理—教化—道德"的辩证运动。伦理即"真实的精神"，这是个体与自我意识抽象统一的实体意识；教化是"意识自身异化了的精神"，这是个体的自我意识被异化了的阶段；道德是"对自身具有确定性的精神"，精神进入道德阶段，出现了道德自我意识的觉醒，即道德意识"自己个体性的世界"，"绝对义务"与

"自然一般"的关系在道德世界中呈现出来,于是产生了"道德世界观","从这个规定开始,一个道德世界观就形成了,这个道德世界观是由道德的自在自为存在与自然的自在自为存在的关系构成的。这种关系以两种假定为基础,一方面假定自然与道德(道德的目的和活动)彼此是全不相干和各自独立的;另一方面又假定有这样的意识,它知道只有义务具有本质性而自然则全无独立性和本质性。道德世界观包含着两个环节的发展,而这两个环节则处于上述两种完全矛盾的假定的关系之中"。① 道德世界观在自我意识中的呈现,标志着"道德主体"的生成。

因此,阐明"道德主体"的理论内涵,关键是把握"道德世界观"。樊浩先生对此作了系统深刻的理论总结:"道德世界观即'道德世界'的自我意识",②"第一,道德世界观的基本内容和基本问题,是道德和自然的关系。第二,这种关系以两个假定为前提:其一,自我意识中道德与自然、道德世界与自然世界的分立与对峙,它是对道德与自然混沌未分的原初同一性的否定,在原始同一性阶段,意识任凭自然摆布,自然规律统驭道德规律;其二,道德世界观之成为'道德'自我意识,是因为它在道德与自然、义务与现实的对峙中,执着于义务的本质性,在意识中以道德规律驾驭自然规律,从而有别于以自然本性为基本概念的'生物'世界观或'自然'世界观,而成为'道德的'世界观,或'道德世界'的自我意识。第三,道德与自然的现实统一,必须透过道德行为扬弃两种假定之间的矛盾,从而道德规律不仅抽象地而且现实地成为自然规律"。③ 由此,"道德世界观"的理论演绎建立在两大和谐的"预设"中,在执着于"义务"的本质规定性的前提下,它一方面要实现道德与客观自然的和谐,另一方面要实现道德与感性意志的和谐,要使两大和谐连接起来,还必须诉诸作为"中项"的"现实

---

① [德]黑格尔:《精神现象学》(下卷),贺麟、王玖兴译,商务印书馆1996年版,第126页。
② 樊浩:《伦理的实体与不道德的个体》,《学术月刊》2006年第5期。
③ 樊浩:《论"伦理世界观"》,《道德与文明》2005年第4期。

行动的运动本身",① 推动世界本身的终极目的与自我意识本身的终极目的二者实现自在自为的辩证复归,同时也是"精神自由"的最终确证。

义务、和谐与作为中项的现实行动构成了"道德世界观"的基本要素,因此,"道德主体"首先坚持义务的本质性,追求道德与自然(客观/主观)的和谐,"在义务中个人毋宁说是获得了解放。一方面,他既摆脱了对赤裸裸的自然冲动的依附状态,在关于应做什么、可做什么这种道德反思中,又摆脱了他作为主观特殊性的所陷入的困境;另一方面,他摆脱了没有规定性的主观性,这种主观性没有达到定在,也没有达到行为的客观规定性,而仍停留在自己内部,并缺乏现实性。在义务中,个人得到解放而达到了实体性的自由"。② 因而只有坚持义务的本质性,才能够使人既能够从外在的、客观的个别性与偶然性解放出来,又使人从生物自然本能的情欲束缚状态下解放出来,实现真正的"自由"与"和谐",同时还要付诸现实的道德行动,在对道德义务的履行中,实现道德与自然的和谐与同一,使道德规律成为自然规律。由此,"道德主体"在履行道德义务的道德行动的本质规定中逐渐把自身塑造成为能够承担道德责任的"精神的自我"与"主体"。③

因此,"道德主体"是指在"道德世界观"的引导下能够自觉地进行道德实践行动,并自觉地遵守道德实践规约、勇于履行道德义务、敢于承担道德责任的生命生活的"主宰者","道德主体"的含义超越了"存在论"的意义,更多地具有"实践论"的意蕴,在具体的实践行动的践履中再现"道德主体"的内核。真正的"道德主体"不仅可以指个人主体(个体)、集体主体(群体)、社会主体(社会)、民族主体

---

① [德] 黑格尔:《精神现象学》(下卷),贺麟、王玖兴译,商务印书馆1996年版,第130页。
② [德] 黑格尔:《法哲学原理》,范扬、张企泰译,商务印书馆1996年版,第167—168页。
③ [德] 黑格尔:《精神现象学》(下卷),贺麟、王玖兴译,商务印书馆1996年版,第124页。

（民族）与国家主体（国家），同时也涵括了整个的人类生命主体（人类），并共同体现着作为人的"类本质"的生命存在样态。

（三）生态视阈中的"道德主体"

从现实的生态自然世界来看，"道德主体"的概念继续深入，融入"生态"的内涵而发展成为生态视阈中的"道德主体"。作为生态自然世界中的"道德主体"具有丰富的生态道德知识和素养，在具体的生态实践行动中执着于生态道德义务的本质性，明确生命自然对于人类而言的本源性和始基性，尊重自然的内在价值，通过生态实践行动的不懈努力实现伦理世界与道德世界"预定的和谐"，并能够自觉履行生态义务、承担生态道德责任。然而，面对当今生态领域中的"生态困境"，对生态自然世界中的"伦理—道德悖论"进行深入的反思，我们应当追问：究竟谁更应当承担生态道德责任？履行生态道德义务的"主体"应当是生态自然视阈中的个体、集体，还是实体？

传统道德哲学往往把道德主体局限于个体，认为参与生态实践的生命个体是唯一具有主观能动性、理性意识和创造性的生命存在，因而只有个体是道德主体，然而，熟知并不等于真知。"无疑，个体应当是道德的主体，然而问题在于，道德的主体不只是个体，而且还有实体，即具有或者已经获得伦理性的那些集体。"① 如果说，在纯粹理性的思维领域把道德主体的范围局限于个体，只是一种理论的缺憾，那么一旦落实于实践理性，由理论视野扩充到现实的生态自然世界，将会导致深刻的"伦理—道德悖论"，甚至生态文明的悲剧。如果说，生态自然世界中的集体与伦理实体不具有"道德主体"的性质，那么，实际上他们就可以逃逸或者推脱生态道德法庭的审判，无须承担生态道德责任、履行生态义务，当集体道德无意识或道德责任意识"集体缺场"时，将会带来"集体堕落"的生态实践难题，"伦理的实体"成为"不道德的个体"，这是探讨"生态困境"根源问题不得不正视的实践困境。

德国伦理学家库尔特·拜尔茨曾经明确指出，"关于人是道德主体

---

① 樊浩：《伦理的实体与不道德的个体》，《学术月刊》2006年第5期。

的说法，如果脱离这种主观能动性得以发挥的具体社会条件和历史条件，将会把人引入歧途。从事实上看，道德的主体从来不是哪一个个人，而是当时的道德集体；由此可见，道德的每一次改变，并不是出于某一个人的决心，而只能是一个对某种意见和利益进行激烈而又理智的争论与商讨的结果"。[①] 由此，他实际上主张，"道德主体"不应当是"个人"，而恰恰是"道德集体"，并且，唯有"道德集体"才能够充当"道德主体"，这是道德哲学上的"生态觉悟"，对于合理应对"生态困境"难题找到了一种道德哲学应对的突破口。

应当说，生态自然世界中的"道德主体"，不仅应当包括参与生态实践行动的"个体道德主体"，还应当包括进行生态践履的"实体道德主体"。"道德主体"得以形成的关键因素是"道德世界观"，即"道德世界"的自我意识，因为"伦理精神"是作为"真实的集体"的实体的根本属性，因而实体作为"整个的个体"的存在，具有内在共同的"道德世界"与"道德世界观"，所以，生态自然世界中的实体也应当能够成为"道德的主体"。道德义务"一般"本身具有内在的普遍性与道德性，因此又具有"神圣性"，然而，当道德义务停留在个体自身时，便带有主观性与个体性，潜在着巨大的"道德风险"，在个体的"自我确信"中具有不定性，个体内在的"道德义务"只有转换为集体、社会与实体的道德义务，实现"单一物"与"普遍物"的统一，才具有确定性，成为真实的"道德义务"，并且，唯有执着于真实的"道德义务"，才能够成为真正的"道德主体"。道德与义务虽然具有个体性，但是它的产生、改变、认同与接受的过程则是社会性的，是在具体的社会历史条件下经过社会群体长期的理智的商讨和实践的检验逐渐积淀下来的，因而，这种群体商谈、群体努力甚至群体压力的结果所凝聚而成的"道德义务"本身便是社会性、集体性的，所以，执着于生态道德义务的实践行为也应当是集体或实体所应当具有的，那么，由集

[①] [德] 库尔特·拜尔茨：《基因伦理学》，马怀琪译，华夏出版社2001年版，第203页。

体或实体的实践行动所带来的道德后果也便理所当然地具有实体性。综上，不仅生态世界中的实践个体应当是道德的主体，而且生态自然世界中的集体或作为"真实的集体"的实体同样是具有"道德世界观"的"道德主体"，并且是生态自然世界中最主要的"道德主体"，"生态困境"更主要的是集体或实体的行为使然，因而生态自然世界中的伦理实体应当成为实践后果的主要行为承担者，在具体的生态实践行动过程中，应当执着于生态道德义务的本质性，自觉承担生态道德责任，履行道德义务，合理应对"生态困境"，实现伦理世界与道德世界"预定的和谐"。

二 从"伦理的实体"到"道德的主体"

在具体的生态实践行动中，"伦理的实体"能够成为"道德的主体"，并且，在道德的践履中，"伦理的实体"应当成为也必须成为"道德的主体"，这是应对生态自然世界中"伦理—道德悖论"的关键所在。然而，生态实践行动中的许多集体或伦理实体却难以形成自觉自为的"道德世界"的自我意识，难以实际地承担生态道德责任，因此，"伦理的实体"要真正提升为"道德的主体"，还应当通过道德哲学的辩证转换。在具体的生态自然世界，"伦理的实体"是具有健全的内在的伦理性的"单一物"与"普遍物"的统一体，因此是具有"精神"和"伦理生命"的"真实的集体"，它相对于作为"单一物"的个体而存在，透过伦理精神的运作建构真正的"自我同一性"，但是作为"整个的个体"而存在的伦理实体，因缺乏自觉的"集体自我意识"，所以，不能够作为能动的"自我"去开展生态伦理实践的行动，"伦理的实体"只是自在的"道德的主体"，却缺乏走向实践行动并承担行为后果的自为的"责任意识"，因此还需要通过道德哲学的努力，使生态实践行动中的"伦理的实体"现实地成为自在自为的"道德的主体"。

黑格尔在其"精神现象学"体系中认为实体提升为主体要经过意识的辩证发展，当理性变成了精神时，实体才成为主体。然而，"道德世界观"是"伦理的实体"成为"道德的主体"的必要条件和自在因素，并不是充分条件和自为因素，"伦理的实体"要成为"道德的主体"，就不应当局限于个体性的"道德世界"的自我意识，而应当关注实体性的"伦理世界"的自我意识，"这个关注要求进行的道德哲学努力是：将'道德世界观'推进、发展为'伦理世界观'"。并且，"'伦理世界观'的生成，是将伦理实体提升为道德主体的必要的和最重要的条件"。①

个体性的"道德世界"的自我意识具有多样性、主观性与个别性，难以凝聚为统一的、客观性的伦理意志，以及通过现实的普遍性的伦理意志行为塑造"和谐"的社会伦理秩序。因此，理论应当继续向前推进，由以"意识"为对象的现象学向以"意志"为对象的法哲学过渡，关注具有特殊与普遍相统一的伦理意志的生态实体的"集体行动"，由个体性的道德自我意识上升为社会性的伦理实体意识，以统一的实体性的"伦理冲动"进行生态伦理实体的实践行为，因此就必须由个体性的"道德世界观"推进为社会性的"伦理世界观"。"伦理世界观"是"伦理世界"的道德世界观，实现"伦理的实体"到"道德的主体"的转换的完成应当由"道德世界"的自我意识发展为"伦理世界"的自我意识，实体具有"单一物与普遍物"统一的实体性的精神，然而却缺乏作为"整个的个体"的实体精神，不具有实体的"自我意识"。因而，伦理实体的"道德自我意识"的形成才是"道德的主体"产生的标志。"实体的'伦理世界观'必须具备三个要素或三种品质：第一，追求和实现实体的道德与实体的自然（包括实体所面对的客观自然和实体内在的主观自然尤其是实体的欲望和冲动）的和谐与统一；第二，在这个追求中坚持义务即实体的道德义务而不是实体内部个体对实体的道德义务的绝对性与本质性；第三，诉诸实体的道德行为实现道德与自然的和谐统一，履行实体的道德责任。"② 如此，在实体道德与自然的矛盾中，实体能够自觉地意识到自己的道德义务，并执着于义务的本

---

① 樊浩：《伦理的实体与不道德的个体》，《学术月刊》2006年第5期。

② 同上。

质，作为"整个的个体"采取"集体"道德行动、履行道德义务，现实而辩证地实现实体道德与自然之间的和谐与统一，从而转化为现实的"道德的主体"。这里的扬弃对立的行为是以实体形态出现的伦理行为，同时也是实体的"个体"道德行为，它作为一种"意志形态"存在于意识之中，依照"集体行动的逻辑"扬弃个体意志的主观性，确立实体意志。由此，个体性的道德自我意识转化为社会性的伦理实体意识，个体性的作为"冲动形态的意识"的行为转化为实体性的冲动行为，在"社会伦理意识—客观伦理意志"二维结构作用下，产生"集体的冲动"，因而伦理世界观是在"精神"的影响下形成的"社会伦理精神"，它肯定义务与现实、伦理与自然、伦理世界与自然世界之间的对峙，坚持伦理义务的本质规定性，这是一种在"伦理精神"的概念中被预设的信念地存在的"和谐"，必须诉诸社会性的伦理行为，现实地扬弃对立，实现伦理与自然、义务与现实之间的具体的、历史的统一。并且，伦理的最终完成"是不能实际达到的，而毋宁是只可予以设想的一种绝对任务，即是说，一种永远有待于完成的任务"。① 由上可知，在具体的生态实践行动中，成为"道德的主体"的"伦理的实体"所具有的"伦理世界"的道德自我意识是实体性、共体性的"道德世界观"，道德以实体道德目的和实体道德行动的存在形态超越了个体性的存在方式，实体对自身的道德本性和对自然的伦理义务具有了自觉的"集体意识"，在不断的反思中扬弃实体自身主观的自然冲动，在"类本质"的引领下，"自觉"承担生态道德责任，实现生命的自由之境，在"意识—意志"的二维结构中，表现出独特的伦理"精神"气质，既是个体与整体、特殊与普遍相统一的"实体性的伦理自我意识"，又是个体意志与整体意志相统一的"实体意志"，最终成为"实体性的伦理自我意识"与"实体意志"的辩证复合体。由此，在具体的生态实践行动中，"伦理的实体"能够成为"道德的主体"，从而化解生态自

---

① ［德］黑格尔：《精神现象学》（下卷），贺麟、王玖兴译，商务印书馆1996年版，第129页。

然世界中的"伦理—道德悖论",避免"伦理—道德悖论"所导致的善的毁灭与价值的颠覆。

如果说,在"概念"解释系统中建立起完整的理论推理逻辑并超越了道德哲学世界中的"伦理—道德悖论",还只是力图建构完整的道德哲学体系,那么,使概念"意义世界"回归"生活世界",落实于具体的处理人与自然、人与社会、人与自身的生态实践关系中,使现实生态自然世界中"伦理的实体"真正成为"道德的主体",并作为"道德的主体"去行动,人类才能够真正摆脱愈益深重而严峻的"生态困境"乃至"文明困境",为此,人类还应当具备"伦理—道德"一体的整体性生态觉悟。

三 "伦理—道德"的生态觉悟

在改造自然的生态实践行动中,作为"道德主体"的"伦理实体"应当具有一种"伦理—道德"一体的整体性生态觉悟,从而完整地统一实体内部的伦理性与外部的道德性,使"伦理的实体"作为"道德的主体"去行动,克服伦理实体实践行动中的"伦理—道德悖论"以及"实体个人主义"的实践落实所带来的生态灾难。生态实践活动中的"伦理实体"具有内部的伦理性和伦理精神,但是要作为统一的"道德主体"去行动还要具备自身的"道德精神",实现"伦理精神—道德精神"的辩证为一,作为伦理实体的"整个的个体",在伦理精神的内部规定性下要具备自身的伦理理性和道德"自我意识",需要在不断的道德自我批评和自我反思之后执着于"实体"的道德义务,并有意识自觉地承担行动后果,表现出道德义务意识与道德责任能力,因而,实体道德意识的"在场",是克服"伦理—道德悖论"的内部必要条件,也是超越"实体个人主义"难题的关键突破口。

因而,在具体的生态自然世界,辩证而审慎地反思"生态困境"的根源,应当严肃而认真地对待生态实践行动的"伦理—道德悖论",从道德哲学实践的冲动层面克服"伦理的实体与不道德的个体"的生态难题,进行伦理实体道德自我意识的培育。"不道德"的生态实践个体与伦理实体在人与自然的关系上以自然环境、资源和生命的不可持续发展为代价换取社会经济的高速增长，以他人和后代的环境利益为代价实现自身物质利益的获得。当人类生命整体成为不道德的"整个的个体"时，便实际上将人从生态自然系统中分离出来，在实践中以增进人的物质利益为目标，不惜损害作为生命存在之源的自然的价值，殊不知，人是自然之子，自然是人的生命的有机组成部分，竭泽而渔地扼杀自然的行动，最终也扼杀了人类自己。社会是系统化、网络化存在的整体，"自我"并不是存在主义视野下的虚幻的自我，也不是孤独的自我甚至是实证主义佯装的"无我"，因而，纯粹的"自我"与极端的"个人主义"在社会化、客观化、多元化的现实的生态自然世界必然会受到极大的冲击。人类应当走出现代工业文明以来对人的"同一模式"的塑造，又要走出"自我"认识的"歧途"，从人的"类"的存在的本真状态的视角，通过道德哲学的努力，实现个体—集体—实体的道德哲学的提升，同时还要克服"实体个人主义"的弊端，防止"伦理的实体"成为"不道德的个体"的逻辑悖论。如此，应当赋予生态实践行动中的"伦理实体"以一定的"道德自我意识"，从生态整体主义的角度看待人与自然的生态关联。须知，自然生命世界是"人—社会—自然"的复合生态系统，"个人主义"是机械世界观的思维模式与价值观念，生态整体主义才应当是生态世界自然观的合理的思维方式，人类"个体"（个人/实体）是人类共同体的组成部分，更是自然生命共体的组成部分，人类的利益与自然生命存在的利益具有内在一致性，人类唯有自觉地以增进生态整体的利益和价值作为人类行为的出发点，才能够从根本上获得自身的持续发展。自然、人类与社会是一个辩证发展的有机整体，人类的生命活动与地球生态系统的生命活动息息相关，自然界的持续发展是人类社会存在和发展的必要条件，同时，人类的实践活动也正以直接的或间接的方式影响着地球的生态系统，所以，人类社会的发展本身便是整个自然进化系统的一个组成部分。

由此，作为伦理实体的人类生命主体应当自觉唤醒作为"类"的本真存在状态的"道德自我意识"，在生态自然世界中不仅学会道德地驾驭自己内部个体、集体、组织与集团的行为,而且要学会道德地驾驭自身作为伦理实体的生态实践行为。由此才在生态实践行动的推进中,最终确立起伦理实体的"道德自我意识",完成了道德哲学视阈中"伦理—道德"的整体性生态觉悟的推进,真正有效地应对正在到来并已经到来的"生态困境"难题,建构走出生态困境的伦理"冲动力",走向生态和谐。

第 六 章

走出生态困境的伦理"冲动力"

在道德哲学体系中克服生态实践行动的"伦理—道德悖论",作为"道德的主体"的"伦理的实体"在参与具体的生态实践行动中,必须执着于实体道德义务的本质性,紧紧植根于"类本质"的内在规定,诉诸真实的伦理行为,追寻生命的"精神自由"之境,由意识向意志、由"知"向"行"过渡并最终实现知行合一,在精神价值的内在层面实现伦理世界与道德世界"预定的和谐",在生态自然世界中,使具体参与改造自然的实践主体的"道德规律"成为"自然规律",这是"伦理实体"的道德"至善"理想,由此便能够达到"从心所欲不逾矩"的道德境界,当然这是一个需要永远为之努力,并无限地去接近的生命过程。然而,理想的实践行动落实必须首先考察理论走向实践、化解生态困境的伦理"冲动力",在肯定"以情摄理"的伦理合理性的基础上,建构伦理实体"冲动力的合理体系",走向生态文明。

第一节 生态视阈中的"伦理冲动"

在现代性构建的理性主义的世界中,无论是道德哲学的理论体系结构还是现实的生态道德实践行动,共同对道德理性认知给予了过高的重视以及过度的执着,在现实的道德生活中或者应对"生态困境"难题的行动中,人们关注的是对伦理道德的认知过程和理性能力的培育与运用。当然,完善、科学、系统的道德理性认知对于生态自然世界中的实践生活具有重要的理论指导意义，比如在"精神自由"价值目标的引领下，执着于"类本质"的行动诉求，建构"自然观""科技观"以及"人性观"的道德认知体系，对于指导具体的生态实践行动具有理念引导的价值。但是，对道德理性认知能力的过度关注却带来了对伦理"冲动"能力的忽视甚至蔑视。须知，具体生态自然世界中的许多道德行动并不一定要经过认知理性的审思和明辨才去付诸行动，保护环境、亲近自然、爱护生灵等理念行动并非一定要经过哲学理性的认真权衡才去施行，绝大多数情况下，这些道德倾向已经作为一种"自然"和"生命直觉"，融入人的思想和血脉，伴随人的生命脉搏的节律一起跳动。现代性的市场经济的逻辑与理性主义诱惑使当今人类陷入理性、算计和狡计的"陷阱"，消解甚至逐渐丧失了生命深处本应具有的"道德直觉"力，实践"冲动"能力的匮乏使伦理道德长久滞留于理性认知和意识思维的知识论的层面，一方面造成道德哲学体系结构的不健全和片面发展，另一方面使生态道德生活缺乏内在的自我生长动力，缺乏走向生活并进行道德实践行动的活力。在生态自然视阈中，作为"道德主体"的"伦理实体"要真正成为具有实践品质和实践能力的行为"主体"，就应当透过道德哲学的"精神现象学"体系向"法哲学"迈进，通过本身内在的伦理精神由道德"理性认知"向伦理"冲动"辩证运动，从而在具体的生态实践运作中建构"冲动力的合理体系"。

一 "冲动"与"伦理冲动"

"道德哲学最深刻的形而上学难题在于：伦理道德的基地是理性，但又不能停滞于理性；理性必须走向行动，但尚未达到行动。"[①] 由此，经过上篇分别从自然观、科技观与人性观的道德哲学认知视角进行透视，系统阐明了"生态困境"的理性根源之后，理性必须走向行动，

---

① 樊浩：《道德形而上学体系的精神哲学基础》，中国社会科学出版社2006年版，第270页。

进入"法哲学"的道德意志论研究,这是完整的道德哲学体系的理论逻辑。康德在其《实践理性批判》中曾经明确指出,人的心灵具有认知能力与欲求能力,其分别不同的应用条件和范围与界限奠定了理论哲学和实践哲学体系的基础,由此,理性便有了哲学理论范围的纯粹理性和道德实践层面的实践理性的区分,然而,康德的"实践理性"最终是为了确证"纯粹理性"的全部实践能力。黑格尔在其道德哲学体系中提出"理性即实在","当理性之确信自身即是一切实在这一确定性已上升为真理性,亦即理性已意识到它的自身即是它的世界、它的世界即是它的自身时,理性就成了精神"。① 因而,理性概念性地存在自身外化为现实的能力与品质,理性的真理性被意识到并确定下来便成了"精神",精神的两种存在形态是"思维"与"意志","它们不是两种官能,意志不过是特殊的思维方式,即把自己的转变定在的那种思维,作为达到定在的冲动的那种思维"。② 因此,意志是思维的特殊表现形态,而"思维"与"意志"则是对待同样对象的两种不同态度,即"理论的态度"和"实践的态度",这恰好对应康德的认知能力和欲求能力,意志是"作为达到定在的冲动的那种思维",因而思维意识中便潜在地涵盖着理性行为与走向行为的"冲动"品质,意识的冲动表现形态便是"意志"。所以,"精神"的存在形态不仅包括意识认知层面的思维,同时还涵括了"作为达到定在的冲动的那种思维"即意志,并且意识认知的理性要走向行动,必须实现道德哲学的"现象学"体系向"法哲学"体系的辩证转化,"寻找由理性向行为过渡的中介,或理性形态的伦理,向现实形态或实践形态的伦理过渡的中介形态,这个中介就是:冲动或冲动形态的伦理"。③

在具体的生态实践行动中,作为"道德主体"的"伦理实体"

---

① [德]黑格尔:《精神现象学》(下卷),贺麟、王玖兴译,商务印书馆1996年版,第1页。
② [德]黑格尔:《法哲学原理》,范扬、张企泰译,商务印书馆1996年版,第12页。
③ 樊浩:《道德形而上学体系的精神哲学基础》,中国社会科学出版社2006年版,第271页。

既具有意识、思维和认知层面的"理论道德精神",同时又具有意志、冲动与行为层面的"实践道德精神"。然而,由"意识"走向"意志",由"知"的结构走向"行"的结构进而达到"知行合一",合理应对"生态困境"难题,创造生态世界的"和谐"之境却是生态自然世界中作为"道德主体"的"伦理实体"的道德理想目标,同时也是道德哲学体系应当完成的任务。传统的道德哲学体系关注伦理与道德的精神结构中的"冲动"形态,即基于人的"欲求能力"的精神的"实践的态度",而作为人的"认知能力"的精神的"理论的态度"只是"实践的态度"的基础。因此,现时代给予道德实践精神的"冲动"形态以必要的文化地位和学术地位,恢复伦理与道德的实践本性和价值本性应当成为现代道德哲学研究的努力方向,同时也是在道德哲学的层面探寻生态困境的实践论根源的关键点。所以,对道德实践"冲动"理论进行深入挖掘和系统研究是走出"生态困境"的基础理论工作。

"冲动"在传统理论话语中作为人性的构成部分,被认为是植根于心理的人性基础,然而,更确切地说,"冲动"概念应当是具有伦理性的文化本性和道德哲学意蕴的人性根基。在古典道德哲学体系中,"冲动"概念始终是被关注的对象,孝亲友朋、扶危济困的中国传统美德在历史的长期积淀下早已作为一种精神素养贯通渗透于人们的生命血脉,正如"孝亲友朋"的传统道德理念一样,"保护自然"不仅指一种道德认知的理性知识,而且还包括"保护"的身体力行的实践行动,而且,"知"必然走向"行",落实于"知行合一"的道德实践行为,而"知"走向"行"的动力有时候并不需要经过思维的理性反思,直接诉诸生命的本能去行动,即"自然",也是生命深层的体悟之下的"自然而然",这种自然生命本能冲动下的"直接性",是"知"走向"行"的原动力,在道德哲学中成为发自生命本性的伦理"冲动"与道德"冲动",因而,道德"冲动"与伦理"冲动"是道德哲学体系理论内容的重要组成部分。在生态自然世界中,作为"道德主体"的"伦理实体"在有了系统科学合理的精神价值理念关照之后,便开始在道德意识认知理念的指导下去进行生态实践行动，当"知"走向"行"，应当凝聚自身的"伦理冲动"并落实于生态实践行为，克服生态实践困境，达至"知行合一"的"至善"之境。

二 伦理冲动的"精神"：意志与情感

建基于伦理的文化本性与道德哲学基础上的伦理"冲动"，是生态自然世界中的"伦理实体"在"意志"层面的"行"的结构，它以欲望为对象，表现为生命本性深处的"自然而然"的冲动欲求，"知—情—意"的思维意志体系中的行为意志环节，是"行"的结构的客观人性机制，而作为环节之一的"情"则是"行"的结构中的主观人性机制。因此，使"类本质"与"精神自由"的生命境界成为生态行动中的"道德主体"的欲望对象并转化为实践"冲动"，需要通过"伦理冲动"的"精神"形态来实现，即两种人性机制，这就是"情"与"意"。

伦理意志与伦理情感是伦理冲动的精神形态，并且是两种不同的人性作用机制，这根源于中西方伦理精神的殊异和民族传统的道德哲学体系的差异。樊浩先生曾经分析认为，分别从中西道德哲学的文化源头上考察，中西传统德性体系的基德与母德的结构正相契合。理智、正义、节制、勇敢的"希腊四德"是经柏拉图到亚里士多德系统阐发的西方德性体系的基础，仁、义、礼、智的"中国四德"在中国是经孔子首倡到孟子完善深化的中国德性体系的基础。其中，"理智"与"智"、"正义"与"义"、"节制"与"礼"以及"勇敢"与"仁"等在德性精神层面的相通也正印证了中西传统伦理精神在深层的贯通，但是，却表现出相互殊异的民族伦理精神的文化性格与文化气质。

在传统希腊德性体系中，灵魂是德性的主体，"有一些我们称之为伦理的德性，另一些我们称之为理智的德性"。[①] 正义、节制、勇敢属

---

① ［古希腊］亚里士多德：《尼各马可伦理学》，苗力田译，中国社会科学出版社1999年版，第122页。

于伦理德性的"意志"范畴,以感受和行为的欲望为对象,"伦理的德性既然是一种选择性的品质,而选择是一种经过策划的欲望"。① 正义、节制、勇敢具有明显的意志秉性,经过理性认知和思辨性的考量之后最终要透过实践冲动落实于意志行为。因而,伦理德性内在地涵括了理智德性;理智是一种思维意识的理性德性,它与感受欲望同样具有内在一致性,"如果选择是一种真诚的选择,那么理性与欲望都应该是正确对待的。它既是一种肯定、也是一种追求"。② 因而,理智的德性既包括对道德认知的意识确认,也包括在"真诚的选择"之下进行真假与善恶的判断,它内在于伦理德性,具有转化为道德实践行动的内在"冲动力"。因此,"希腊四德"的理智德性和伦理德性是理性和意志的统一体,其中,思维认知与意识思辨的理智德性是"肯定"阶段的理性结构,具有意志行为倾向的伦理德性是"追求"阶段的"冲动结构","肯定"与"追求"、"理性"与"冲动"是西方德性体系的完整结构。"于是,'希腊四德'或'西方四德'的人性结构便是:理智+意志。理智是本体,意志是主体,四者之中,3/4 是意志。意志,就是伦理德性与伦理冲动的人性机制。"③ "中国四德"中的仁、义、礼、智是中国传统德性体制的人性基础,"恻隐之心,仁之端也;羞恶之心,义之端也;辞让之心,礼之端也;是非之心,智之端也。人之有是四端也,犹其有四体也"。④ 作为"恻隐之心"的"仁"是德性的本源和本体,是一种怜悯同情的爱人之心,作为"羞恶之心"的"义"是一种内心的反思和对人的精神本质与伦理实体的认同与回归之心,作为"辞让之心"的"礼"是对伦理信念的固持和对过欲的节制与文饰之心。此三者作为实践道德精神,基于传统道德哲学的"情感"体认,对应于西

---

① [古希腊]亚里士多德:《尼各马可伦理学》,苗力田译,中国社会科学出版社 1999 年版,第 123 页。

② 同上。

③ 樊浩:《道德形而上学体系的精神哲学基础》,中国社会科学出版社 2006 年版,第 276 页。

④ 《孟子·公孙丑上》。

方德性体系的"伦理德性",是走向生态伦理实践的必要的"冲动"体系,而作为"是非之心"的"智"则是知仁行义的德性认知与向实践落实的能力,是一种"性之理"与"情之理"的理性道德精神,对应于西方德性体系的"理智德性",是针对于"生态困境"问题的"自然观""科技观"和"人性观"的道德认知论根源。因此,"四德—四心之中,3/4 的是情感,1/4 的是理性,是一种'理性+情感'并以情感为主体的特殊人性结构"。①

由此,"理性+意志"与"理性+情感"的中西不同的人性机制共同包含了道德哲学体系中"理性认知—实践冲动"的理论体系,其中"意志"与"情感"是中西不同的伦理"冲动"结构与实践精神结构,并且,作为实践精神的伦理"冲动"在德性体系中的比重远远大于作为理论精神的"理性",因此,在道德哲学的研究中把握作为伦理"冲动"的人性机制具有一定的理论价值。在"理性+意志"的德性结构中,理性向实践转化需要理性向意志下达"绝对命令",意志无条件地执行从而向实践理性迈进,"'理性+意志'的德性结构,逻辑地需要'绝对命令'的过渡与中介","而'理性+情感'的德性结构则不需要这个中介,在这种结构中,理性向实践的转化,是无须反思、无须过渡的'自然'"。② 因此,由"知"向"行"的转化在中西方德性体系中具有不同的"冲动"机制,在西方德性体系中,理性转化为行为需要意志接受理性下达的"绝对命令",具有明确的客观性、间接性、逻辑性、条理性和目的性,而在中国德性体系中,理性向行为转化除了具有认知反思的体制外,还具有自己独特的"自然"冲动,这是一种无须反思的直接性和"自然而然",即理性转化为伦理"冲动"。达到"知行合一",是由发自生命本性的良知良能的直觉力推动形成伦理"冲动",在"身不由己"的"自然而然"中促进生态自然世界

---

① 樊浩:《道德形而上学体系的精神哲学基础》,中国社会科学出版社 2006 年版,第 277 页。

② 同上书,第 278 页。

中的"道德主体"直接见诸生态实践行动,这种主观性、直接性、直觉性和执着性恰恰是"情感"的冲动机制的最大特点。在掌握了系统合理的道德认知理念的基础上,理论见诸"行动",如何在具体的生态自然世界,直面现代性所引发的"生态困境"难题,往往并不必然依靠理性向意志下达"绝对命令",依靠外在强制性的"他律"规导人们的生态实践方向所发挥的效用毕竟是有限的,依靠对生态道德法则的敬重之情,从内心深处彰显生态良知的"道德诫命",这样一种对"道德义务"的执着,恰恰是生命深处的"自然而然"和"精神自律",它将引导世人超越"绝对命令"、化解生态难题、走向生态和谐。

仔细分析不难发现,在走向生态实践的具体的行动中,作为实践理性和价值理性的"伦理冲动"虽然具有不同的人性机制,即意志与情感,但是作为"情感"的人性机制超越了外在强制性的"他律",与实践"冲动"的联系可能更为密切。情感这种发自生命深处的"自然而然",其本质是"不独立",意识到自己与他人特别是作为人的普遍本质的统一,并在一种"身不由己"的"自然而然"状态下积极扬弃个别性,从而复归于伦理实体,这本身是伦理价值性的展现,并且,情感是"爱"的神圣性的源泉和人性的重要基地,在现代性的理性主义泛滥的今天,在对道德认知进行充分关注的同时,应当对作为冲动的重要机制的"情感"形态进行必要的探究,这是反思"生态困境"根源并切实地以生态实践行动进行合理应对的关键环节。

第二节 "伦理冲动"之情感形态

在具体的生态自然世界,作为走向生态实践的伦理"冲动"的情感机制是意志的主观表现形态,作为"实践道德精神"的"情"或"情感"结构与伦理和道德相结合,便使伦理意志的主观形态得到展现,即走向生态实践的伦理"冲动"之情感形态,那就是"伦理感"

与"道德感"。① 在人们对理性认知和理论道德精神表现出过度热情的当今时代,尤其是直面"生态困境"难题,在由道德认知走向行动的过程中,及时弥补"实践道德精神"的合理原素,特别是补充伦理"冲动"的情感机制的甘露,对于作为"道德主体"的"伦理实体"走向生态伦理实践行为,应对"生态困境",具有至关重要的意义。

"伦理感、道德感本质上是一种'感'——既是一种感觉,也是一种情感。"② 在生态自然世界,作为"道德主体"的"伦理实体"应当具有这种区别于理性和思维的感觉与情感,在对伦理和道德进行文化体认的基础上,具有将思维、理性和道德认知转化为伦理"冲动"并落实于现实生态实践的能力,因而拥有"伦理感"与"道德感"就是具备了追求与冲动的内在可能性,在理论的态度之外具有了运用道德思维认知走向行动的"实践的态度"。此外,生态自然世界中的"道德主体"所内化的这种伦理"冲动"的感觉与情感是对伦理与道德的思维认知把握之后形成的"伦理的"与"道德的"感觉与情感,它超越了主体内在的感觉情欲的束缚,是对"普遍物"的真理体认和"真实的"情感体验。因而,在生态自然视阈中,分别构成的伦理实体作为"整个的个体"的"伦理冲动"和道德主体伦理性的自我确定的"道德冲动",也即真实的冲动情感"伦理感"与深层的伦理造诣感:"道德感"。

一 "伦理感"

在具体的生态自然世界,作为"道德主体"的"伦理实体"在把握生态道德规律的基础上,把道德理性认知落实于生态实践行动,应对生态实践难题,需要作为中介环节的"伦理冲动"的情感,即"伦理感",在伦理精神的层面考察,这是一种真实的"冲动"情感。具体可

---

① 樊浩:《道德形而上学体系的精神哲学基础》,中国社会科学出版社2006年版,第280页。

② 同上书,第281页。

以涵盖:

首先,归依"类本质"的伦理"统一感"。① 生态自然世界中的伦理实体能够归依于人的"类"本质,这是作为"单一物"存在的"个体"与作为"普遍物"的"类"的公共本质统一的伦理要求的"统一感"。

相对于人的"类本质"来看,作为"道德主体"的"伦理实体"是生态自然世界中的"单一物",而伦理的本质规定是"单一物"向"普遍物"的提升,实现"单一物"与"普遍物"的统一,生态伦理世界中的"道德主体"是个体、实体与人的"类"的本真状态的统一,并应当具有这种"统一"的情感与感觉。生态自然世界中作为"道德主体"的"伦理实体"应当具有人类"伦理感",如同黑格尔对家庭、市民社会、国家伦理实体的论述一样,家庭"伦理感"作为最自然的伦理感,并不停留于家庭成员与家庭成员之间的伦理关系以及爱的情感关系,而是作为"单一物"的家庭成员与作为"普遍物"、共体与实体的家庭之间的关系,是家庭成员向家庭伦理实体的归依与提升,从而达至"单一物"与"普遍物"的统一的过程。如此,"把伦理设定为家庭成员对其作为实体的家庭整体之间的关系",从而"个别家庭成员的行动和现实才能以家庭为其目的和内容"。② 作为"单一物"的家庭成员与作为"普遍物"的家庭伦理实体统一的感觉、情感与"冲动"就是家庭伦理感的核心观念。"伦理本性上是普遍的东西",③ 人类生命个体在伦理的普遍存在意义上应当具有"类"的本真存在属性,贯注生命个体一生的处理人与人、人与自然、人与社会、人与自身关系的实践行动,是趋向于实现人的"精神自由"的生命过程,而全面"自由"的实现依托于作为普遍物的人的"类"的本真存在属性,像一个"人"

---

① 樊浩:《道德形而上学体系的精神哲学基础》,中国社会科学出版社2006年版,第281页。
② [德]黑格尔:《精神现象学》(下卷),贺麟、王玖兴译,商务印书馆1996年版,第8—9页。
③ 同上书,第8页。

那样生活。因而，自然生命实体作为"道德主体"，应当实现向人的"类本质"的"普遍物"的提升，在生态自然世界中的实践行动中，成为"本身是普遍物"的"道德主体"，由此，"道德主体"在生态自然世界中的行为内容应当具有实体性，体现"整个的个体"的"类"的普遍本性。它一方面排斥生命自然个体的偶然性、任意性与随意性，否定个体物质私利和主观情欲的释放；另一方面又赋予作为"道德主体"的生命自然实体的行动以普遍本质，在人的"类"的本真属性引领下向着生态共同体的方向提升。因此，善待自然、热爱生命的生态践履本身就是人的"类本质"的普遍本性要求，是生态自然世界中"单一物"与"普遍物"统一的感觉与情感。

现代性下的理性主义塑造了现代社会的"原子世界"，在功利主义和市场逻辑理念的熏陶下，生态自然世界中的人与人之间成为互为工具和目的的"单一物"与"单一物"的关系，这是一种无机的、松散的、目的性的"单子"之间的偶性关系，它强调差别性与区分性，塑造的是现代社会的人"际"功利交往关系，因而，自然"生态困境"问题的凸显与机械原子式的"处世之道"关系密切。生态实践行动中的"伦理感"要求作为"整个的个体"的伦理实体确立与"类本质"的"普遍物"相统一的感觉与情感，确立生态自然世界中的"人"与"伦"的伦理感应，以人的"类本质"作为"道德主体"全部实践行为的基础和出发点。因而，人的"类本质"的本真状态是生命道德主体的公共本质和生命共体，应当成为生态自然世界中人的实践行为的价值始点，在共同的"类本质"的引领下以"人"的存在形态去思想和行为，以"道德主体"的伦理努力建构"实体"内在的生命秩序、自然生态秩序和社会伦理秩序的良性运作体系，并且，作为"道德主体"的人唯有向自己的"类本质"回归或者提升，使"单一物"的生态自然实体与作为"普遍物"的人的"类本质"相统一，才能够像"人"那样去生活。人的生命的自然存在与社会存在属性要求在人类具体的生态实践行动中既要遵循自然的生态规律也要遵循人的社会实践行动规律，并且，二者归根结底具有内在的一致性，作为"类"的存在的人唯有在遵循生态自然规律的前提下进行生态实践行动，在维系自然世界可持续发展的前提下才能够保证人类自身的可持续发展，这本身是作为"普遍物"的人的"类本质"规定的内在要求，对于"个体"的生命存在来说，具有客观性和前提性的伦理意义。因此，在生态自然世界中，生态实践行动中的"伦理感"要求确立作为"单一物"的伦理"实体"与作为"普遍物"的人的"类本质"的统一的感觉，并具有向"普遍物"归依和提升的内在的伦理情感，这是克服"生态困境"的深层道德哲学诉求。

其次，敬畏自然的伦理"实体感"。① 生态自然世界中的伦理实体应当对生命自然实体充满敬畏之情，具有敬畏生命、敬畏自然的伦理"实体感"。

作为"单一物"存在的"实体"与作为"普遍物"的"类"的公共本质相统一，形成普遍的生命共体，"如果伦理实体是共体或公共本质，而这是以有自我意识的现实行动为其存在形式，则它的对方，就是以直接的或存在着的实体为其存在形式"。② 所以，伦理实体能够进行具有自我意识的现实行动，而这种自我意识则是一种实体意识，因而"伦理行为的内容必须是实体性的，换句话说，必须是整个的和普遍的；因而伦理行为所关涉的只能是整个的个体，或者说，只能是其本身是普遍物的那种个体"。③ "单一物"与"普遍物"的统一所塑造的伦理"实体"一方面是"普遍的"，是统一的伦理"整体"；另一方面是"具体的"，是涵盖个体性与特殊性特质的"共同体"，是超越了抽象的"普遍物"的"整个的个体"，因而是普遍与特殊的辩证统一体。在生态自然伦理关系中，作为"道德主体"的"整个的个体"具有"单一物"的性质，作为人的生命伦理共体的"自然生态系统"具有"普遍

---

① 樊浩：《道德形而上学体系的精神哲学基础》，中国社会科学出版社2006年版，第284页。
② ［德］黑格尔：《精神现象学》（下卷），贺麟、王玖兴译，商务印书馆1996年版，第9页。
③ 同上。

物"的性质,同时也是人的生命母体,是超越于家庭血缘天伦、民族国家之社会人伦之上的自然本体之"伦",作为人的生命存在形态应当向自然生命存在之"伦"提升,形成热爱自然的人性基础。作为"道德主体"的人类是自然生命系统不可分离的一部分,人虽然是社会之子,但某种程度上更是自然之子,在对生态道德认知深层体悟的基础上的"道德主体",一方面既超越了"单一物"的感觉的主观性,另一方面又超越了"普遍物"的感觉抽象性,具有"单一物"与"普遍物"统一的、具体而辩证的伦理"实体感"。

如果说,作为"道德主体"的"整个的个体"相对于整个自然生命系统来说,具有"单一物"的性质,那么它与作为"普遍物"的自然生命实体就具有不可逃脱的统一性,这对于人类生命共体来说,不仅是一种"应然",更是一种"宿命"。黑格尔曾经运用"悲怆情素"的伦理意境表达这种向实体归依与提升的情感态度,"在个体性那里实体是作为个体性的悲怆情素出现的,而个体性是作为实体的生命赋予者出现的,因而是凌驾于实体之上的;但是,实体这一悲怆情素同时就是行为者的性格;伦理的个体性跟他的性格这个普遍性直接地自在地即是一个东西,它只存在于性格这个普遍性中,它在这个伦理势力因相反的势力的缘故而遭到毁灭时不能不随之同归于尽"。① 因而,自然生命实体相对于作为单一物的伦理个体与"整个的个体"来说具有"普遍性",并作为"道德主体"的"悲怆情素"而呈现,这种"悲怆情素"作为一种行为性格渗透贯通于"道德主体"的生命深处,指导具体的生态实践行为,不仅具有普遍的真理性,而且是一种永恒的"实体"命运。贺麟先生曾把"悲怆情素"释为:"指渗透个体的整个存在的、决定着他的必然命运的一种感情因素。"② 因而,在生态自然世界,"道德主体"将人类自身对生命自然实体的归依与提升看作一种不可抗争、不

---

① [德]黑格尔:《精神现象学》(下卷),贺麟、王玖兴译,商务印书馆1996年版,第27页。
② 同上。

可逃脱并决定着自己命运发展趋向的伦理蕴味，这种人力不能及，人类个体又不得不如此的宿命般的悲壮情感，就是生存在自然世界中的人类的"悲怆情素"，同时也是向自然生命实体归依的伦理"实体感"。在伦理"实体感"的情感冲动作用下，人类生命"实体"不需要反思，应当能够自觉地运用已内化于观念深层的生态道德认知进行生态实践行动。人类生命"实体"来源于自然，又必将向自然生命实体归依，在某种程度上说，自然是人的生命存在的终极实体，终极实体的可持续发展与良性运作必将影响到人类生命自身的可持续发展，人类既要运用已有的生态自然知识认识自然，在遵循生态自然规律的前提下能动地改造自然，同时又要敬畏自然、热爱生命，人类生命"实体"向生态自然共体归依和提升的过程是不可改变的必然性，因而敬畏生命、敬畏自然生命实体是人类"伦理实体"应当具备的伦理"实体感"，也是走向生态实践的伦理冲动的可贵的"伦理感"。

最后，作为生命存在之确证的伦理"精神感"。① 生态自然世界中的伦理实体向人的"类本质"提升的过程，以及人类生命"共体"向自然生命实体归依的进程，共同需要生态"伦理精神"的价值支撑，这是生态自然世界中作为生命存在之确证的伦理"精神感"。

"伦理本性上是普遍的东西，这种出之于自然的关联本质上也同样是一种精神，而且它只有作为精神本质才是伦理的。"② 因而，伦理与精神具有内在同一性。"精神"的概念贯穿黑格尔道德哲学体系的始终，在其"精神哲学"体系中，伦理是个体与共体、"单一物"与"普遍物"统一的实体性的精神，因而是"真实的精神"，经过"自身异化了的精神"，即教化阶段，向道德阶段迈进，道德是自由主体对伦理实体的认同和内化，因而是"对其自身具有确定性的精神"。"实体就是还没有意识到其自身的那种自在又自为地存在着的精神本质。至于既认

---

① 樊浩：《道德形而上学体系的精神哲学基础》，中国社会科学出版社 2006 年版，第 286 页。
② ［德］黑格尔：《精神现象学》（下卷），贺麟、王玖兴译，商务印书馆 1996 年版，第 8 页。

识到自己既是一个现实的意识又将其自身呈现于自己之前（意识到了其自身）的那种自在而又自为地存在着的本质，就是精神。"① 因而，伦理实体具有一种潜在的精神本质，精神是伦理实体自在自为地存在的本质内涵。生态自然世界中，作为"单一物"的"整个的个体"向人的"类本质"的提升以及人类生命共体向生态自然实体归依，必须透过精神并借助于"精神"的努力才能够完成，因为人类生命"伦理实体"是生态世界中个别的、感性经验的存在物，而人的"类本质"与自然的生命共体则是超验的"普遍本质"，它一方面只有在精神的世界中才能够成为自在自为的普遍存在，另一方面，作为"单一物"的人类生命"共体"要把握"普遍物"，实现向"类本质"的提升，以及人类生命共体与向生态自然实体的归依，实现"单一物"与"普遍物"的统一，唯有透过精神的努力和"精神"的力量才能够完成。经过"精神"的中介和价值原素的必要补充，作为"单一物"的人类生命"共体"扬弃自身的个体性、主观性与任意性，从而向"普遍物"归依，所以，"单一物"向"普遍物"的过渡、提升与运动只能在"精神"中被把握，或者"精神地"完成。因而，生态实践行动中所体现出的"伦理感"也是一种"精神感"，是精神自在自为地存在和运作的生态过程。因为精神的本性是"自由"，人类生命"整个的个体"向"普遍物"的提升，需要在精神"自由"理念的引领下，一方面使自身从外在控制下得到解放，依靠经济、政治、文化的力量摆脱自然必然性的约束；另一方面从内在情欲和主观任意性下得到解放，依靠精神境界的提升摆脱不合理的物质欲求和本能冲动。如果说，前一种解放包含了"伦理精神"，那么后一种解放则包含了"道德精神"，伦理与道德内在于精神之中，构成了统一的精神体系。在生态自然世界中，个体性、主观性的"道德精神"的现实性和合理性需要上升到个体与整体相统一的共体的客观性的"伦理精神"才能够得到确证，生态世界的"伦理

---

① ［德］黑格尔：《精神现象学》（下卷），贺麟、王玖兴译，商务印书馆1996年版，第2页。

精神"是生态自然世界中的伦理实体与人的"类本质"和自然生命共体相统一的"道德精神",它既融摄了"个体"的道德精神,又扬弃了个体道德精神的主观性和抽象性。因而,精神不仅包含理智与意识,而且包含意志、冲动与情感,是以德性为统摄的知、情、意的统一体。伦理"精神感"是以意义世界作为生命存在的确证,在由"单一物"向"普遍物"的提升过程中凸显自身价值性的根源意义,它是一种"伦理精神"自在自为地存在和运作的感觉与情感。现代社会理性主义的充分张扬带来的是一个"原子式"的世界,"单一物"与"单一物"之间的相互作用凸显的是互为目的和手段的功利关系,社会组织与集体的存在缺乏合理性与"真实性",根本原因在于没有"精神",缺乏"精神"的凝聚和自在自为的运作,作为个体"单一物"的集合的"单子群"不可能上升为"普遍物",表现伦理性的实体特质。因而,探寻"生态困境"的伦理出路,需要确立"共体"与"普遍本质"相统一的现实而合理的伦理"精神",这是现代文明稀缺的价值资源,个体与整体相统一的共体意志与共体理性不仅能够扬弃作为"普遍物"的人的"类本质"和生态自然共体的抽象性,而且扬弃了"整个的个体"的随意性与主观任意性的不确定性,向人的"类本质"和生态自然共体提升和归依,这是生态实践行动中可贵的伦理"精神感"。

由此,在具体的生态实践行动中,作为伦理冲动的"情感形态"的"伦理感",是作为"单一物"的"整个的个体"与作为"普遍物"人的公共本质即"类本质"的"统一感",是人类生命"整个的个体"与自然生命共体相统一的伦理"实体感",同时也是人类生命的"整个的个体"向人的"类本质"和自然生命共体提升和归依过程中必要的伦理"精神感"。所以,合理有效地避免"生态困境"的发生,在科学道德认知理性走向实践行动的过程中,应当具备实践冲动的"伦理感",这是一种无须反思的"统一感""实体感"和"精神感"。

二 "道德感"

在生态自然世界,作为"道德主体"的"伦理实体"不仅应当具有向"类本质"和自然生命共体归依的实践冲动的"伦理感",而且在生态伦理精神的感召下,生态实践中的"伦理实体"还应当具有自我确定的精神的"道德冲动",即"道德感",这是一种深层的伦理造诣感。

在黑格尔的道德哲学体系中,"道德"在精神的辩证运动过程中是伦理实体从潜在走向自在自为的现实的存在,通过个体行动的努力成为"对其自身具有确定性的精神"。在法哲学的意义上,"道德"是"主观意志的法","道德和不道德的一般的观点都是成立在意志主观性这一基础之上的"。① 要扬弃自身的主观任意性,道德需要以伦理作为归宿,达到作为"客观意志的法"的"伦理"阶段,"道德的意志表现于外时才是行为"。② 因而,"道德感"不仅是生态自然世界中的"伦理实体"的主观意志,而且是一种能够见诸生态实践行为的"道德冲动"。

首先,在具体的生态实践行动中,作为"道德主体"的"伦理实体"应当对人的"类本质"和自然生命的实体性进行充分的体悟和分享,内化为生命意志的实体性和"普遍性",并通过意志行为的外化彰显出来,这是"伦理实体"在具体的生态自然世界中因体悟、分享和内化生态伦理之"理"而产生的"得道感"。③

由"伦理感"向"道德感"转化,需要对伦理之"理"进行领悟和追索,并向"伦理实体"的生命意志深层内化。对于生态自然世界中的"伦理实体"来说,人的"类本质"和自然生命的实体性具有"道"的内涵,"伦理实体"向"道"的归依与提升过程是对"普遍物"的分享的过程,达到"单一物"与"普遍物"的辩证统一,便一方面扬弃了"整个的个体"的主观任意性,另一方面扬弃了"普遍物"的抽象性,但是,需要通过"得道感"的过程才能够真正把"客观意志的法"和实体性要求转换并内化为伦理实体的"主观意志的法"和

---

① [德] 黑格尔:《法哲学原理》,范扬、张企泰译,商务印书馆1996年版,第112页。
② 同上书,第116页。
③ 樊浩:《道德形而上学体系的精神哲学基础》,中国社会科学出版社2006年版,第289页。

"主体性确证"。"得道"的过程是对人的"类"的公共本质和自然生命共体的分享、体悟与内化,从而获得生态自然视阈中"整个的个体"内在的伦理实体性的"法",并进一步转化落实为"伦理实体"直面"生态困境"的现实的实践行为,即伦理的实体性规定和"普遍物"的伦理要求成为"伦理实体"的稳定的"伦理性格"和"伦理品质","伦理性的东西,如果在本性所规定的个人性格本身中得到反映,那便是德"。①"德"作为"伦理上的造诣",②是对伦理实体性的"得",并且这是"整个的个体"在生态实践行动中对"普遍物"、道德对伦理的真正的"获得",也是"单一物"与"普遍物"的真正的"统一"。

在具体的生态自然世界,"伦理实体"对普遍本质进行"分享"并内化为主体生命的内在秩序,内在的生命秩序进一步落实为生态实践行动,并努力造就良好的社会伦理秩序,这种伦理上的"造诣感"就是"伦理实体"的"得道感"。"得道感"是"求道、持道、行道的那种冲动"。③ 首先通过"求道"冲动的功夫,"伦理实体"通过生态实践向人的"类本质"回归,使人从内在的情欲束缚下解放出来,克服主观任意性、偶然性和物性的羁绊,真正地像"人"那样去生活,并且作为人"类"的生命存在还要对自然生命实体心存敬畏,这在生命存在的意义上是"单一物"与"普遍物"统一的过程,也是"求道"冲动的指向。因为"在道德中,自我规定应设想为未能达到任何实在事物的、纯不安和纯活动"。④ 所以,在生态自然世界中,潜在于"伦理实体"内在的道德的自我规定具有沦为不道德的危险的可能性,从而酿造"生态困境"的现实难题。因此,"得"的努力之后还需要"修持"的功夫,这是对"伦理实体"内在的伦理实体性的固持,通过生态伦理教育的努力以及伦理"实体"对良知良能的"慎独"的功夫,

---

① [德] 黑格尔:《法哲学原理》,范扬、张企泰译,商务印书馆1996年版,第168页。
② 同上。
③ 樊浩:《道德形而上学体系的精神哲学基础》,中国社会科学出版社2006年版,第290页。
④ [德] 黑格尔:《法哲学原理》,范扬、张企泰译,商务印书馆1996年版,第112页。

实现所谓"存心""养性""不动心","修持"的现实确证在于"行道",即把人的"类本质"的伦理实体性的要求外化为生态实践行动,并向自然生命实体归依,敬畏生命、热爱自然,使生态自然视阈中的"伦理实体"的道德认知与道德意志、"理论的态度"与"实践的态度"相统一,达至"知行合一",在合理应对已经到来并将持续到来的"生态困境"难题的实践行动中,能够"从心所欲不逾矩"。

其次,在具体的生态自然世界,作为"道德主体"的"伦理实体"还应当具有对生态自然法则的"敬重感",以及由此而生发的生态道德"责任感"与伦理"使命感"。

人的"类本质"与自然生命共体相对于自然生态视阈中的"伦理实体"来说是"普遍物",在"伦理实体"纯粹理性的世界里,通过"求道""持道"的"得道"功夫,向"行道"的生态实践行动落实。然而,在"行道"的过程当中还应当具有践行"道德法则"的执着信念,在生态自然法则的引领下,"伦理实体"为自身找到生态道德行动的不竭动力,这种服从生态自然法则的内在的"冲动"源于对自然生命实体的道德法则的"敬重",这是一种内在的情感"驱动力"。"对于道德法则的敬重是一种情感,它产生于理智的根据,并且这种情感是我们完全先天地认识的唯一情感,而其必然性我们也能够洞见到。"[①] 因此,出于对"道德法则"的敬重的情感是一种合理的实践情感"冲动",在康德看来,抛却了道德法则去寻求实践理性的动力,必然会对实践行为造成"源头性的污染",产生"无法持久的""危险的"伪善。寻求生态实践行动的唯一合法的根据,由纯粹理性向实践理性转化,就要根植于对自然生命实体的认同以及对生态道德法则的信守和肯定,从"内心"深处产生对生命道德法则的尊重、敬仰和热爱,由此成为实践理性的"道德冲动力","因为对于我们所尊重的、却又(由于意识到我们的软弱)畏惧的东西,由于更加容易适应它,敬畏就变成偏好,敬重就变成爱;至少这会是献身于法则的意向的完善境界,倘

---

① [德]康德:《实践理性批判》,韩水法译,商务印书馆1999年版,第80页。

使一个创造物某个时候能够达到这一点的话"。① 因而，在生态自然世界，"伦理实体"走向科学合理的生态实践应当是根源于对自然生命实体和道德法则的敬畏与敬重，这种"冲动形态"的道德感推动道德认知向生态实践转化和落实，成为不加反思的实践理性的根本动力，并且，正是这样一种"敬重之情"使生态自然视阈中的"伦理实体"在具体的生态实践行动中产生道德"责任感"与伦理"使命感"。生态自然世界的"伦理实体"应当确认人类自身对客观伦理实体关系规定的职责和任务的主观认同，即作为自然之子的人类生命存在具有维系自然生命系统良性运转和可持续发展的内在职责，这种责任心内化为自我自觉的认识，从而形成生态道德责任意识和责任感，这种生态伦理精神的"责任感"产生于对自然生态道德法则的敬重，成为生态道德实践行为的强大精神动力，它把冷冰冰的"道德强制""绝对命令"和职责律令转化为"伦理实体"内在的、活生生的、充满激情的伦理"使命感"。道德"责任感"与伦理"使命感"是一种深层的情感"冲动"，在这种稳定的内心信念的感召下，客观的"道德法则"与"道德命令"转化为主观的"内心自觉"，外在的"他律"转化为内在的"自律"，从"内心"深处产生对自然生命实体与道德法则的坚持和恪守。由此，主观与客观、自律与他律、内在与外在的相互渗透与辩证互动构成了道德"责任感"和伦理"使命感"的实现进程，"责任感"与"使命感"促使生态"伦理实体"在具体的实践行为中自觉承担生态道德责任、履行生态义务，限制"整个的个体"的主观任意性和偶然性，克服自然冲动，追求道德解放和"精神自由"，"在义务中，个人得到解放而达到了实体性的自由"，并且，"义务就是达到本质、获得肯定的自由"。② 所以，生态自然世界中的"伦理实体"对生态道德法则的"敬重"之情催生了无限的道德"责任感"和伦理"使命感"，使"伦理实体"在具体的生态实践行动中能够自觉承担生态道德责任、履行生态义务，为

---

① ［德］康德：《实践理性批判》，韩水法译，商务印书馆1999年版，第91页。
② ［德］黑格尔：《法哲学原理》，范扬、张企泰译，商务印书馆1996年版，第168页。

合理应对"生态困境"找到了行动的理论依据。

由此看来，生态实践行动中应当表现出来的"道德感"作为伦理冲动的情感形态，由对人的"类本质"和自然生命共体尊崇的"得道感"、对生态道德法则的"敬重感"和道德"责任感"与伦理"使命感"构成，这是生态自然视阈中的"伦理实体"的"伦理造诣感"以及生态实践行动的"道德驱动力"。

理性主义塑造的现代社会过度关注作为"理论道德精神"的道德认知与道德理性知识，而忽略了对于生态道德生活具有基础性意义的道德实践品质与实践能力，后者是现代社会最为欠缺的"实践道德精神"，这是纯粹理性向实践理性落实的情感"冲动"，即无须加以反思的生态实践行动中的"伦理感"与"道德感"，进行"伦理感"与"道德感"的情感"冲动"的培育，为建构生态自然世界的伦理实体"冲动力的合理体系"提供了理论基础。

第三节　伦理实体"冲动力的合理体系"

如果说意识、思维、理性与认知属于"现象学"体系的内容，那么，由意识走向意志、由理性走向"精神"，即实现了从"现象学"向"法哲学"体系的转换。其中，转换的必要概念中介是"冲动"，意识异化为冲动便开始向意志与行为过渡，"冲动"在生态自然世界中的情感形态即"伦理感"与"道德感"，它们在现代性的理性主义社会中是稀缺可贵的精神资源，同时也是克服"纯粹理性"和外在"他律"弊端的可能的理论情感补充。然而，"法哲学"理论体系的价值目标并不停留于对实践"冲动"的一般形态的探讨，理论继续推向前进，便是建构伦理实体"冲动力的合理体系"，由此便为应对"生态困境"难题找到了走向生态实践的必要的精神价值体系支撑。

"冲动"是"法哲学"中"意志"概念的"一般内容"，意志却是实践行为的"一般形式"，然而，"冲动和倾向首先是意志的内容，只有反思是超出于它们之上的。但是这些冲动将会驱策自己，相互排挤，彼此妨碍，它们每一个都想得到满足。现在假如我把其他一切冲动搁置一边，而只置身于其中一个，我将处于毁灭性的局促状态中，因为这样一来，我抛弃了我的普遍性，即一切冲动的体系"。① 所以，在"法哲学"的研究视阈中，"冲动"作为"意志"的内容具有丰富性和多样性，具体的"伦理实体"在生态自然世界中的实践行为存在伦理的冲动、经济的冲动、物欲的冲动、价值的冲动等诸多冲动种类，并且诸种"冲动"之间相互排挤、彼此冲突。在理性主义塑造的现代社会中，经济物欲与科技理性的"冲动"往往与伦理、价值的"冲动"相互对抗，为避免"自我毁灭"的命运，就不能仅仅局限或沉溺于一种"冲动"，单纯的"伦理冲动"或者"经济冲动"都不适合现代社会的生态发展，唯有在生态自然世界诉诸"道德主体"的伦理普遍性和伦理实体性，从人的"类本质"出发向自然生命共体归依，从而建构伦理冲动与经济冲动、科技理性冲动的"合理体系"，才能够实现现代社会向生态文明形态的迈进。这是生态视阈中伦理实体"冲动"的本质内容，也是"法哲学"体系下道德形而上学辩证运动的发展进程。

在建构现代社会伦理实体"冲动力的合理体系"中需要重视"冲动"的情感形态与"以情摄理"的伦理合理性，这种诉诸生命直觉的对伦理实体的主观认同和坚定信念，是一种无须反思的"实体信仰"，对于建构生态自然世界中伦理实体"冲动力的合理体系"，创造伦理冲动与经济冲动、科技理性冲动的"力"的平衡态具有至关重要的意义。

一 "以情摄理"的伦理合理性

现代社会的理性主义传统使现代人过度关注道德认知过程与理性能力，忽略了生命本性的道德直觉能力，这种诉诸行动时无须加以反思的"自然"状态，是基于生命直觉的情感"冲动"，而道德认知只是道德意志与情感"冲动"的理论前提，道德直觉与情感冲动的匮乏使道德哲学的理论体系片面发育，并缺乏价值实践能力，从而使具体进行生态

---

① ［德］黑格尔：《法哲学原理》，范扬、张企泰译，商务印书馆1996年版，第28页。

实践行动的"伦理实体"即使掌握了强大的道德认知理性，也难以将之向生态实践落实，并缺乏走向生态实践行动的情感"冲动力"，带来生态实践难题并引发"生态困境"。因此，现代社会中的"伦理实体"应当及时补充必要的道德直觉力和情感力，充分关注"以情摄理"的伦理合理性。

通过对中西方传统哲学的生态把握和分析，"希腊四德"的人性结构是"理智＋意志"，其中"意志"是伦理冲动的人性机制，"中国四德"的人性结构是"理性＋情感"，其中"情感"是伦理冲动的人性机制，"希腊四德"与"中国四德"在德目结构方面契合相融，不同的冲动结构的性格造就了中西伦理精神的差别。理性主义充斥的现代社会，应当对诉诸生命"自然"的直接性的伦理情感机制进行充分的关注，重塑"以情摄理"的伦理性格。回溯中国传统道德哲学的基本结构，"中国四德"基于中国传统人性结构的"四心"，即恻隐之心、羞恶之心、辞让之心与是非之心，其中"情"的成分占据3/4，"理"占据1/4，构成了"情感＋理性"，以"情感"为统摄的道德哲学的"冲动"体系，"以情摄理"的伦理"冲动"结构凸显了"情感"的价值，具有重要的理论合理性与实践合理性。"道德主体"在自然世界中的行为需要"情感"冲动的实践动力，拥有"情感"，生态实践"个体"才能够扬弃自身的孤立性、特殊性、偶然性与任意性，达到与别人同一，从而向伦理"普遍物"提升。如果说，道德认知是发现自身能够与他人、与普遍物相同一从而向"普遍物"提升的"理性"能力，或者说是一种"智"的直觉力，它是一种能够区别单一物与普遍物，并明确"普遍物"的道德引领价值的理性能力，做到"爱而有别"，那么，走向实践的道德情感"冲动"力则是能够透过伦理冲动诉诸具体的道德的意志行为，扬弃自身的任意性、偶然性和抽象独立性，真正与作为"普遍物"的人的"类本质"和自然生命共体统一的先验的道德直觉力，或者说，是"伦理造诣"的"情"的直觉力，正是在"情"的引领下，个体才真正向"普遍物"迈进，实现二者的合一。因而，在具体的道德实践活动中，应当做到"情理结合"，并"以情摄理"，这一方面不仅因为理性主义的现代社会需要"情感"原素的补充,而且还由于,道德认知的理性能力虽然能够对感性直觉的"情感"进行理性化的提升,具有使个别性、偶然性的不确定因素提升为普遍性、必然性的确定物的"理性能力"。但是,确切地说,道德认知之"理"应当是融会"情"的情理之"理",是情理统摄互动的道德认知理性,而且,"情理结合",并以"情感"为统摄才是现代道德哲学认知结构的合理"生态"体系。在现代性的道德哲学体系和现代人的品质构造中,"情感"与实践"冲动"的伦理价值被忽视甚至漠视,或者沦为道德中立的地位甚至与道德价值无涉。当将道德情感"冲动"从道德哲学中彻底排除出去时,"伦理实体"在现实的生态自然世界中的实践行动便成为认知理性的"绝对命令"统摄一切,整个世界将缺乏温情脉脉的道德关怀和伦理信仰。当理性的"最高主宰"与伦理和价值彻底分道扬镳时,理性认知的"绝对命令"也将从人的意义世界的舞台彻底引退,当理性认知在生态实践主体的品质结构中彻底消失时,整个世界就成为物欲释放和本能冲动充分张扬的舞台,人与人、人与社会、人与自然彼此对立、相互攻讦,作为生命本体的生态自然世界必将沦为资源掠夺的"战场",这是由现代性对"情感"机制的颠倒从而引发的对整个自然世界生态秩序的"颠覆"。

"以情摄理"的"情理"冲动机制是冲动形态的伦理的良知与良能的统一,唯有"情感"的融入,才能够形成道德的意识认知结构和理性结构,即"良知",道德"情感"冲动是走向实践行动的道德的意志结构与行为结构,这是实践意义上的"良能",以"良知"作为实践行动的基础,以"良能"统摄"良知"的运作,便是在生态"道德主体"的"良心"中实现良知与良能的辩证统一,即"以情摄理"的"情理合一"机制。因为,作为生态实践"个体"的单一物要真正获得客观性和必然性成为"普遍物",最终以"普遍物"的伦理品格进行具体的生态实践行为,应当具备一定的道德情感"冲动"的能力,它是一种能够消融"个体"的特殊性和偶然性从而形成精神的普遍性的道德直觉力,也是一种"良能"的功夫。因此,建构人的"类本质"的普遍物并向自然生命实体归依所需要的最重要的伦理原素应当是人性结构中的"情感"要素，特别是发自生命本能的"爱"的情感，这是人类最直接、最质朴的生命表现，因为"爱"的情感是"不独立""不孤立"，是"意识到我与别一个人的统一，使我不专为自己而孤立起来"，从而能够扬弃"个体"的任意性与偶然性，向作为"普遍物"的实体共性而生。因此，对自然生命实体的感恩之"情"和"爱"的情感是伦理实体的普遍性与普遍物形成的最基本的人性基础，这种基于"爱"的情感与能力使生态自然世界的"伦理实体"在生态实践中的伦理"冲动"总是能够形成指向"普遍物"的合力，进而扬弃生态实践"个体"的伦理冲动的主观性与任意性，在"普遍物"的层面构建伦理实体"冲动力的合理体系"，在生态自然世界的运作中，为伦理冲动力、经济冲动力与科技理性冲动力之间找到一种平衡机制，为应对"生态困境"确立伦理冲动力的合理"生态"体系。

二 "冲动力的合理体系"与生态文明

在黑格尔的"法哲学"体系中，走向"行动"的道德意志力与"冲动"是处于概念内部的潜在存在，樊浩先生曾经指出，实践"冲动"要确证自身、由潜在走向自在，必须经过概念的辩证运动，从单一的"冲动"形态发展为多种"冲动"形态构成的"合理体系"。如果说，"冲动"是一种潜在的概念存在形态，"冲动的合理体系"是"冲动"的自在存在形式，仍旧停留于概念内部，那么，经过"否定之否定"环节，"冲动"概念外化为现实，由"冲动的合理体系"发展为"冲动力的合理体系"，在"力"的辩证运动下，便成为"自在自为"的存在。在具体的生态自然世界，合理应对"生态困境"难题，应当对生态实践中表现出来的伦理冲动、经济冲动与科技冲动构建的"冲动的合理体系"进行外化，以"力"的概念中介的形式建构伦理冲动力—经济冲动力—科技冲动力的"合理体系"，在现实的生态自然世界中形成合理的"伦理—经济生态"与"伦理—科技生态"，实现人—自然—社会生态链条的可持续性运作，为生态文明世界的到来奠定价值基础。

(一)"力"与"冲动力"

"道德形而上学的法哲学结构必须由对'冲动'、'冲动的合理体系'的研究,推进到关于冲动的'力',以及由此所形成的'冲动力的合理体系'的探讨。"① 在经验的感性生活世界中,"力"是一种能够确证和感受的具体表象存在,当由形下的生活世界提升到形上的道德哲学世界中考察时,原初的自然科学中的"力"的理念便打上了人文社会科学的烙印,被赋予哲学意义层面的含义,当对之进行现象学复原时,"力"的概念便成为自然世界中的伦理冲动、经济冲动与科技理性冲动之间的"共同媒介",② 这样一种"共同媒介"是"力"的内在本质。在黑格尔的现象学体系中,"力"作为精神生长中的必要的"知性"环节,具有超越差别和对立的直接统一性,"力的概念是属于知性的,而知性亦即把不同的环节作为不同环节而统摄起来的概念",③ 因而,在"力"的知性概念中,存在诸多具有差别性的实体,黑格尔甚至将"力"直接设定为这种实体,"首先必须把实体设定为本质上自在自为地存在着的整个的力,其次必须把力的诸多差别设定为实质性的或者为自身持存着的诸环节"。④ 因而,"力"的概念在承认差别性的基础之上能够超越差别与对立完成实体性的统一,"力"在肯定复多并超越复多的基础上执着于统一体的"一",在统一性的实体存在中是一种"持存",因而又成为外化自身转化为他物的"冲动",当"力"外化自身转化为他物后又返回自身,这便是作为"共同质料"和"共同媒介"的"力"的作用机理。

作为统摄复多规定性的"普遍性","力"的概念运作在现实的生

---

① 樊浩:《道德形而上学体系的精神哲学基础》,中国社会科学出版社2006年版,第451—452页。
② 同上书,第452页。
③ [德]黑格尔:《精神现象学》(上卷),贺麟、王玖兴译,商务印书馆1996年版,第91页。
④ 同上。

态自然领域中,渗透于生态实践主体的伦理冲动、经济冲动与科技冲动中,成为具体的伦理冲动"力"、经济冲动"力"与科技冲动"力"。如果说,人们最初的认识自然、改造自然的实践活动是为了获得一定的物质生活资料维系自身的生存,那么,认识与改造自然活动的深化就应当关注整个自然生态系统和人类的可持续发展,追求生活质量的卓越和人生的"幸福"。在实现"幸福"的过程中,经济冲动"力"属于改造自然的实践活动中的"实践目的论"范畴,科技冲动"力"属于改造自然的实践行动中的"实践工具论"范畴,那么,伦理冲动"力"则属于介于二者之间并引领沟通"实践目的论"与"实践工具论"的"实践价值论"范畴。如果说,经济冲动"力"是摆脱外在必然性的束缚和自然的外在控制的限制,获得外在"自由"和客观幸福的必要因素,那么,生态实践行动中的伦理冲动"力"则是超越内在主观任意性和偶然性的羁绊,获得内在"精神自由"和内心幸福的必要因素,科技冲动"力"是沟通经济冲动"力"和伦理冲动"力"的中介环节,为人类"全面自由"的实现起到加速或者延缓的作用,在合理的伦理与道德价值方向的引领下发挥其应有的推进作用。因而,在具体的生态实践行动中应当建构伦理冲动—科技冲动—经济冲动的整体,即"冲动的合理体系",并且是"力"的"冲动的合理体系",即伦理冲动力—经济冲动力、伦理冲动力—科技冲动力的"合理体系",在"力"的辩证运动下使"冲动"由差别、对立走向多样性的统一,在实体的"力"的辩证运动下,使伦理冲动、经济冲动与科技冲动找到共同的统摄、托载与媒介,建构现实的生态自然世界中的伦理—经济生态、伦理—科技生态,使"冲动的合理体系"外化为现实,达到"冲动力"的辩证生态运动。由此可知,在道德哲学的理论体系中,伦理冲动、经济冲动与科技冲动要由概念性的存在外化为现实,由潜在、自在走向自在自为的存在,必须在"力"的"共同媒介"的作用下,建构伦理冲动—经济冲动、伦理冲动—科技冲动的"力"的"合理体系"。

理性主义塑造的现代社会,往往局限于从单纯的经济学意义上或自然科学的发展意义上研究生态实践主体的经济冲动力与科技冲动力,脱离了伦理冲动力的必要补充和向实体归依的道德"情感"信念,必定会陷入物质欲求和本能冲动的泥沼,忽略了人类生命主体利益需求的合理性与精神追求的价值性,必将对自然生命系统的可持续性发展带来严峻的负面影响,引发"生态困境"。单纯的经济冲动力在物欲追求和利益驱动机制下追求财富的获得,以使人类从自然的外在控制下获得解放,实现客观"自由",但是单纯的利益驱动机制无法跨越物欲追求的无限性,外在"自由"的获得以牺牲内在"精神自由"为代价,主观情欲的任意性与偶然性的充分释放阻碍"全面自由"的发展。人们凭借愈益先进的科技手段摆脱外在必然性的束缚,却愈益深入地把自身带入主观情欲的限制中,即在获得"自由"中失去"自由",这是单一的经济冲动带来的"囚徒困境",并且,当市场经济的利益驱动机制充分释放主观情欲的贪婪攫取性时,便会把矛头指向外在自然物质资源,占有、掠夺、多买、多用、多扔的生产、生活与消费怪圈必然把经济的发展引向没有疆界的恶性循环,阻碍自然生命系统的可持续发展,甚至造成不可逆性的破坏与毁灭。然而,试图通过不断创造和刺激人的经济利益需要或者满足人们物质需要的途径来摆脱单纯经济利益冲动的缺陷,似乎走到了穷途末路,这不仅因为单纯的经济利益冲动下人的物质欲求具有无限性,而且还由于倘若人的物质需求真的得到了满足,那么也便消解了人的积极性、主动性和创造性,这是经济利益冲动无法超越的"悖论"。同样,自然科学领域中的科技冲动力,如果失去了伦理价值航向的引领,也必将引发一系列的发展难题,科技作为推动社会发展的充满生机与活力的生产力范畴和革命性的力量,自身具有冲破一切阻隔的内在驱动力、生长勃发性与难以控驭的顽强秉性,在探索人类自由与幸福的"真"的自然必然律的道路上,其发展永无止境,日新月异,与道德的不易变动的稳定性形成一定反差,呈现"分离"的趋势。因此,科技理性的创新超越性必将不断突破传统的道德规范束缚,特别是对成为科技发展羁绊的旧道德的超越与突破,这在一定程度上又是科技发展的必然选择,虽然科技的创新和超越能够催生与之相伴随的新的道德价值理念,并开拓道德的研究视阈,但是失去了符合时代发展的合理的道德价值的引导，便潜隐着偏离道德价值规范的时代困惑，并可能造成道德价值的沦丧。为此，科技冲动必然要寻求伦理冲动的价值导向，补充道德信念的精神营养和动力支持因子。当然，必要的伦理冲动也应当植根于高科技的土壤，不断挖掘汲取生活世界的科技创新成果，填补道德价值"落后"的不足，使伦理冲动信念具备"与时俱进"的旺盛生命力，为科技冲动力真正提供不竭的"善性"动力支持。

在现实的生态自然世界，属于"实践目的论"范畴的经济冲动与"实践工具论"范畴的科技冲动共同指向"外在自由"的实现，使人类从自然的外在控制下得到"解放"。然而，从属于"实践价值论"范畴的伦理冲动则指向"内在自由"的实现，使人类从内在情欲束缚和主观任意性与偶然性的控制下"解放"出来，"内在自由"的实现蕴含着对"外在自由"的深层理解、体验与内化，是更高层面的"精神自由"，也是人的生命存在的意义标志，并且"外在自由"与"内在自由"的相融契合才是完整的人的"全面自由"。"冲动"是"法哲学"体系的基本概念，无论是经济"冲动"还是科技"冲动"，其共同植根于自然、社会的实践土壤，必定与人类文明的基本价值理念贯通融涉，在人—自然—社会的生境中，在"力"的普遍性的共同媒介作用下，沟通伦理冲动—经济冲动—科技冲动，建构"力"的合理体系，在生态文明的视野下，使"冲动力的体系"外化为现实，再现"伦理—经济生态"与"伦理—科技生态"的合理机制。

（二）"冲动力的合理体系"与生态文明

在"冲动力的合理体系"中，如果说，作为"实践目的论"范畴的经济冲动力的方向指向"利"，作为"实践工具论"范畴的科技冲动力的方向归依于"智"，那么作为"实践价值论"范畴的伦理冲动力则指向"义"，而后者却是克服生态实践悖论、应对"生态困境"难题的关键的"冲动力"。

"义"的价值方向性在经济行动和科技活动中具有规范和调节意义，它是向实践行动落实的"应然"的准则和规定，是人的生命意义层面的价值直觉和伦理冲动的"普遍性"，在走向具体的生态实践行动中,"义"的规定贯通于作为经济冲动力作用方向的"利",同时也贯通于作为科技冲动力的归依指向的"智","义""智"与"利"三者相互作用、不可分离。在抽象的概念规定中,"义"是实体性存在的"应然",作为精神价值信念的"一般"存在于抽象的概念和理念中,是抽象的伦理冲动和"义"的潜在存在状态;"义"外化为现实,在具体的自然世界呈现出"义"的不同存在形态,如在"类本质"的精神引领下进行清洁生产、合理消费的实践行动,但同时也体现出伦理冲动力与经济冲动力、伦理冲动力与科技冲动力之间的对立和冲突,即"义"与"利"、"义"与"智"的对立状态,在经济理性的促发下,忽略自然生态资源的有限性与不可再生性,向自然生境变本加厉地展开生态争夺战,同时"科技发展无国界"的理念被贯彻到底,而全然不顾"应用有禁区"的警戒。从黑格尔的道德哲学中推论,只有"义"具有本质性,"利""智"与自然任意性全无本质性,在精神中要执着于作为伦理冲动力的指向的"义",最终落实于具体的实践行动,这是处于自在存在状态的"义"。经过实践行为的反复验证与落实,精神扬弃了"义"与"利"、"义"与"智"的对立,达到"义""利"为一、"义""智"一体,"义"融会贯通于"利"与"智"的运作体系,并对"利"与"智"的实践行动具有意志调节力、控制力和行为选择力,成为现实的伦理精神和伦理冲动,从而建构起合理的伦理—经济生态与伦理—科技生态体系,此时,达到了"义"的自在自为存在状态以及伦理冲动、经济冲动与科技冲动共生互动的"力"的生态状态。这是作为伦理冲动作用方向的"义"与作为经济冲动力的"利"以及作为科技冲动力的"智"的共生互动机制和相互作用过程。

经济冲动力与科技冲动力对生态实践主体的作用方向,分别指向"利"的获得与"智"的进展,然而,"利"与"智"本身并不是经济冲动力与科技冲动力,并非单纯的获利与认知理智,而应当体现于对"利"与"智"的内在渴求和追求,并幻化为实践主体的经济冲动与科技冲动。但是,"冲动"的孕育与激发并非"求利"与"谋智"的自然本能释放,而是基于人类文明深处的文化过程与人文机制,是具有人文内涵的动力展现。经济冲动力与科技冲动力指向人们追求自身经济利益和实现科技进步的实践意志行为，是实践主体在实践过程中体现出来的获利与谋智的现实的冲动力。正因为现实的自然世界中存在物质利益以及无限的未为人知的认识领域，才激发实践主体对"经济利益"和"科技理性"的需要与追求，当融入必要的人文价值理性于"获利"和"谋智"的意志行为时，才最终产生了经济冲动力与科技冲动力。由此可知，作为经济冲动力的作用方向的"利"和作为科技冲动力作用方向的"智"与伦理冲动力的"义"是共生互动的关系，其中，作为伦理冲动力的作用方向"义"是共生互动体系中的"本质性"与"普遍物"，在矛盾和对立过程中执着于"义"的普遍性，实现对"利"的自然质朴性、偶然性与"智"的主观任意性的扬弃和超越，达到义利合一、义智一体，从而建构"冲动力的合理体系"。按照德国道德哲学家科斯洛夫斯的论断，经济冲动力是"最强大的动力"，伦理冲动力是"最好的动力"，那么，科技冲动力同样是人的理性认知活动中强大的动力，当经济学的利益逻辑不能发挥合理的作用，以及自然科学的科技发展偏离了正确的航向时，价值意义世界的伦理、道德的力量便应当适时地对其调整，提供"最好的动力"，使之处在辩证互动的"生态"体系中。所以，无论是经济冲动力还是科技冲动力，其内在的冲动品质与发生作用的冲动机制都是与伦理、道德和价值意义诸要素商谈互动的结果，经济冲动力的释放和科技冲动的前进需要伦理冲动力的补充，才能够成为真正合理的经济冲动力与科技冲动力，使经济发展和科技活动产生真正持久的"冲动力"，为经济活动和科技运行提供不竭的发展"助动力"。

在具体的生态自然世界，考察合理完善的冲动力的体系，应当从生态实践"个体"的经济活动与科技研究活动开始，它的释放程度决定总体的经济冲动力与科技冲动力的活动强度，同时也是集体冲动力的"活力"基础；"个体"的行动力唯有在明确的价值理念与伦理信念的推动下才能够获得凝聚力，凝合为统一的集体行动力。因而，作为"单一物"与"普遍物"相统一的伦理能够为统一的集体行动提供源源不断的价值推动力,并且,生态实践"个体"扬弃和超越自身的个别性、偶然性与主观任意性向作为"普遍物"的伦理实体归依,形成生态实践个体的德性,即"伦理造诣",也是向"普遍物"提升并把"普遍物"加以内化的过程。因此,社会的伦理因素是凝聚个体性动力并化合为集体行动力的价值与文化根源,经济冲动力与科技冲动力的凝聚离不开必要的伦理价值因素,即伦理冲动力的必要补充与促动,这是必要的品质保证;此外,经济冲动力与科技冲动力的组织化与系统化需要诉诸一定的制度基础和体制保障,唯有如此才能够在具体的生态自然社会发生切实的效用,推动经济发展和科技进步。制度基础与体制保障通过利益调节与体制改革的形式从经济与政治层面对生态实践主体的经济冲动力与科技冲动力产生影响,并保障生态实践"个体"的行动力凝聚为集体的冲动力,并且,社会实践证明,在良性循环和有序运作的社会中,生态实践个体的经济冲动力更加容易彰显,并在社会价值因素的作用下凝聚为集体冲动力,同时经济共同体与科技共同体的能动性与创造性更加容易被激发出来,发挥其应有的冲动"合力",从而发挥经济冲动力与科技冲动力的强度。因而,在合理的制度保障条件下,道德地追求并享受经济财富,在伦理价值方向性的引领下进行科技成果的研究与应用,才能够为经济活动与科技活动提供可持续性的发展动力,并且,唯有从伦理—经济冲动力与伦理—科技冲动力的视角理解经济冲动力与科技冲动力,才是具有终极价值意义的生态进程,才能超越现实与有限,在生态意义世界获得超越、恒久与可持续性的生态"动力",建构现实的伦理—经济生态与伦理—科技生态。

在现实的生态自然世界,由片面的经济发展观和科技发展观到实现人—自然—社会的全面、协调与可持续发展,需要超越传统的机械分割与还原主义的世界观与方法论,突破生态自然视阈中的"个体主义"特别是"实体个人主义"的局限,以系统整体、综合优化与多元共赢的思维方式建构生态"整体主义",以生态伦理价值的原素弥补经济物欲冲动和科技理性冲动的弊端,实现"经济至上"到"生态经济"、"科技第一"到"生态科技"的飞跃,即建构伦理—经济生态与伦理—

科技生态,最终向生态文明迈进。

传统的经济至上主义认为经济决定一切,经济增长、物欲释放与物质享受被看作是社会进步的唯一标准,于是,在自然生命系统与自然资源面前,人类可以不顾自然资源的永续利用与可持续发展,从而把人类的整体利益与长远利益抛诸脑后,倾尽一切力量掠夺自然资源,导致经济发展与自然环境之间关系的紧张。当掠夺自然资源的行为发生于集体与集体之间甚至实体与实体之间时,便带来集体个人主义与实体个人主义,逃逸社会道德评价以及对道德责任的承担。因此,经济至上主义片面强调国民生产总值的增加以及经济利益的获取,殊不知,经济发展并不等同于社会进步,伦理—经济生态的建构便是为片面的经济发展观填补伦理价值的生态因子,以生态伦理的理念引导经济活动的进行,在遵从生态经济规律的前提下,尊重自然资源的价值与整个自然生命的生态价值,实现生态经济的可持续性发展。同样,"科技第一"主义的理念把科技的发展看作至高无上的权威,认为科技进步决定社会的发展,虽然科技理性的发展曾经推动了社会生产力的发展和社会的进步,为人类带来了巨大的福祉;但是,科技理性的发展如果脱离了既定的轨道,便潜隐着对自然世界的危害性与破坏性,因而,科技理性的发展应当在社会伦理价值理念的导引下,以生态整体主义与可持续发展为指导原则,推动"科技第一"到"生态科技"的转变,在具体的生态自然世界,运用先进的科技手段进行生态保护、生态恢复、生态治理与生态建设,促进人—自然—社会的有机生态系统的可持续发展,这同时也是科技理性发展中的整体论与有机论。

因此,在伦理冲动力—经济冲动力与伦理冲动力—科技冲动力的有机整合下,最终得以建构现实而合理的"伦理—经济生态"与"伦理—科技生态"。具体的经济活动与科技理性活动是"获得",通过社会财富的创造与科技成果的取得而不断地摆脱外在必然性的束缚与限制,获得外在的自由与解放。然而,真正的自由与解放是通过伦理、道德的努力摆脱内在情欲和主观任意性、偶然性的束缚与限制,获得内在的精神自由,内在自由的获得决定外在自由实现的程度,只有不为外物所蔽，才真正触及"自由"与"解放"的实质。如此，人类能够从工业文明的片面发展观中走出来，向生态文明迈进，在扬弃工业文明的基础上建立生态稳定、资源节约、环境友好的生态文明社会，在文化价值理念的指导下全面认识生态系统的内在价值，并运用自身的理性和能动性，在文化价值意义的自觉关注下，确立绿色文化背景之下的自觉生态意识，遵循自然规律，恢复生态平衡，并认真检讨和更新传统的现代化实践理念，对非生态的现代化实践理念和实践模式予以果断纠偏，重新确立人地和谐共生的生态文化根基，提供生态恢复的伦理补偿机制，给予生产生活方式以生态价值的道德引领。

首先，确立人地和谐共生的生态文化根基。工业文明的崛起在带给人们经济增长、物质丰富的同时，也把整个自然生态拖入了空前的危机当中，造成了日益严峻的生态灾难，痛定思痛，在现实而合理的伦理—经济生态与伦理—科技生态的构建下，实现从传统的工业文明向生态文明的跃迁。人类需要重新审视传统的人地关系模式，确立人地和谐共生的生态文化根基，这同时也是当今生态文明建设的"智慧之源"和"价值之根"。

这种崭新的人地关系模式必须深深植根于现代生态科学的土壤，要求人们客观理性地分析人与自然的生态规律，从精神深层上关切自然，增强我们热爱作为生命家园的大自然的崇高审美体验和精神价值信仰，既强调人与自然在生态系统中的一体感通性，又突出人与自然生生相息的生命悟性体验。人地和谐共生的生态世界观包括人与自然的生物关系和文化关系，人类作为生态系统中的普通成员，必须与其他生物与非生物种群和谐共生才有利于维护生态系统的动态平衡，并且人类与其他生命物种各自占据了一定的生态位，相互之间唯有相依共存协同进化才有利于保持生物多样性，实现生态系统的可持续协调运作；人类作为最具有理性意识能动性和反思性的生物物种，具有调节自身行为规范的道德力量，必须在遵循自然规律的基础上，凭借自身的智慧力量，充分发挥积极创造性与主观能动性，以科学理论为指导去探索全面、深入、合理利用和管理自然资源的物质技术手段，克服自然本身的盲目性，使人与自然和谐有序发展。人类既然曾以文化的方式干预了大地的生态进程，也应以文化的方式反思这种"干预"，在实践过程中不断自我完善和发展自身，并最大限度地摆脱自身生物自然状态的本能束缚，提升道德与伦理精神境界，从而成为真正成熟和完善的自在与自为相统一的"大我"的人，以此作为人类善待自然、爱生护生的人性素质源泉，实现人的真正解放和自由，"参天地之化育"，达至人与自然真正和谐共生的"天人合一"的至高境界。

其次，提供平等尊重的伦理生命价值关怀。生态伦理学的诞生使伦理文化关怀的视野由人与人之间的关系拓展到人与自然、人与自身的"价值"审视，在具体的生态实践中要维护生物多样性，实现可持续发展的绿色生态，作为具有理性意识能动性的人类就要对一切生命物种提供平等尊重的伦理价值关怀。

人类与其他生命存在都是生物共同体中的生态单元，各自占据着一定的生态位，共同具有内在深层的"活"的生命机制，对维护生态系统的动态平衡具有不可替代性，一定程度上都是自然生命历程和物种演化过程的真实展现。因而一切生命在生态价值和生存目的上是平等的，理应在内心对之产生真切的尊重之情，暂且不论自然"内在价值"存在的合理性，敬畏一切生命存在、敬畏化生万物的整个大自然从而在内心真诚地激发出关爱生命的伦理情怀就具有一定的理论合理性和实践可行性，这同时也是尊重人类自身、尊重生物多样性和人类文化多样性进而尊重作为生命存在的整个自然生态系统的"价值"表现。人类在工业技术文明社会，基于急剧膨胀、不可遏制的本能私欲对自然生态的动植物生命物种大肆摧残，直至影响到自然进化的正常秩序，危及人类的生命存在时，才开始动用作为文化的存在的人类的"反思"功能，从价值观的思想深层探寻根源，对自然生态系统提供平等尊重的伦理生命价值关怀，希望人类的这种生态"醒悟"不算太晚。

再次，实施生态恢复的实物补偿与伦理补偿机制。几个世纪以来的工业文明的技术图腾社会，人类对生物与非生物资源的过度开采攫取已严重影响到生物种群的延续、生态系统结构的完整和生态过程正常功能的发挥，意识到自然资源的有限性和不可再生性，人类应当及时反省，对业已被破坏的自然生态系统及其组分提供生态恢复的实物补偿与伦理补偿机制。

须知，人类的生命存在既依赖于生物圈及生态系统的健康存在和稳定运转，同时也依赖于其他多样性生命物种的生存，生态的破坏及生物多样性的减少必定会危及人类的生存，因此应当给予自然生态系统一个休养生息的过程。生态恢复的实物补偿与伦理补偿机制要求人类在自觉遵循生态规律的前提下，对自然生态系统投入恢复、治理和建设的伦理实践关怀，采取"贴现"和"储蓄"的方式追加环境耗损的成本，"必须像好家长那样，把土地改良后传给后代"，[①] 对自然生态系统投入恢复、治理和建设的伦理实践关怀，对自然界给予人类的"恩惠"自觉进行报答性的伦理补偿。落实到实践层面，要求人类立足于地球生命家园的持续健康稳定的根本前提，对被破坏的生态系统一方面进行救治性的保护和建设、规划与设计，即适于现实又能满足未来需求；另一方面进行原生态荒野化、封闭性的生态保护和恢复，土壤地力和生物圈的承载力是有限的，适时经过野化的过程，有利于恢复和维持生态系统的完整性和稳定性。要落实此项伦理补偿机制，在当今不同社会群体、不同民族和国家基于各种原因存在利益矛盾和冲突的背景下需要建立强有力的法律保障体系，以督促和确保这种伦理补偿机制得以有效发挥作用；此外，不同的民族区域和国家由于具体的资源地理环境和生产技术方式存在差异，应选择适于本国、本民族发展的伦理补偿机制，多样性的环境保护方式符合生态系统本身的多层次性与丰富性；并且，要取得全球范围内的生态保护效果，不仅需要世界各国人民在各自不同的生态区域进行生态恢复的伦理补偿，而且需要从事生态科学研究的理论学者在掌握现代科技知识的基础上，对人与自然的生态整体综合效应进行跨学科的交流和互动以指导生态实践，拯救我们赖以栖息的生命家园。

最后，进行生产生活方式的生态价值引领。纷至沓来的生态灾难迫

---

① 马克思：《资本论》（第3卷），人民出版社1979年版，第875页。

使具有生态理性意识的主体人开始反思自身的生存状态，要走出工业文明带来的生态危机，赢得未来绿色生态时代的崭新契机，就必须在生态文明的价值引领下对生产生活旧有模式进行一定的提升和跃迁。

生态文明化的生产生活方式秉承现代生态科学所具有的一切伦理道德素质和理性规约，以维护生态系统的结构完整和动态平衡，促进人地和谐与共荣共生。生态价值引领下的生产方式在遵循生态理性原则的基础上使生态高技术的运用更多地融入环境资源可持续增长的节约调控意识和强烈的爱生护生的关爱因子，在绿色价值主旋律的基调下谋求生产的环保、优质、高效与节能；赋予生态价值的生活方式要求彻底告别拜物主义和奢靡消费，重新寻求具有崇高精神价值引领的意义世界，追求人性的充实和自我完善，重新找回勤俭节约与适度消费的人性美德作为生活世界的价值支撑，从内心深处真诚地激发出一种关爱自然、热爱生命、绿色消费、俭朴生活的崇高的道德戒命。同时，进行生产生活方式的生态提升还需要普及全民性的道德教育，从低龄化的环保思想熏陶到广泛系列的生态保护践行，切实提高全民的生态道德素质和精神修养境界，如此才能对环保事业循序渐进地产生长远的生态效应。唯此，我们才有理由期盼，21世纪人类的生产生活方式必定能够实现生态道德价值理性的转向，生态文明的绿色时代必将到来，生态世界的"和谐"将不再是一个梦想。

第七章

生态世界"预定的和谐"

在具体而现实的生态自然世界，始终存在"冲突"与"和谐"的对立与角逐，"生态困境"的萌发是最为突出的表现，尤其是在道德哲学的"精神"层面，在生态实践主体的伦理世界与道德世界中，处处彰显着难以消除的"冲突"，这是伦理精神存在的客观"现实"。然而，生态伦理精神的基地和价值目标应当是"和谐"，"和谐"并且唯有"和谐"才是未来生态文明世界的最后"归宿"。"和谐"并不是否认差别和对立，并非是矛盾双方的绝对同一，而是包含着对立面的双方相互联系、相互依存的思想，强调平衡、协调与合作，因而是哲学精神层面的"包容万物"和"兼收并蓄"，在面对冲突、协调矛盾的过程中实现多样性的统一，"和而不同，同则不继"，"和谐"的本质正是在协调多种因素的差异并发挥各种要素的效能的基础上实现的"优势互补"，总体趋势是推动事物的前进和发展。并且，"和谐"是精神价值体系中伦理世界和道德世界的"文化本性"和"文化本务"，唯有通过伦理精神的"解释系统"的努力才能够对付"生存困境"，生态"和谐"的价值目标的追求最终推动"人—自然—社会"生态和谐世界的建立，实现生态自然世界与精神价值世界"和谐"的辩证复归。

丹尼尔·贝尔在《资本主义文化矛盾》中提出，"文化本身是为人类生命过程提供解释系统,帮助他们对付生存困境的一种努力"。① 樊浩先生分析认为,现实而世俗的"生存困境"是文化得以产生的前提,文化的本性与努力的方向是通过提供作为文化存在形态的"解释系统",对付"生存困境"、超越"生态困境",实现人类生命过程的"和谐",所以,"'生存困境'—'解释系统'—'生存困境'的扬弃、'生命过程'的和谐,是'文化'自我运动的辩证过程"。② 因此,作为文化"解释系统"的伦理与道德精神虽然同样遭遇文化中的"两难",但其价值目标却是指向"和谐",基于"应然"的文化"解释系统"在人的生命意义层面创造的是一个"善"的价值世界,"释善"是为"致善",在阐释生命的真义的基础上指向生命的"善"的实践,特别是"善"的文化理念在现实的生态自然世界中的落实以及"善"的伦理冲动的外化,即"致善"。所以,在"实然"的冲突与"应然"的和谐之中,唯有"和谐"才是伦理文化的精神基地和价值目标,归依"和谐"、指向"和谐"是伦理精神的文化本性,这是伦理精神通过"解释系统"建构的伦理同一性和道德同一性,也是文化"解释系统"为人的"生命过程"进行的价值选择和价值目标认定,即伦理世界"预定的和谐"与道德世界"预定的和谐"。并且,唯有通过对生态价值世界"和谐"的预设,实现"生命过程"的和谐,才能够应对"生态困境",推进生态自然世界"和谐"的落实。

在现实的生态自然世界,存在人与自然的对立和冲突的"现实",应对"生态困境",走出人类面临的"生存困境",是扬弃冲突、实现辩证和谐的"生态"过程。然而,真正使生态自然世界从"冲突"走向"和谐",首先应当在伦理精神和道德哲学的意义上设置一种先定的"价值直觉"和"价值承诺",这样一种"价值公设"就是"生态和谐"。在文化"解释系统"中,"生态和谐"必定要被"精神地"规

---

① [美]丹尼尔·贝尔:《资本主义文化矛盾》,赵一凡、蒲隆、任晓晋译,生活·读书·新知三联书店1992年版,第24页。
② 樊浩:《道德形而上学体系的精神哲学基础》,中国社会科学出版社2006年版,第643页。

定、把握，并被"精神地"实现和完成，作为人类生命的最高价值指向的"和谐"是"精神自由"的显现，同时也是意识与意志、思维与理性、认知与冲动、知与行的辩证统一。考察价值"意义世界"的"预定的和谐"，主要包含伦理世界"预定的和谐"与道德世界"预定的和谐"。黑格尔在其道德哲学体系中对伦理世界和道德世界做过区分，"精神现象学"的研究以自由意识为对象，目的在于建构"精神"的和谐实体，"伦理世界"是真实的伦理精神实体与自然和谐的伦理精神实体，这是伦理精神发展的潜在状态，"神的规律"和"人的规律"造就了家庭与民族的伦理实体；作为过渡环节的"教化世界"，即异化的伦理精神实体，它是伦理精神的自在状态，包括财富与政府；直到"道德世界"，通过良心与善的文化"解释系统"的努力，才成为具有自身确定性的伦理精神实体，在"道德世界"，真正和谐的伦理精神才在个体内在的实体性中得到落实，是伦理精神的自在自为存在状态。由于研究对象的不同，黑格尔的"法哲学"体系经过了"抽象法—道德—伦理"的辩证发展过程，意志自由的实现进程也同样体现出"和谐"的真义，如果说"抽象法"是自由意志的"抽象和谐"，"道德"是自由意志的"主观和谐"，那么，"伦理"阶段则是自由意志的主观与客观、特殊与普遍的"和谐"。因此，"和谐"是伦理精神的实质，建构伦理实体的和谐同样是伦理世界与道德世界指向的目标，伦理与道德"具有本质上不同的意义"。① "伦理"与"道德"虽然都是"精神"，但"伦理"的精神本质是社会性、客观性的实体的精神，伦理的主体是具有"普遍性"和"客观性"的伦理"实体"与"共体"，目的在于建构"社会意识"与"民族精神"，指向"客观意志"，是主观的"善"和自在自为地存在的"善"的统一；"道德"的精神本质是个体性、主观性的精神和道德的"自我意识"，道德的主体是道德个体或道德自我。在道德的世界，个体的意识、行为向具有"普遍性"的准

---

① ［德］黑格尔：《法哲学原理》，范扬、张企泰译，商务印书馆1996年版，第42页。

则和法则归依,推动伦理精神在个体内在的实体性中得到落实,是把客观的"善"和伦理实体性加以内化并融会贯通的主观的"善"与"和谐"。因为,"德毋宁应该说是一种伦理上的造诣",[①] 所以,在"法哲学"的角度加以解读,道德应当以伦理为前提并且只有在伦理精神的客观运作中才获得自身的真理性,"善"的意志的抽象合理性只有向现实的合理性过渡,才能够向实践落实,彰显"善"的自由意志的实践合理性。因而,从伦理世界的生命过程向道德世界的生命过程过渡,是不断克服"冲突"和"悖论"、超越生命世界的"生存困境"和自然世界的"生态困境"的必然过程,由此建构人与自然关系的生态"和谐"。

第一节 伦理世界"预定的和谐"

作为生命的文化"解释系统"应当为人的"生命过程"建构某种文化同一性,当面对"生存困境"与"生态和谐"的两难进行价值选择时,首先应当在价值直觉的基础上设定某种价值承诺和价值目标,即在具体的自然生命世界建构伦理世界"预定的和谐"。

一 "真实"的精神世界

伦理世界在黑格尔的"精神现象学"中被认为是"真实"的伦理精神实体,并且实体的本质是"精神"。在黑格尔的理论中,精神是"单一物与普遍物的统一",即作为"单一物"的个体通过行为向作为"普遍物"的人的生命的普遍意义和终极目的归依,和谐的伦理精神的价值理念渗透贯通于生命个体内在的实体性中,并以"普遍物"的形态表现出来,呈现出"实体"与实体意识,所以,在"精神"的规定下形成了"单一物"与"普遍物"统一的实体性的世界,这就是"伦

---

① [德] 黑格尔:《法哲学原理》,范扬、张企泰译,商务印书馆 1996 年版,第 170 页。

理世界"。"伦理是一种本性上普遍的东西",① 实体是超越了个体和整体的"共体"与"公共本质",因而伦理实体是"单一物"与"普遍物"的统一,只有在"精神"中被把握,并只能被"精神地"认同和接受。此时,"伦理行为的内容必须是实体性的,换句话说,必须是整个的和普遍的;因而伦理行为所关涉的只能是整个的个体,或者说,只能是其本身是普遍物的那种个体"。② 由于"精神"具有外化自身的能力,因而"伦理实体"能够外化为现实,具有个别化了的具体的、现实的存在形态,这同时是"伦理世界"的存在形态,是"单一物"与"普遍物"统一形成的现实的"整个的个体",所以,"实体,一面作为普遍的本质和目的,一面作为个别化了的现实"。③ 所以,诸伦理个体与伦理原素作为"个别化的现实"与普遍的精神本质和目的统一,形成了世界的多样性的存在形态,便构成了"真实"的精神世界,即"伦理世界"。

"精神自由"的实现有其自然的"生命过程","伦理世界"是"生命过程"中重要的环节。现代社会的理性主义消解了伦理世界"和谐"的真义,从现实的伦理生活世界到整个道德哲学体系以及自在自为的"伦理精神"的统摄中,"冲突""对立"与"紧张"往往更加具有"真实性","和谐"与"预定的和谐"在遭遇现象的遮蔽后,却成为幻象的"乌托邦"。伦理世界中彰显着不可回避的矛盾状态,即"构成'伦理世界'的诸结构,即诸伦理实体之间的矛盾;各种伦理实体所依循的伦理规律之间的矛盾;个体与实体之间的矛盾"。④ 黑格尔在其"精神现象学"理论中提出了两种伦理实体存在形态,即家庭与民族,"法哲学原理"中提出了家庭、市民社会、国家三种伦理实体存在

---

① [德] 黑格尔:《精神现象学》(下卷),贺麟、王玖兴译,商务印书馆1996年版,第8页。
② 同上书,第9页。
③ 同上书,第5页。
④ 樊浩:《道德形而上学体系的精神哲学基础》,中国社会科学出版社2006年版,第653页。

形态，不同的伦理实体存在形态之间存在差异、对立和矛盾，家庭成员遵循"人的规律"，社会公民遵循"人的规律"，两种规律体现了两种伦理精神的不同，并且，个人与社会、个体与实体之间同样存在不可避免的矛盾与冲突。然而，对立与冲突并不是"伦理世界"的本质，冲突的背后"预定"了伦理世界的实体性"和谐"。中国"家国一体""由家及国"的道路是经过漫长的历史积淀和岁月的洗礼而形成的宝贵的文明资源，家庭"平静地扩大"为民族与国家，在由原始社会向文明社会过渡的转型期对于中国走向文明之路起到了相当大的作用，这是人类智慧的文明选择，并同时体现了家庭与民族伦理实体的"和谐"真义。中国几千年的文明成就再一次印证了"家国一体"、家庭与民族在伦理精神层面"预定的和谐"的理论合理性与历史合理性。虽然黑格尔在"法哲学"中提出了作为伦理实体表现形态的"市民社会"的概念，但并不能否认"和谐"的最终旨归，正如樊浩先生所指出的，作为"个人利益"硝烟弥漫的战场的"市民社会"，在某种程度上可以看作是家庭与民族的过渡环节，看作是伦理世界"预定的和谐"的自我运动的辩证环节。因此，伦理世界中诸伦理实体：家庭、市民社会、国家是具有"精神"的实体性的"现实"，在"伦理精神"的层面存在"预定的和谐"。

伦理世界中的各伦理实体所依循的伦理规律不同，"实体成了一种自身分裂为不同方面的伦理本质，它分裂为一种人的规律和神的规律"。①"神的规律"与"人的规律"是相对于家庭与民族，或者说是家庭、市民社会与国家伦理实体形态的规律，是伦理世界中的两种势力和两种本质。"神的规律"是家庭自然伦理实体及其家庭成员的行为所遵循的规律，"人的规律"是民族伦理实体及其民族公民的行为所遵循的规律，两种规律的作用方向不同，从而造就了家庭成员与社会公民两种伦理精神的矛盾。然而，两种规律在本质上都是伦理实体的规律，体

---

① ［德］黑格尔：《精神现象学》（下卷），贺麟、王玖兴译，商务印书馆1996年版，第5页。

现了作为"单一物"的个体与作为"普遍物"的共体之间的关系,并且,家庭成员与民族公民是相伴而生、共同存在的,虽然现代社会的理性主义不断否定家庭作为自然的伦理实体的地位、消解家庭的神圣性和义务的源泉的价值,并试图以"人的规律"取代"神的规律",但是现代性的碎片最终带来的却是伦理世界的危机。因此,"神的规律"与"人的规律"并非存在某种不可调和的矛盾,超越差异与对立,应当发现二者之间"预定的和谐",从而推动统一的伦理世界的"共生和谐"。此外,在伦理世界中同时存在个体与实体之间的矛盾,个体是构成实体的原素,正如黑格尔在其理论体系中分析了作为个体存在的"男人与女人",这是两种不同的伦理性格。"在考察伦理时永远只有两种观点可能:或者从实体性出发,或者原子式地进行探讨,即以单个的人为基础而逐渐提高。后一种观点是没有精神的,因为它只能做到集合并列,但精神不是单一的东西,而是单一物和普遍物的统一。"① 因此,"从实体性出发"与"原子式地进行探讨"的实践方式能够带来不同的实践结果,这是二者的差异和对立,但同样存在二者关系中的"预定的和谐":没有"精神"的个体是不具有现实性的飘忽的"阴影",只有向实体归依,实现"单一物"与"普遍物"的统一,获得个体的"实体性",才能够克服自身的偶然性与主观任意性,从而作为真正意义上的"道德主体"去行动。

因此,伦理世界的文化本性与文化本务应当是也必定是"和谐",无论作为伦理实体存在形态的家庭与民族之间、作为伦理世界的两种势力的"神的规律"与"人的规律"之间还是个体与实体之间,都存在相统摄、过渡与融会贯通的"和谐"本性,并且,"和谐"是扬弃道德哲学内部伦理精神"冲突"的必然途径,只有通过伦理世界"预定的和谐"的文化解释才能够超越生态实践主体的"生存困境",应对人类在现实的生态自然世界中遭遇的"生态困境"难题。

---

① [德]黑格尔:《法哲学原理》,范扬、张企泰译,商务印书馆1996年版,第173页。

二 伦理世界"预定的和谐"

生态自然世界中存在作为"个别化的现实"的诸伦理个体存在形态，并具有向"普遍物"归依和提升的内在冲动力，当"单一物"与普遍的精神本质和目的相统一，便造就了生态自然世界的多样性的存在形态，这就是精神价值理念层面的"伦理世界"。面对日益严峻的"生态困境"的现实，文化的任务是为之提供一个"解释系统"，以"对付"人类面临的"生存困境"，走向生态"和谐"，这种"和谐"是伦理世界"预定的和谐"，同时也是走出"生态困境"的可能性前提，主要表现为伦理世界中诸伦理实体之间、伦理规律之间以及生态实践个体与实体之间"和谐"的价值预设与价值承诺。

首先，文化"解释系统"为生态伦理世界预设了"和谐"，在认识自然、改造自然的生态实践活动中，诸伦理实体存在形态即家庭与民族应当能够充当生态道德教育的实体"基地"。如果说，"家庭"是生态道德教育的自然实体"基地"，"民族"或者说市民社会与国家是生态道德教育的最大的实体"基地"，那么，二者之间互补共生，"生态自然世界"则成为融"家庭"与"民族"命运于一体的生态道德教育的最高的实体"基地"，这是生态自然世界中伦理实体之间"预定的和谐"。

家庭作为自然的伦理实体，凸显的是作为"单一物"的家庭成员与作为"普遍物"的家庭伦理实体之间的关系，即自然伦理的生命关联，是生态道德教育的自然实体"基地"。"在这里，我们似乎必须把伦理设定为个别的家庭成员对其作为实体的家庭整体之间的关系，这样，个别家庭成员的行动和现实才能以家庭为其目的和内容。"① 所以，个别家庭成员以家庭伦理实体作为生命诉求，并向家庭归依，家庭伦理实体成为家庭成员行动的"神圣性"和"义务"的渊源，是"直接的

---

① ［德］黑格尔：《精神现象学》（下卷），贺麟、王玖兴译，商务印书馆1996年版，第8页。

和自然的伦理精神"。从"现象学"的"意识"角度来理解,"伦理是一种本性上普遍的东西"。① 从"法哲学"的"意志"概念出发来分析,"伦理是在它的概念中的意志和单个人的意志即主观意志的统一"。② 家庭作为自然的伦理实体,体现出了这种不可动摇的"普遍性","在这里,个人把他冷酷无情的人格扬弃了,他连同他的意识是处于一个整体之中"。③ 作为家庭成员的个体在向家庭伦理实体提升的过程中能够不断扬弃自身的主观任意性、偶然性以及冷漠的"个别化"的趋向,接受适时的生态道德教育。因为,家庭成员个体通过"爱和感觉"的形式获得家庭普遍的伦理精神,"作为精神的直接实体性的家庭,以爱为其规定,而爱是精神对自身统一的感觉"。④ "爱"与"感觉"诉诸某种不需加以反思的直接性,因而是一种自然的伦理情感,"所谓爱,一般说来,就是意识到我和别一个人的统一,使我不专为自己而孤立起来"。⑤ 并且,"家庭"是人生旅途的第一站,同时也是个体接受道德教育的第一所学校,因为,家庭道德价值教育关涉人的生存的终极性问题,比普通的技术理性教育具有优先性,传统"修齐治平"的逻辑进路以及"家国一体,由家及国"的发展路径都从侧面证明了家庭作为生态道德教育出发点的可能性与合理性。联合国环境与发展大会确立的主题是"一个地球,一个家庭",把家庭看作是地球的缩影,因为"生态"一词原本就含有"生物之家"的意味,诉诸家庭"爱和情感"的生态道德教育往往能够产生事半功倍的效应,节水、节能、养花种草的关心家庭环境的行为可以推广到整个自然之"家","珍惜生命、热爱自然"的生态理念通过家庭的引导渗透于生态实践"个体"的生命脉搏,因此,家庭伦理实体能够成为生态道德教育的自然实体

---

① [德]黑格尔:《精神现象学》(下卷),贺麟、王玖兴译,商务印书馆1996年版,第8页。
② [德]黑格尔:《法哲学原理》,范扬、张企泰译,商务印书馆1996年版,第43页。
③ 同上。
④ 同上书,第175页。
⑤ 同上。

"基地"。

作为自然的伦理实体的家庭具有内在的自我否定因素,随着家庭内部子女的成长,原初的自然家庭在伦理上开始解体,其伦理普遍性在家庭成员的"反思"中以"假象"的形式映现出来,原初的自然家庭自然而然地分裂为众多的家庭,它们之间"相互见外地对待着",于是,开始向"民族"的伦理实体存在形态过渡,"民族"或者说市民社会与国家是生态道德教育的最大的实体"基地"。"家庭的扩大,作为它向另一个原则的过渡,在实存中,有时是家庭的平静扩大而成为民众,即民族,所以民族是出于共同的自然渊源的,有时分散的家庭团体通过霸道者的暴力或出于自愿而集合一起,自愿结合是出于相互钩系的需要和相互满足这些需要所引起的。"① 所以,民族伦理实体的形成有其共同的自然渊源与和谐的自然基础,"和谐"是其公共本质。家庭成员在家庭的分裂和自我否定中不断进行反思,从而把握伦理的普遍性,于是,家庭成员走进社会,成为社会公民、国家公民和民族成员,民族,或者说市民社会与国家成为家庭伦理实体的否定形态与扩大形态,并同时孕育了民族伦理精神,市民社会与国家可以看作是民族伦理实体的具体存在形态。民族伦理实体的本性仍然是伦理的"和谐",是作为"单一物"的民族公民向作为"普遍物"的民族伦理实体归依与提升的过程,并且,民族或者市民社会与国家相对于自然的家庭来说,是更广阔意义上的伦理实体的存在形态,"国家是伦理理念的现实——是作为显示出来的、自知的实体性意志的伦理精神,这种伦理精神思考自身和知道自身,并完成一切它所知道的,而且只是完成它所知道的"。② 普遍性的伦理精神在国家中实现,"成为国家成员是单个人的最高义务"。"由于国家是客观精神,所以个人本身只有成为国家成员,才具有客观性、真理性和伦理性。"③ 因此,生态实践主体唯有走出家庭、走向社会、走

---

① [德]黑格尔:《法哲学原理》,范扬、张企泰译,商务印书馆1996年版,第195—196页。

② 同上书,第253页。

③ 同上书,第174页。

向民族与国家，才能够在更普遍的意义上接受、认同生态道德教育，通过社会教育机构和其他组织、社团的教化接受科学的生态知识教育，在市场经济条件下，对社会公民进行生态意识的养成教育，运用新闻传播媒体和网络的强大舆论导向和制约作用对危害环境的行为予以揭露和抨击，对有效保护生态环境的行为加以提倡并弘扬，从而营造良好的生态道德教育氛围，提高全民的生态意识，建构普遍的生态道德教育"基地"。

此外，无论自然的家庭伦理实体中的家庭成员，还是民族伦理实体中的民族公民，经过家庭的生态情感的熏陶教化与社会、国家的生态理性教育后，应当把内化的生态理性认知运用于具体的认识自然、改造自然的生态实践行动中，于是，就要走入具体的生态自然世界，通过对复杂、生动的"生态困境"的体认，深化自身的生态理性认知，通过对自然生境"爱"的情感的推移与生态理性行动的推动，克服人类自身生产生活方式的非合理性，缓解"生态困境"。因此，具体而生动的生态自然世界融家庭、民族与整体人类的命运于一体，并且是对生态实践主体进行生态道德教育的最为深刻和最高的伦理实体的"基地"。

其次，与家庭和民族的伦理实体形态相对应的"神的规律"与"人的规律"，作为具体的伦理实体和个体自我意识的本质与规律，在生态道德教育中同样发挥着各自的作用，在"神的规律"的引导下能够诉诸"爱"的情感化的生态道德教育模式；在"人的规律"的启发下能够诉诸社会公民的生态道德法则的"理性"教育模式；"神的规律"与"人的规律"辩证契合共同缔造了"自然生态规律"，从而能够诉诸保护自然生态家园的情感与理性相互契合的生态道德教育模式，这是生态自然世界中伦理规律"预定的和谐"。

黑格尔在其"精神现象学"体系中认为，"神的规律"是家庭自然伦理实体的规律，同时也是家庭直接的伦理精神的规律，作为"单一物"的家庭成员及其自我意识服从"神的规律"的支配，它诉诸某种不可更改的家族血缘伦理关系，依靠某种无须加以反思的"爱"的情感和感觉加以维系，在"神的规律"的引导下和家庭直接性的"爱"

的情感的启发下,生态道德教育能够诉诸情感化的教育模式。在具体的生态自然世界,生态实践主体具有自身"应然"的价值追求,由此决定了现代生态道德教育在方法选择上应当尊重人的主体性并深入主体的心性世界,从而激发主体之间的情感共鸣。"若要为我们的教育事业提供必要的驱动力,我们就应该努力遴选出作为我们的道德性情之基础的基本情感。"① 休谟曾经将事实与价值、理性与情感区别开来,认为道德并非是对理性的符合,道德本质上是"情感","理性"在善恶价值世界面前无能为力。因此,生态知识的理性世界并不能够替代"爱""情感"与"信仰"的生态价值世界,理性的生态知识教育通过主体对客体的体认,目的在于求"真",生态道德教育则通过主体对客体的价值体认,进行生态实践主体之间的价值互通与心灵融契,目的在于臻"善"与达"美",特别是当诉诸"爱"与"感觉"的不需加以反思的直接性时,这种自然的伦理情感有时候能够产生更大的伦理效用,即情感直觉力与伦理冲动力在走向生态实践过程中具有无可比拟的优越性,"爱"作为一种感觉,具有极大的整合力,"所谓爱,一般说来,就是意识到我和别一个人的统一,使我不专为自己而孤立起来;相反地,我只有抛弃我独立的存在,并且知道自己是同别一个人以及别一个人同自己之间的统一,才获得我的自我意识"。"但爱是感觉,即具有自然形式的伦理。"② 在自然之"爱"的导引下,生态实践主体能够向作为"普遍物"的人的"类本质"提升,"不专为自己而孤立起来",克服自身的主观任意性与偶然性,意识到人类与作为"生命之源"的生态自然世界的一体相依性,从而对自然生命系统产生"爱"的依恋之情,珍惜生命、热爱自然。因此,在具体的生态道德教育过程中,在家庭成员与社会公民的生态伦理精神的培养和塑造中,诉诸直接性的"爱"与"情感"的心性教育显得十分重要,"爱"与"情感"是生态实践主

---

① [法]爱弥儿·涂尔干:《道德教育》,陈光金等译,上海人民出版社2001年版,第24页。
② [德]黑格尔:《法哲学原理》,范扬、张企泰译,商务印书馆1996年版,第175页。

体确立道德价值信仰的前提和精神价值追求的内在驱动力,情感性的心性教育从根本上说又是对生态道德主体的人格教育,包含了生态道德主体的道德体验、道德选择与道德判断,是主体自由性特征的充分彰显,所以,"主体性道德人格教育的过程是一个人自身的道德解放的过程"。①

然而,无论是家庭中的"爱"还是生态世界的"情感"心性教育都具有自身的局限性,他们建立在"感觉"基础上,具有不确定性。生态实践主体只有在作为民族实体的关系中,在作为社会公民和国家公民的意识中,才能获得自我确证,"因为一个人只作为公民才是现实的和有实体的,所以如果他不是一个公民而是属于家庭的,他就仅只是一个非现实的无实体的阴影"。②当家庭向民族提升时,理性反思便代替了直接性的情感,"人的规律"便取代了"神的规律",因此,生态道德教育不能否定"理性化"的道德教育方式。

"人的规律"是民族伦理实体或者市民社会与国家伦理实体的"规律",它决定民族或者市民社会与国家伦理实体及其内部个体的意识与行为,是民族公民、社会公民与国家公民意识到自身作为民族伦理实体中的个体,应当与伦理实体的"公共本质"相契合,从而能够用来调节民族伦理实体内部人与人之间的社会政治关系。作为民族国家的公民具有一种理性的反思意识,以对民族或社会与国家伦理实体的普遍本质的归依、认同与维护为真义,这种实体性的"精神"意识渗透于个体并通过实践行为进行外化,便凝结为"民族精神"。于是,在"人的规律"的启发下,生态道德教育应当弥补"情感"心性教育的不足,诉诸理性主义的道德教育方式。民族或者社会与国家相对于家庭来说,是更大的生态道德教育和生态实践"基地",马克斯·韦伯曾经揭示,人类历史是一个不断理性化、不断祛魅的过程,现代化在某种程度上说就

---

① 肖川:《主体性道德人格教育》,北京师范大学出版社2002年版,第151页。
② [德]黑格尔:《精神现象学》(下卷),贺麟、王玖兴译,商务印书馆1996年版,第10页。

是理性化，理性是现代社会的主流意识形态，它通过制度安排和规则律令等形式构建了现代社会、国家的政治经济制度。因此，生态道德教育在民族、国家伦理实体范围内的落实应当兼顾契约精神、权利与义务对等精神以及社会正义理念等，在生态道德法则的教化中缔造民族公民的生态道德素养，"理性的道德教育是完全可能的"，① "当道德开始成为理性化的道德时，并未失去其基本要素；通过世俗化这一事实，道德反而会变得更丰富，获得新的要素"。② 因而，理性能够为道德教育提供促动力。由于民族或者社会与国家伦理实体相对于家庭来说，充满反思性和不断理性化的特征，所以，生态道德教育在民族公民的伦理进路中能够通过生态伦理道德法则的教化，把生态道德规范和自然世界理性化的规范伦理精神传达给生态实践主体，构建民族公民个体合理性的生命秩序与社会生活秩序，培养公民健全的生态意识与生态人格。在某种程度上，这又是一种生态理性知识与道德价值信仰、认知导向与价值构建相统一的公民生态道德教育范式，理性化的道德教育灌输是一种必要的生态道德思想资源的供给过程，当生态道德"良知"与"公正"的伦理准则以社会公共理性的形态向生态实践主体传输时，便能够以生态"道德责任"与"义务"的形式呈现出来，当理性的道德灌输与社会公民的心性价值相交融，融入生态实践主体的意识深层中时，便能够产生巨大的生态实践效应。

"神的规律"与"人的规律"辩证契合落实于具体的生态自然世界，就应当考察"自然生态规律"，在遵循生态规律的前提下，应当诉诸保护自然生态家园的"情感"与"理性"相互契合的生态道德教育模式。

"神的规律"与"人的规律"分属于个体作为家庭成员和社会公民的两种伦理意识，二者之间虽然存在差异但却相互过渡，在"伦理世

---

① ［法］爱弥儿·涂尔干：《道德教育》，陈光金等译，上海人民出版社2001年版，第7页。
② 同上书，第14—15页。

界的无限或整体"中达到辩证契合,"两种规律的任何一种,单独地都不是自在自为的,都不自足;人的规律,当其进行活动时,是从神的规律出发的"。①"伦理王国在它的持续存在里就始终是一个无瑕疵、无分裂而完美纯一的世界。同样,它的运动也是由它自己的一种势力向另一种势力平静的转化,因而每一种势力其本身都包含着和创造着另一种势力。"②"神的规律"与"人的规律"统一的内在机制是个体向伦理实体归依的"德性精神",在自然世界中,两种规律扬弃对立、实现统一,并通过"自然生态规律"表现出来。

"自然生态规律"决定整个自然生命世界及其整个人类的可持续发展。尊重生态规律、保护自然生态家园的生态道德教育应当融会"理性"与"情感"的教育模式,理性主义的生态道德准则的教化应当尊重生态实践个体的主体性,生态知识教育只有深入个体的心性世界并使生态实践主体之间产生情感共鸣才能够通过行为实践对自然生命世界产生切实的生态效应。"理性"与"情感"是人类认识活动中的两个基本领域,以亚里士多德为代表的理性主义伦理思想揭示了理性主义的主导地位,休谟对事实与价值的界分,开启了情感主义的先河。在"自然生态规律"的导引下,生态道德个体走出家庭,走向社会、走向国家和民族,在具体的生态自然世界进行生态道德教育,应当融会主体与主体间性、德性与契约、权利与义务、一元与多元等关系,建构"理性"与"情感"整合的道德教育模式,体现客观约束性与主体能动性、外在规范性与内在主体性的辩证统一,实现生态道德认知导向与生态价值构建、理性教育与情感教育的统一。以"理性主义"的方法进行生态道德知识的传授,并通过道德规约、伦理法则、道德责任与伦理义务的形式呈现出来,不仅能够提升生态个体的主体性,而且能够进一步促进人的自由和全面发展,渗透着社会正义与公平法则的理性精神要真正成

---

① [德] 黑格尔:《精神现象学》(下卷),贺麟、王玖兴译,商务印书馆1996年版,第17页。
② 同上书,第19页。

为生态个体的"实体性意识",应当借助于道德教育的情感化方法,在规范性、义务性和约束性的理性精神下同时兼顾生态实践个体的主体能动性与选择性。在理性与情感、主体性与规范性之间,理性主导情感、情感承载理性,外在规范性主宰个体主体性,个体主体性承载外在规范性,其终极价值指向是在遵循"生态自然规律"的前提下,践行合理的生态道德规范,通过生态主体的具体的实践行为善待生命、保护自然,实现人与自然的"生态和谐",并进一步发掘人的主体性价值,实现人的自由与全面发展。

再者,生态伦理世界的诸伦理个体与实体之间虽然存在差异和对立,但作为"单一物"的生态实践个体具有向伦理"实体"归依的可能性与必然性,无论是家庭成员向家庭伦理实体的归依、民族公民向民族伦理实体的归依还是生态实践个体向自然生命共体的归依,都体现出"单一物"与"普遍物"统一的本质性,并且,生态自然世界的伦理的实体应当作为道德的主体去行动,才能够克服伦理世界的"伦理—道德"悖论,推进自然世界走向生态"和谐"。

伦理世界中,"诸伦理本质以民族和家庭为其普遍现实,但以男人和女人为其天然的自我和能动的个体性"。[①] 黑格尔在其"现象学"体系中先后分析了伦理世界中的诸伦理实体存在形态,"神的规律"与"人的规律",最后落实到"男人和女人"的个体性的伦理原素。在具体的生态自然世界同样存在无数作为"单一物"的生态实践个体,生态实践个体只有向作为"生命之源"的生态自然世界归依,在对自然生命实体的不断的反思与践行中才能够克服自身的主观任意性、盲目性与偶然性,不再是飘忽的"阴影",获得自身的"现实性",自然生命共体作为"共性"与"普遍物",只有在生态实践个体的普遍的精神性的"体悟"中,才能够克服自身原子式的存在方式,获得真正的生命,成为真实的自然生命实体。生态实践个体向自然生命共体归依的这种

---

① [德]黑格尔:《精神现象学》(下卷),贺麟、王玖兴译,商务印书馆1996年版,第7页。

"普遍性",黑格尔称之为"悲怆情素",这是"渗透个体的整个存在的、决定着他的必然命运的一种感情因素"。"在个体性那里实体是作为个体性的悲怆情素出现的,而个体性是作为实体的生命赋予者出现的,因而是凌驾于实体之上的。"① 因此,生态实践个体获得了自然生命共体的"实体性",明确了自然作为人类的"生命之源"与人类作为"自然之子"的伦理信条,便从道德形上的意义层面获得了生态"伦理精神",但是,自然生命共体压制个体的"个别化"与"偶然性",而生态实践个体也是自然生命共体的内在否定因素,生态实践个体的主观情欲和物欲的释放带来了严峻的"生态困境",对自然生命系统和整体人类的生存与可持续性发展带来巨大的冲击。因此,"伦理世界"通过"法权状态"向"教化世界"过渡,在对"财富和政府"的普遍物的反思中,通过"信仰与启蒙"外化,推进到"道德世界",个体才获得了真正而现实的"实体性"。由此,生态实践个体能够超越自身的抽象性与主观任意性,从而向道德"主体"提升。尤其是现代化的碎片所带来的个体与整体、个人与社会的分裂与冲突,使具体生态实践主体在生态自然世界中呈现出"个体主义"与"个人主义"的实践趋向,现代社会通过契约、理性、法律与规约的形式确立起来的集体,只能说是缺乏"精神"的"集合并列","原子式探讨"的方式很难使"整体"形成统一的凝聚力,并向自然生命共体归依,因而建构伦理世界"预定的和谐",还应当使生态实践"个体"向伦理"实体"提升,在"类本质"的精神感召下,体现自然生命共体的普遍本质,克服"个体"的任意性与偶然性,同时,要走出"实体个人主义"的生态悖论,应当使生态自然世界中的伦理实体作为"整个的道德个体"去行动,在生态自然视阈中,使"伦理实体"提升为"道德主体"。由此,我们才有信心直面"生态困境",通过伦理世界"预定的和谐"的价值承诺,向道德世界"预定的和谐"过渡,最终走向生态自然世界的"绿色和谐"。

---

① [德]黑格尔:《精神现象学》(下卷),贺麟、王玖兴译,商务印书馆1996年版,第27页。

第二节　道德世界"预定的和谐"

黑格尔在其"现象学"体系中揭示了精神世界或自我意识生长的辩证过程，即"伦理世界—教化世界—道德世界"，其中，"伦理世界"是"真实"的精神的世界，虽然"伦理世界"存在"预定的和谐"，为应对"生态困境"提供了合理的"解释系统"，但"伦理世界"中潜在着个体性与伦理实体的共体性和普遍本质的矛盾，"自我意识"需要经过精神的辩证运动才能成为现实，由此经过"教化世界"自我异化与自我否定的辩证发展环节向"道德世界"落实。在生态自然视阈下，唯有在"道德世界"中确定"预定的和谐"的价值承诺，使"伦理精神"在实践主体的德性中获得现实的确定性，成为"自身确定"的精神世界，才有可能在生态自然世界中塑造统一的生态伦理行动，促进人与自身、人与人、人与社会以及人与自然的"共生和谐"。

一　"自身确定"的精神世界

如前所述，在黑格尔的道德哲学体系中，精神世界经过了自身的辩证发展过程，由原初混沌未分的统一的"实体性世界"开始分化，如同人类初年经过实践的推进由原始朦胧的"类本质"逐渐产生出意识、自我意识与自我所属感的过程一样，这是人类精神发展史上的一次巨大的跃迁，虽然最初的实体性的"伦理世界"是"真实的精神"的世界，但在共体的普遍本质中仍然潜在个体性与共体性的矛盾与冲突，"伦理精神"只存在于作为"普遍本质"的伦理实体中，真正的"自我意识"尚处在朦胧未发阶段。如果说，精神的自我生长在"伦理世界"处在肯定阶段，那么，经过对"伦理"的外化，特别是"教化世界"的自我异化与辩证否定，精神的自我生长便进入否定阶段，在"异化了的精神的世界"，伦理实体的"和谐"概念性地存在于财富与政府的普遍物中，但同时也彰显着"个体性"与"实体性"的对立和冲突，最终经过"信仰和启蒙"的努力，"伦理精神"向自身回归，不仅凝聚于作为普遍本质的伦理实体中,而且在个体的"德性"中获得现实的确证,"这种在个体中回归并获得个体内在确定性的精神的世界,就是'道德世界'。""道德世界是个体获得自身的伦理实体性,并以伦理的实体性规定自身而形成的个体内在的实体性的世界。"① 伦理共体的普遍本质被个体认同和内化,在个体"德性"中得到确证,成为自在自为的个体实体性,个体内在"实体性"的获得实际上是道德的自我意识形成的过程,精神的自我生长过渡到作为否定之否定的环节的"道德世界"阶段,"伦理精神"便成为自在自为的存在,"道德世界观"形成。"道德世界观这种客观方式不是什么别的,只是道德自我意识本身的概念,只不过道德自我意识把它自己的概念弄成对象性的东西而已。"② "道德世界观"作为道德世界的自我意识,是"道德世界"形成的标志,获得伦理实体性的"道德自我"是"道德世界"的主体存在形态,同时也是"道德世界"自在自为的充分的表现。

"精神自由"的生命过程经历"伦理世界"的"预定的和谐",经过"教化世界"的自我异化,必然向"道德世界"演进,当"道德世界"遭遇自然的自在自为存在状态与道德的自在自为存在状态时,必然以矛盾、对立和冲突的形式呈现出来,"从这个规定开始,一个道德世界观就形成了,这个道德世界观是由道德的自在自为存在与自然的自在自为存在的关系构成的。这种关系以两种假定为基础,一方面假定自然与道德(道德的目的和活动)彼此是全不相干和各自独立的,另一方面又假定有这样的意识,它知道只有义务具有本质性而自然则全无独立性和本质性。道德世界观包含着两个环节的发展,而这两个环节则处于上述两种完全矛盾的假定的关系之中"。③ 因此,对立与冲突在"道德世界"中似乎不可回避,道德与自然之间的分殊对峙与彼此之间的

---

① 樊浩:《道德形而上学体系的精神哲学基础》,中国社会科学出版社2006年版,第666—667页。
② [德]黑格尔:《精神现象学》(下卷),贺麟、王玖兴译,商务印书馆1996年版,第134页。
③ 同上书,第126页。

关系为"道德世界"与"道德世界观"的形成提供了基础与可能性，在充满差异和矛盾的对峙中，唯有执着于义务的本质性才能够克服自然的主观任意性与偶然性，形成"道德世界观"。总体来看，"道德世界内在三种对立：道德与自然的对立；义务与现实的对立；自然规律与道德规律的对立"。① 但是，道德世界的文化本性与文化本务应当是也必定是"和谐"，无论是道德与自然之间、义务与现实之间还是自然规律与道德规律之间都存在相互渗透与融会贯通的"和谐"本性，这是一种"预定的和谐"，在道德与自然的辩证运动和无限发展中才能够存在。在具体的生态自然世界，考察"道德世界"内部诸要素的对立与冲突，并以"和谐"的文化理念"预定"这种生态过程，具有重要的理论价值，通过对道德世界"预定的和谐"的文化解释才能够扬弃生态道德目的与自然任意性之间的矛盾和冲突，确定生态实践个体的道德"实体性"和真实的"伦理精神"，通过生态实践主体的"道德觉醒"即内在生命秩序的建立，从而建构良性的自然生态秩序与社会生活秩序，由此才有可能直面、反思并超越生态自然世界的"生态困境"。

二 道德世界"预定的和谐"

现代性所开创的启蒙神话，给人们带来了社会物质财富的丰饶和生活的舒适，人们希求借助高度发达的现代科技理性的手段摆脱自然必然性的外在束缚和控制，妄图在控制自然、征服自然的野蛮行径中获得外在的"解放"。然而，实践证明，人们愈益获得"自由"便愈益失去"自由"，严峻的生存危机和生态困境正日益紧迫地困扰着人们，资源短缺、能源危机以及生态失衡不仅威胁着人类的生存，而且使整个自然生命系统陷入濒危之境，主观任意性、偶然性与情欲本能的释放把人类拖入了"自由"的陷阱，这是现代"理性人"在开展经济活动、创造

---

① 樊浩：《道德形而上学体系的精神哲学基础》，中国社会科学出版社2006年版，第667页。

物质财富并实现"幸福"的征程中所遭遇的"自由悖论"难题。"自由"是人类生命的真谛和整个人类文明的终极价值旨归,在生态实践主体的道德世界,主要通过"道德"与"自然"之间"预定的和谐"来实现人的"精神自由",努力创造生态道德义务与现实的和谐并使"道德规律"与"自然规律"相契合,"道德规律"成为"自然规律"。当然,这是一个永远需要为之努力并无限接近的生命进程,但是,唯有首先在精神价值层面建构道德世界"预定的和谐",我们才可以期盼未来生态文明社会人与社会、人与自然、人与人、人与自身之间关系的"绿色和谐"。

(一)"道德"与"自然"之间"预定的和谐"

在生态自然视阈,这里的"道德"主要强调生态实践主体的道德目的意识与道德义务,是践行生态道德法则的自我确定性的精神和"唯一本质性的东西",①"自然"主要指自然而然的外在的客观存在,"至于自然,与义务相反,则是无自我的东西"。②"在黑格尔那里,'自然'被细分为'客观自然'与'主观自然'。'客观自然'是道德意识以外的整个现实;'主观自然'指人的感性意志,即人的'冲动'和'情欲'。"③ 因此,"道德"与"客观自然"和"主观自然"的"预定的和谐"成为生态道德世界中的两个公设,同时也是实现"精神自由"的两种维度,"第一个公设是道德与客观自然的和谐,这是世界的终极目的;另一个公设是道德与感性意志的和谐,这是自我意识本身的终极目的;因此第一个公设是在自在存在的形式下的和谐,另一个公设是在自为存在的形式下的和谐。但是,把这两个端项亦即两个设想出来的终极目的联结起来的那个中项,则是现实行为的运动本身"。④ "道

---

① [德]黑格尔:《精神现象学》(下卷),贺麟、王玖兴译,商务印书馆1996年版,第127页。

② 同上。

③ 樊浩:《道德形而上学体系的精神哲学基础》,中国社会科学出版社2006年版,第668页。

④ [德]黑格尔:《精神现象学》(下卷),贺麟、王玖兴译,商务印书馆1996年版,第130页。

德"与"自然"之间"预定的和谐"最终推动"道德规律"与"自然规律"之间"预定的和谐",这是生态道德世界的终极价值旨归,也是价值世界最终的目标归宿。

首先,在生态自然世界中,通过"道德"与"客观自然"的自在的"和谐"的预定,实现自然生态秩序与社会生活秩序的良性循环,通过执着于生态道德义务的本质性的道德行动的努力,使"道德"成为配享"幸福"的条件,使"德福一致"的应然诉求成为一种"必然",这是"世界的终极目的"。

将伦理实体性的精神内化形成的"道德目的"作为"道德意识一般",具有统摄和引领的价值规范意义,在原初的概念存在中,生态道德规范以"纯粹义务"的形式呈现在生态实践主体的意识中,科学的生态价值理念如珍惜生命、爱护自然作为普遍的生态道德信条潜在于生态实践主体的思想意识深层。在此阶段,"首先假定了道德意识一般;这道德意识一般是现实的和能动的,它在它的现实和行动中履行着义务,它把义当成本质"。① 生态实践主体的道德自我意识与"纯粹的道德义务"先天和谐地"同一"着,作为行为结果的"幸福"并未现实地呈现出来,人们尚未真正切实地感受到恪守生态道德义务所带来的"幸福",但"幸福"却抽象地存在于作为"纯粹义务"的"道德意识一般"中;并且,"道德意识决不能放弃幸福,决不能把幸福这个环节从它的绝对目的中排除掉"。"享受固然不直接包含于作为一种意向的道德概念中,却包含于作为一种实现的道德概念中。"② 塑造生态自然世界和谐的努力并不能够排除享受充满生机活力的自然生境的"幸福",一种实现了的生态道德价值诉求应该包含对良性自然环境的"享受",然而,追求"幸福"的过程却总是以"冲突"和"对立"的形式呈现出来,"生态困境"问题的暴露使

---

① [德] 黑格尔:《精神现象学》(下卷),贺麟、王玖兴译,商务印书馆1996年版,第126页。

② 同上书,第127页。

"道德"与"客观自然"现实地分离和对峙着;在生态自然世界的现实中塑造"道德"与"客观自然"的"和谐",应当通过生态实践主体"义务意识"的觉醒,在执着于"义务"的本质性的努力中,使"道德"与"幸福"内在地同一,"道德与自然之间的和谐——或者换个说法,因为只当意识经验到了它自己与自然的统一时自然才成为考虑的对象,让我们把自然换成幸福来说——道德与幸福之间的和谐,是被设想为必然存在着的,或者说,这种和谐是被设定的"。① 因而,在具体的生态自然世界,"道德"与"客观自然"的"预定的和谐"便是"德福一致",但是,道德应当是配享幸福的条件,这是理性的应然诉求和必然归宿,同时也是"理性的一种直接确定性和先决条件",② 于是,成为世界本身的终极目的。

康德的实践理性借助于宗教预设和意识形态的力量,把"德福一致"的伦理建构推进到遥远的彼岸世界加以完成,然而,在宗教的理念链条发生了断裂的当今时代,特别是在出现"道德危机"的生态自然世界,应对"生态困境",重建适应现代性社会体制和结构要求的德福理念和善恶因果链,实现现代化际遇下的"德福一致",应当进行以下努力。其一,"德福一致"观念的现代建构,需要人们对作为社会底线伦理的基本生态道德法则的敬重和无限敬畏,并且,基本的生态德性法则在一定的社会范围内和广阔的时空界域下必须能够被真诚认同并发挥普遍效用。人类社会生活因现代社会的世俗化进程而越来越呈现出价值多元化、行为个性化的趋向,物质利益的需求与德性的养成塑造相互制衡规约,不断地冲突调和,从而使"德福一致"的理念链条出现了"力"的断裂,失去了终极性的价值旨归意义,整个社会愈加物欲化和世俗化,"生态困境"的引发也就不可避免。尽管现代理性社会人的道德善恶价值理念歧异重重,难以归一,然而最基本的生态道德善恶理念

---

① [德]黑格尔:《精神现象学》(下卷),贺麟、王玖兴译,商务印书馆 1996 年版,第 127 页。

② 同上书,第 128 页。

或底线伦理价值信念,如珍惜生命、热爱自然的道德规约无论对于社会还是对于作为整个的个体存在的社会广大民众来说应当能够达成共识,并具有普遍的伦理效用,人作为理性的社会存在,总是努力寻求"善性"的价值建构,这种底线的生态道德戒律为现实的生态实践主体的具体的生态实践活动提供了基本的理念参照,并进一步推动着现实社会"善恶因果律"的重构。人因其理性判断必然服从于基本的生态道德法则,人对生态道德法则的普遍依循所达成的"自由"之境不仅仅是趋于德性的动力源泉,在一定程度上促使"自由"转换成"自然",因而人对生态道德法则的践行直接就成为被虔心效法的德性本身,"道德规律"成为"自然规律",从而促进"德福一致"的"至善"之境的生态实践落实。其二,生态自然世界中,道德与幸福的统一和"至善"因果理念链条的持续要在现实的生态自然社会中寻找"力"的契合途径,还需要依靠客观的生态规章制度等外在强制性的"他律"手段来保证道德与幸福的辩证复归。客观的生态规章制度克服了生态实践个体的主观任意性,并在自然世界中为人们的生态实践行动提供了普遍的价值导向,许可鼓励提倡与禁止谴责惩罚的价值倾向明确无误地体现在生态规章制度中,一切的底线伦理准则都提纲挈领地诉诸生态制度规范。如此一来,尽管生态实践主体的实践行动受到了生态规章制度的限制和约束,但却使生态实践主体的实践行为在遵循生态自然规律的前提下维持自然生态秩序的和谐稳定运转,倘若失去了生态规章制度的外在制约,一切顺从于生态个体主观任性的偶性安排,那么整个生态自然世界中个体行为者的一切实践行动将失去方向的引领并无从归依。只有通过全民践行并不断补充和完善生态规章制度与规范,并依靠生态实践主体的道德主动性的力量,才能为生态自然世界中实践主体的"德福一致"的善恶因果链条的续接提供可能性,逐步造就"和谐"的生态自然世界。其三,转寻生态实践主体内在的生态道德价值信念,诉诸实践主体的内在生态道德戒律和生态良知准则,培养生态实践主体"慎独"的自律意识,专注于最基本的底线生态伦理规约,从而在一定程度上克服并弥补生态规章制度本身的不足。所以,应当鼓励生态实践主体通过自身生态道德的养成和塑造来追求属于自己的幸福生活，使道德成为配享幸福的前提和条件，使道德与幸福真正相对接，从而在最高的本原意义上谋求"德福一致"的"至善"社会，建构良性的生态自然伦理秩序。当然，这需要一个较长的历史时期并靠全体社会成员共同努力的"合力"来完成。

其次，在生态自然视阈中，通过"道德"与"主观自然"的自为的"和谐"的预定，特别是使道德本质性的原素渗透于人们的意志深层，从而克服生态实践主体的主观情欲冲动，摆脱主观任意性与偶然性，获得内在的"精神自由"，实现人的全面发展，这是"自我意识本身的终极目的"，并且，现实的道德行动本身是连接两大和谐的"中项"，它把"道德"与"主观自然"的和谐无限地向前推进，从而获得生态实践主体内在确定性的"精神自由"。

"道德本身"在自我意识中"是行动着的自我所固有的一种和谐；因此，意识必须自己来创造这种和谐，必须在道德中永远向前推进"。① 这里的"自然"是在道德意识中以"冲动和情欲"的意愿形态呈现出来的"感性"的"主观自然"，是生态实践主体感性意识支配下的冲动和欲求，带有主观任意性和偶然性的特点，它有着自身的"个别目的"，所以"它是与纯粹意志和它的纯粹目的相对立的东西"，② 由于意志是冲动形态的意识，冲动与欲求作为意志的存在形式便内在地蕴含于感性意识中，道德意识本身先在地包含"自然"因素，"纯粹思维与意识的感性，两者自在地是同一个意识，而且正是对纯粹思维而言并且正是在纯粹思维之中，存在着这种纯粹的统一；但是，当纯粹思维作为意识的时候，对它而言，就存在着它自己与冲动的对立"。③ 所以，在"纯粹思维"之中，生态实践主体的"冲动与情欲"的意识的感性与关于人的"类本质"和向自然生命共体的公共本质归依的"纯粹思维"，

---

① [德]黑格尔：《精神现象学》（下卷），贺麟、王玖兴译，商务印书馆1996年版，第129页。
② 同上书，第128页。
③ 同上。

二者在作为意识存在形态上具有内在统一性。但是，当"纯粹思维"作为"意识"时，即在道德不断地反思和审视中，作为感性意志的"冲动与情欲"与作为"道德自我意识"的纯粹道德目的与纯粹意志便相互冲突与对立。在具体的生态自然世界，尤其是在现代性的理性主义的促动下，主观任意性、偶然性以及本能冲动与主观情欲的释放使自然生态秩序与社会生活秩序颠倒混乱，日益严峻的"生态困境"严重地困扰着人们的生产生活并对整体人类的生存构成了"威胁"，痛定思痛，人们开始反省与悔悟，精神价值观念深层的"道德自我意识"的觉醒促使人们从自身开始寻找生态困境的根源，在道德哲学的形上深层分别探寻道德认知根源与走向实践的道德意志论根源无疑是一种深刻的理论视角。"在理性与感性这样冲突的情况下，对理性说来，本质的事情是：消除冲突，统一出现，而且作为消除冲突的结果的这种统一，并不是由于双方同在一个个体中的那种原始的统一，而是由于知道了两者的对立才产生出来的统一。"① 克服自然情欲和主观任意性与偶然性的弊端，消除感性情欲与道德自我意识的对立，应当通过道德哲学的反思与道德行为的努力实现二者之间具体的同一，"像这样的统一，才是现实的道德，因为这种统一里包含有对立，通过这种对立，自我才是意识或者说才是一种现实的和事实上的自我并同时是一种普遍的东西"。② 所以，意识到差异、对立与否定并通过自我意识的反省和道德行为的努力克服对立实现的统一是"否定之否定"的统一，对"生态困境"进行道德哲学的反思，在道德认知层面考察生态实践主体的自然观、科技观与人性观的困境根源，在道德意志论和"实践的态度"层面，克服生态自然世界中的"伦理—道德"悖论，在应对个体道德生活的"悲剧"和集体行动的"困境"的基础上，实现生态自然视阈中个体—集体—实体的提升，分析"实体个人主义"隐匿的"道德风险"，在人的"类本

---

① [德]黑格尔：《精神现象学》（下卷），贺麟、王玖兴译，商务印书馆1996年版，第128页。
② 同上。

质"的引领下向自然生命共体归依,并使生态自然世界中的"伦理实体"作为整个的"道德个体"去行动,使"伦理的实体"提升为"道德的主体",由此建构生态自然世界中"伦理—经济—科技理性"冲动的"力"的合理体系,实现人与自然的生态和谐,并且,生态和谐的建构还要通过整个社会、整体人类的具体的生态道德实践行动去努力,实现感性自然对道德目的的符合与一致,建构二者之间"预定的和谐"。

道德本身是"行动着的自我所固有的一种和谐",现实的道德行动本身作为"道德"与"自然"之间和谐的"中项",它把"道德"与"自然"的和谐无限地推向前进,道德"自我意识"不断地创造着"和谐",从而使"道德"的"和谐"成为一个永远有待完成的任务,"道德的完成是可以推之于无限的;因为,假如道德真是出现了,则道德意识就会把自己扬弃掉"。① 由于道德相对于感性而言是具有否定性本质的道德意识,感性与道德的对立和冲突是道德存在的前提,倘若道德与自然之间完成了最后的同一,"在道德的和谐中,道德,作为道德意识或者作为道德现实,就消逝了",即道德在获得自己中又丧失了自己。"道德的完成是不能实际达到的,而勿宁是只可予以设想的一种绝对任务,即是说,一种永远有待于完成的任务"。② 因而,"道德"的实现,或者说,道德与自然的"和谐"并非是一种现实,勿宁说是一种过程,一种永远需要努力、永远有待完成的任务,这是道德自我意识生长的内在逻辑。由此,生态自然世界中"道德"与"自然"之间"预定的和谐"相对于"义务"与"现实"之间"预定的和谐",当"纯粹义务"完成了对"众多义务"的同一,便成为自在自为的道德"自我意识",众多"生态义务"以实现人与自然之间的生态和谐为行动旨归,从而促进自然生命系统的可持续发展与整体人类的可持续生存,推进"德福一致",使生态实践主体的"道德"成为配享自然之"福"的条件。虽然

---

① [德]黑格尔:《精神现象学》(下卷),贺麟、王玖兴译,商务印书馆1996年版,第129页。

② 同上。

"现实地存在着道德自我意识",① 但是"没有道德上现实的东西"。② 生态现实中存在的却是违背生态规律、掠夺自然资源、破坏生态平衡的现象,"义务"与"现实"之间的相互对立与冲突引发了严峻的"生态困境",但是,"道德自我意识是一个自我［或主体］,所以它自在地是义务与现实的统一;这种统一于是便成它的对象,成为完成了的道德"。③ 然而,"义务"与"现实"之间的统一作为"完成了的道德",却只能够存在于"现实的彼岸"。由此,"道德"与"自然"之间以及"义务"与"现实"之间"预定的和谐"同样经历了从"概念中的原初的统一"到"现实中的分离和对峙",最终通过道德行动的努力达到"在道德自我中现实的统一"的生态辩证过程,并且,作为"完成了的道德"是需要永远为之奋斗、永远有待完成的生态任务。因此,在具体的生态自然世界,唯有依靠生态实践行动,才能把作为最终的"道德目的"的"类本质"与自然生命共体的"普遍物"落实于精神深层,克服生态实践主体的主观任意性、偶然性与物欲情欲,在无限推进的生命过程中,不断地接近于道德"和谐"之境。

最后,生态自然世界中"道德"与"自然"之间"预定的和谐"是对"道德世界"的"和谐"的理论确证,"道德"与"自然"的关系问题是"道德世界"的基本问题,"道德规律"与"自然规律"则是支配"道德世界"的基本规律,直面现代性视野下的"生态困境"难题,在生态自然世界实现"道德世界"的"和谐",根本上则在于建构"道德规律"与"自然规律"之间"预定的和谐",使"道德规律成为自然规律"。

生态自然视阈中的"道德规律"是反映"道德世界"中生态实践主体的道德自我意识与道德同一性的本质及其辩证运动的基本规律,由于作为感性意识的情感冲动、本能欲求与作为道德自我意识的"纯粹

---

① ［德］黑格尔:《精神现象学》(下卷),贺麟、王玖兴译,商务印书馆1996年版,第134页。
② 同上书,第135页。
③ 同上。

道德义务"之间彼此制约、相互制衡,即由于生态实践主体的利益差异性与价值多元性,从而在履行生态道德义务的过程中存在相互之间的对立与冲突,多样性的情感冲动与本能欲求与作为"普遍物"的"类本质"与"精神自由"的境界之间总是存在千丝万缕的冲突和对撞,因而"自然规律"作为"道德世界"的自在规律必定发挥自身的作用,生态实践主体通过自身的精神境界的提升,能够向作为"普遍物"的"类本质"与"自然生命共体"归依,与"道德规律"一起促进"道德世界"的辩证"和谐"。由于"纯粹道德义务"的本质是道德行动,通过生态道德行动的力量能够使作为"普遍物"的"道德自身"在自然中呈现出来,使"道德规律成为自然规律","因为按照道德行为的概念来说,纯粹义务本质上就是行动的意识;因此,无论如何应该有所行为,绝对义务应该在整个自然中表现出来,道德规律应该成为自然规律"。① 在生态自然世界,通过对"生态困境"根源的道德认知论与实践意志论的反思,在人的"类本质"与"精神自由"的引领下,以现实的生态道德行动把内化的"道德自我意识"外化于现实的生态自然世界,重新恢复自然生命系统的生机与活力,使绝对的生态道德义务在自然生命系统中彰显出来。由此,在生态自然世界中,"道德规律"应当能够成为"自然规律"。

在"道德"与"客观自然"的辩证关系中,二者在概念层面存在潜在的"和谐",是"不呈现于意识中的和谐",② 因为,"在意识看来,道德与现实并不和谐;但是它又并不是严肃认真地对待这种不和谐,因为在行为里道德与现实的和谐对意识说来是当前存在着的"。③ 经过意识反思的"道德"与"现实"之间总是存在对立与冲突,这同时也是"道德"存在的内在依据,透过道德行动的努力能够建构"道德"与"客观自然"之间的现实的"自在的和谐",应对"生态困

---

① [德]黑格尔:《精神现象学》(下卷),贺麟、王玖兴译,商务印书馆1996年版,第138页。
② 同上书,第137页。
③ 同上书,第139页。

境",走向生态"和谐",这是"道德规律"与"自然规律"整合的第一种过程和境界,"现实的道德意识是一种行动着的意识",而"行为只不过是内心道德目的的实现,只不过是去产生出一种由道德目的所规定的现实,或者说,只不过是去制造出目的现实本身的和谐"。① 因此,"道德"与"现实"之间的冲突和对立是客观自在的,"类本质"的精神价值与现实世界中的本能欲求和情欲冲动总是自在地对立着,生态道德行为能够创造"道德"与"幸福"、"道德"与"客观自然"的生态和谐,所以人们应当关注具体的生态道德实践行动本身。然而,"意识并不是真正严肃地看待道德的行为,勿宁认为最值得期望的、绝对的情况是:最高的善得到实现而道德行为成为多余的"。② 因而,生态自然世界"至善"理想目标的实现,使得"道德规律"成为"自然规律",此时,"道德本身"成为"道德世界"自身,道德意识和"道德行为"便成了多余,这是"道德规律"与"自然规律"整合的第二种过程和境界,于是,实现了"道德"与"客观自然"自在自为的和谐。同样,生态自然世界中的"道德规律"与"自然规律"之间的辩证运动也创造了"道德"与"主观自然"之间的和谐,作为"主观自然"的欲求和冲动是一种特殊的意识形态,是处于实现过程中的"自我意识"表现,因而欲求与冲动作为走向实践冲动的必然环节,应当使生态实践行为在科学的生态道德认知理念的引导下,与生态道德目的相符合,"因为道德行为不是什么别的,只不过是自身实现着的亦即给予自己以一种冲动形态的意识,这就是说,道德行为直接就是冲动和道德间实现了的和谐"。③ 但是,欲求和冲动作为"主观自然"具有自身的"个别目的",虽然"道德目的"与欲求和冲动自在地存在"和谐",但是生态实践主体的"道德自我意识"与"感性自然"的关系在现实中却总是以对立和斗争的形式呈现出来,偶然的幸福成为"道德"的目的,于

---

① [德] 黑格尔:《精神现象学》(下卷),贺麟、王玖兴译,商务印书馆1996年版,第137页。
② 同上书,第139页。
③ 同上书,第140页。

是便从"源头"上"污染"了道德,如果不能够把生态实践的道德行为作为恒常不易的日常行为习惯,而是为了眼前的既得利益去改善环境,只是暂时的、偶然的"幸福",并且,从根本上来说,是对生态"道德"的源头性污染。这种矛盾和对立状态是走向"道德"的过渡状态和尚未完成的"中间状态",因为生态实践主体的"道德"本身要在生态道德行动的无限推演中才可以无限地接近,但却是永远有待完成但又永远不能完成的生态"任务",所以,"和谐"仍旧是"道德"与"主观自然"之间关系的本质,道德的无限运动推动"道德规律成为自然规律"的自在自为的"和谐"。

(二)"道德"与"自然"和谐的生态实践确证

在"道德世界"中,总体上存在"道德"与"客观自然"、"道德"与"主观自然"以及"道德规律"与"自然规律"之间的对立和冲突,然而,"预定的和谐"的道德哲学阐释却为应对"生态困境"、实现"生态和谐"提供了合理的"解释系统",并且,唯有"和谐"才是"道德世界"的本质所在。在具体的生态自然视阈,通过"道德"与"客观自然"之间"预定的和谐"的确证,能够证明个体德性与社会公正,即个体至善与社会至善的辩证和谐;通过"道德"与"主观自然"之间"预定的和谐"的确证,能够证明理与欲、义与利之间的辩证和谐;通过"道德规律"与"自然规律"的辩证运动,能够使生态自然世界中的"道德规律"成为"自然规律",从而努力使"善恶因果律"的理念链条在生态自然世界中真正得以对接。

"道德"与"客观自然"之间"预定的和谐"是"世界的终极目的",通过执着于"义务"的本质性的道德行动的努力,实现社会公正,即"社会至善"。从根本上来说,道德哲学体系自身是关于"善"的意义的文化解释系统,在具体的生态自然世界,诉诸"公正"的"社会至善"理念的追求和落实,即使"道德"成为配享"幸福"的条件,遵循生态道德规律的生态实践主体在"类本质"的引领下向自然生命共体归依,促进人与自然的生态和谐,并最终能够"诗意地栖居",使"德福一致"的应然诉求成为一种"必然"和"现实",这是

"世界的终极目的"。完整的道德哲学结构不仅建构"社会公正",还要通过生态实践主体的"心性觉悟"和"道德行为"的力量,建构"个体德性",即实现"道德"与"主观自然"之间"预定的和谐",这是"自我意识本身的终极目的",通过执着于纯粹"道德目的"的现实的道德行动本身,克服生态实践主体的本能情欲的弊端,摆脱主观任意性、偶然性和片面性,建构个体德性,即"个体至善"。虽然现实地存在"道德自我意识",但并没有"道德上现实的东西",理与欲、义与利的冲突和对立充斥着整个生态自然世界,于是,利益驱动机制和本能欲望的充分张扬使现代人类丧失了本应属于自身的"类本质",远离了"理"与"义",物质贪欲驱使着人类充分释放动物性的本能和情欲,向自然开战、掠夺自然资源,日益严峻的"生态困境"向世人敲响了警钟。痛定思痛,人们开始反省自身,思考"道德",黑格尔曾经指出,只有"义务"具有本质性,而"自然"则全无本质性,以"义务"同一"自然",才能够克服生态实践主体行动的盲目性和不确定性,摆脱主观任意性和偶然性,在坚守生态道德义务的过程中,使生态实践主体向作为"普遍物"的"类本质"归依,彰显自身的生命价值意义,建构内在的生命秩序,同时推动生态实践主体向生态伦理实体提升,并使生态伦理实体作为"道德的主体"去行动,如此才能够避免社会或实体的自然放任,以及生态伦理实体逃逸道德规约和生态道德责任的严峻的生态灾难。所以,在生态实践主体的"道德世界",以"道德目的"和"纯粹的义务"同一"主观自然",才能够实现"个体至善",建构生态实践主体"道德世界"的"预定的和谐",当然,"道德义务"与"现实"在生态实践主体的"道德自我"中达到现实的统一是永远有待完成的任务,作为"完成了的道德"只能存在于现实的"彼岸"。

所以,"个体至善"与"社会至善"的辩证统一,贯通于"道德规律"与"自然规律"的无限运动过程中,同时贯通于生态实践主体推之于无限的道德践履中,在"实践的态度"层面,为应对"生态困境"难题准备了道德哲学的理论根基。在生态自然视阈,无论是通过"道德"与"客观自然"的"预定的和谐"所建构的"德福一致"的"社会至善",还是通过"道德"与"主观自然"的"预定的和谐"所建构的"以义导利"、"以理统欲"的"个体至善",本质上都是"道德规律"与"自然规律"的辩证运动过程,最终使"道德规律"成为感性冲动的规律。这不仅是传统道德哲学体系的古老的"价值承诺",同时也是实现人类"精神自由"的最终"价值旨归",从而为人类的"生命过程"提供"解释系统",以期走出"生态困境",并建构良好的自然生态秩序、社会生活秩序与个体生命秩序,实现人—自然—社会的"共生和谐"。

第三节 走向"生态和谐"

伦理世界"预定的和谐"与道德世界"预定的和谐"的辩证复归与实践落实,最终指向精神价值世界与生态自然世界的"和谐"的辩证复归。在生态自然视阈,无论是伦理实体之间、伦理规律之间还是伦理个体与伦理实体之间所建构的伦理世界"预定的和谐",还是"道德"与"客观自然"、"道德"与"主观自然"以及"道德规律"与"自然规律"所建构的道德世界"预定的和谐",都是作为一种概念"解释系统",在精神价值意义层面为走出人类生命世界的"生存困境"和自然世界的"生态困境",提供道德哲学的形上的托载和支持。然而,无论是"现象学"形态的认识、意识、思维、理性,还是"法哲学"形态的意志、实践与行为,无论是"理论的态度"还是"实践的态度",都停留于"精神一般",扬弃价值的抽象性应当诉诸具体的生态道德实践行为,使其与特定时空中的经济、政治、法律等诸文明因子辩证互动,才能够形成合理的"价值生态",这是"历史哲学"的研究内容。对自然"生态困境"的道德哲学的研究,通过对伦理世界与道德世界"预定的和谐"的设定,应当能够实现精神价值世界与生态自然世界"和谐"的辩证复归,建构人与自然、人与社会、人与人以及人与自身的"和谐"之境,由此实现人的全面自由发展,这是人类文明的绿色希冀。

一 从"冲突对立"到"生态和谐"

虽然不断扩张的现代性对人类的精神价值理念和伦理与道德信念造成误置,并将人类经过漫长的历史演进而建构起来的文明的完整有机性和系统整体性破坏成难以修复的碎片,但是无论如何不能否认现代道德形而上学体系的"和谐"本质与精神价值世界的"生态"内核。生态的觉悟肇始于20世纪人类对人与自然关系的反省、对人类生存环境的忧虑和对人类文明未来发展命运的关注,因而,"生态"的理念不仅适用于人类生存的外部自然环境,在深层次的意义上更适用于整个人类文化和人文精神,是生态自然世界中的"生物生态"到精神价值世界中的"价值生态"的飞跃和提升。精神价值世界不仅指道德哲学层面的"伦理世界"与"道德世界",从总体来看,以道德哲学的生态观点审视"生态困境"难题,会发现,无论是"理论的态度"的研究还是"实践的态度"的探讨,共同属于精神价值世界的理论阐释,并体现了系统有机、内在关联、共生互动与自我生长的"生态"原则,认识、意识、思维与意志、行为、实践,即"理论的态度"与"实践的态度"是生态困境的道德哲学研究的系统有机的生命整体,二者存在共生互补、前后相继的内在关联,并且,对付生态困境的"理论的态度"本身便是一个自洽相融的系统整体,在"类本质"的精神自由理念引导下,对"自然观""科技观"与"人性观"根源的剖析构成了由表及里、由浅入深的分析层次,并共同构成了生态困境的认识、思维层面的"理论的态度"根源,"实践的态度"部分由分析生态自然世界中的实践悖论开始,建构伦理实体"冲动力的合理体系",实现伦理世界与道德世界"预定的和谐",坚持了逻辑的分析理路,并共同处于系统有机、共生互动的生态体系中。生态失衡、能源短缺与环境污染的"生态困境"问题的呈现,是人类整个生态价值体系中诸生态因子的自我生长能力的破坏,当缺失了人的"类本质"的精神价值引领,人的"自然观""科技观""人性观"与走向实践必要的伦理冲动体系便会发生偏差、误置与断裂，失去生态机体的内在生命力，以及"理论的态度"与"实践的态度"健康互动所呈现的价值合理性。

由此，生态的觉悟是走出"生态困境"、实现人类"精神"自由的必然之途，在生态自然世界，作为人类生命表征的"自由"和"解放"最终落实于"精神自由"的实现和凸显，或者透过彼岸世界"宗教"的玄设建构"精神的自由"，或者在精神价值层面通过伦理世界"预定的和谐"与道德世界"预定的和谐"实现伦理精神"自由"与道德精神"自由"的辩证复归。黑格尔曾经指出，"自由"的本质是"解放"，无论是通过科技生产力的发展摆脱经济、政治和自然必然性的外在控制所获得的"解放"，还是运用道德哲学的方法通过向"类本质"的回归并向自然生命共体归依，从而摆脱生态实践主体的不合理的内在情欲、主观任意性和偶然性的内在限制，从而获得的"解放"，都是人类生命"自由"的实现过程。外在"自由"的实现是获得内在"精神自由"的前提和基础，内在"精神自由"的实现是外在"自由"的真义和提升，并且，作为生态实践主体，唯有真正摆脱内在情欲束缚，不为外物所蔽，才能够真正克服自身的主观任意性和盲目性，进行"理论的态度"的觉醒和"实践的态度"的觉悟，实现人"类"精神价值世界中伦理精神自由与道德精神自由的辩证复归，使有序、无限的"道德自我意识"同一无序、有限的生命自然本能冲动，建构良好的自然生态秩序和生命伦理秩序，使生态实践主体在"类本质"的引领下践行生态伦理规约、遵循自然生命秩序，呈现完整的生命"自由"之境。

由此，可以展望，生态实践主体精神"自由"的生态建构与精神价值世界的"和谐"必将能够促进生态自然世界的"有序"，对"生态困境"的道德哲学应对，既是生态实践主体"道德自我意识"不断彰显的生命过程，同时是生态自然视阈中伦理精神"自由"与道德精神"自由"的辩证契合过程。作为"普遍物"的人的"类本质"和"精神自由"的实现，是精神价值世界"和谐"的生态彰显，不仅能够唤醒生态实践主体的道德责任感和伦理使命感，而且能够进一步激发人类道德生命主体的生态实践热情,并树立走出"生态困境"、走向"生态和谐"的坚定信念,并且,唯有如此,才是应对生态难题的必由之路。

二 从"灰色危机"到"绿色生机"

站在21世纪的门槛,我们依稀看到了绿色文明的曙光。绿色是生命之色,绿色是希望之色,建构人的精神价值世界的生态和谐,从道德哲学的形上深层解读并合理应对生态困境,是生态自然世界走出"灰色危机"、走向"绿色生机"的可能选择。

一部人类文明史,就是一部人类与自然相抗争的历史。自人类产生之初,"生态困境"问题便一直潜在或自在地萌发着,在整个世界文明盛衰的历史长河中,往往一方面是经济持续不断地增长,另一方面是与之相伴随的自然资源的衰退与生态环境的退化。人类逐渐远离了茹毛饮血的原始"蒙昧"状态,却由于乱垦滥采和盲目开发,使人类历史上的许多古老文明日渐衰落,步入一种前所未有的"野蛮"状态。良好的自然环境曾经孕育了盛极一时的古巴比伦文明,当先进的农垦与发达的技术向前发展时,却由于人们的"无知"和"偏见",斧头砍伐了森林,森林退变为草原,羊群蚕食着绿洲,绿洲变成了沙漠,肆意砍伐、过度攫取,使古巴比伦文明在两千多年前于漫漫黄沙中逐渐消逝;作为绿洲城郭的楼兰古国,曾经是异常发达并享有盛誉的绿洲古城,在不到半个世纪的时间里,便由于过度开发、干旱缺水、植被破坏、人口激增而消失在茫茫戈壁中,古印度、玛雅文明等都未能摆脱衰落的命运。工业时代的到来,极大地激发了人们的征服欲和占有欲,现代科技的无限制运用,使人们肆无忌惮地征服自然、改造自然,人类的主观能动性被无限制地放大,技术理性取代了自然精神,文化与自然的冲突愈演愈烈,当物质利益成为社会发展唯一的助动器时,人与人之间的关系便逐渐物化,对能源资源的过度消耗使生态环境的承载能力受到挑战,支撑我们生存与发展的选择空间逐渐丧失,全球气候变暖、空气污染、土壤沙化、森林退化、资源枯竭、生物多样性减少、沙尘暴侵袭、臭氧层的耗损与破坏……分散的、区域性的"生态困境"逐渐演化成全球性的

"生态难题",这便是由于人类不合理的实践行为所导致的生态系统的结构和功能的紊乱,同时也是整个人类和生态自然世界所遭遇的"灰色危机",当我们抛弃自然时,最终也被自然所抛弃。由此,带来了人们对增长极限的忧虑,并开始反思自身的行为方式与价值理念。

在中国几千年的文明史中,人与自然的矛盾和冲突问题从未像今天一样如此严峻、如此紧迫,须知,生态自然世界并没有足够的资源来支撑人类日益高消耗的生产方式,也没有足够的生态容量来承载传统的工业化生产模式。为了实现自然生命系统和经济社会的可持续发展,并为子孙后代留下一个良好的生存空间,直面生态困境的现状,从道德哲学的深层合理探寻生态困境的认识、思维与意志、行为根源,即从历史与逻辑的纬度梳理探讨"理论的态度"与"实践的态度"的偏颇与可能的努力方向,从而向生态文明跃迁,是应对生态困境,使生态自然世界由"灰色危机"走向"绿色生机"的必然之途。如果说,农业文明是"黄色文明",工业文明是"黑色文明",那么,生态文明就是"绿色文明"。生态文明是在全球化和信息化条件下实现的人与自然关系的互补共生、相融相契的生态和谐状态,是在合理的精神价值理念反思的基础上,充分利用现代科技的先进成果,在适应现代人口规模的需求条件下实现的社会文明形态的演进与升华,它不是要人类消极地回归自然,而是要积极地与自然实现和谐。充满"绿色生机"的生态文明强调"以人为本",不断提高人的生活水平和生活质量,强调人是价值的中心,而非"自然"的主宰,以人的自由全面的发展促进人与自然的生态和谐,追求经济社会与生态环境的协调发展,建立资源节约和环境友好型的社会,明确经济增长不等同于社会发展,并要求转变高增长、高消费、高污染的工业化生产方式,以绿色消费、资源节约、环境净化的生态方式提升生活质量,使人类真正过上符合人类道德本性的"良善"生活,从而"诗意地栖居",从"灰色危机"走向"绿色生机"。

结　语

"启蒙之后的启蒙"与"觉悟之后的觉悟"

在浩瀚的宇宙长河中，地球只是一颗普通的"蔚蓝色星球"。然而，对于地球生命系统中的人类和其他存在物来说，地球却是他们赖以栖息的生命家园，是他们生存、生活与生命展现的全部。然而，从"蓝色星球"的认知到"绿色温室"的象征，再到"灰色空间"的隐喻，直到"太空救生艇"的呼吁，已使人类感受到"生态危机"的步步进逼，从撒哈拉沙漠到亚马孙平原、从青藏高原到五大湖地区、从人迹罕至的地球角落到遥远缥缈的太空宇宙，"生态困境"乃至"生态危机"到处充斥。因此，"蝴蝶效应"并不是神话，"后天"的故事可能正在上演，玛雅文明的覆灭、地中海文明的陷落以及美索不达米亚文明的坍塌是"生态困境"所引发的"文明灾难"对世人的告诫。现代人类的极端自私、贪婪和无知，使原本生机盎然的地球生物圈正处于濒临瓦解的边缘，痛定思痛，拯救养育了整个人类和所有生命的大地母亲并使其重返青春，是所有国家、全球人类面临的重大使命和严峻挑战。

"人只不过是一根苇草，是自然界最脆弱的东西，但他是一根能思想的苇草。用不着整个宇宙都拿起武器来才能毁灭他：一口气、一滴水就足以致他死命了。然而，纵使宇宙毁灭了他，人却仍然比致于他死命的东西高贵得多；因为他知道自己要死亡，以及宇宙对他具有的优势，而宇宙对此却是一无所知。因而，我们全部的尊严就在于思想。"① 因而，自然界虽然没有给人类留下现成的家园，人却能够用双手和智慧去创造自己的家园，从而"四海为家"。因为人的生存已经超越了简单的生物存在本身，不仅是自然的生命存在，而且能够展现价值生命与精神生命的存在意境，他能够通过自我创造性的活动突破自我封闭的生命循环链条，迸发生命的热情、激发内在的潜能，在"类生命"的层次上实现真、善、美相融契合的"自由"之境。人的自然生命属性表明人类作为自然存在，是本体论上有限的生命存在，因此必须重新回归大自然的怀抱，才能够找到自己的生存之根、维系自己的生命家园；人的精神生命与价值生命属性表明人类具有超越自然存在的限制、追求无限的价值论特征，当人类"在物种方面把人从其余的动物中提升出来"②便实现了人的第一次提升。恩格斯曾经指出，到未来的共产主义社会，人类"才能在社会方面把人从其余的动物中提升出来"③，当人类以"精神自由"的超越的方式从自然中分化出来追求无限时，才成为人的第二次提升，"人如果把人的形成看成人的第一次解放，有了这个解放，人才会有人的自我意识，才会去追求人的生活、创造人的世界，也才会把自己升华为高贵于它物的存在；那么，人从人自己创造出来捆绑自己的狭隘自我的绳索中解脱出来，就可以看作人的第二次解放，经过这个解放，人走出自我封闭的牢笼，从自身的异化中再异化自身，与自然重新融化为一体，只是到了这时人才能占有自己的全面本质，成为真正自由的人，这就是自为的'类'状态"。④ 为此，人类不仅应当改变旧的生产关系，谋求人类共同体内部的和平，而且应当改善人与自然的生态关系，谋求人与自然的生态和谐。然而，启蒙运动的发生使人类理性的力量取代上帝的权威成为世界的主宰，"理性主义"与"个人主义"相

---

① ［法］帕斯卡尔：《思想家》，何北武译，商务印书馆1987年版，第156页。
② 《马克思恩格斯选集》（第4卷），人民出版社1979年版，第275页。
③ 同上。
④ 高清海、胡海波、贺来：《人的"类生命"与"类哲学"》，吉林人民出版社1998年版，第244页。

结合的"启蒙精神"促使人们对传统的教条进行大胆怀疑并进一步挣脱传统等级秩序的束缚,从此,人们从迷信和盲从中走出来,并作为独立自由的个体开始公开运用自己的"理性",改变了自己所加之于自己的不成熟状态,人类的力量瞬间被提升为"普罗米修斯"的力量,"自知无知"的"苏格拉底式的智慧"被人类彻底遗忘。有限的现代人类妄图通过释放物质贪欲的方式凌驾于无限的自然之上,实现对无限的自然实体的征服和控制,于是,遭致大自然对人类的反抗和报复,使人类一步步陷入被奴役、被束缚的境地。"启蒙精神"曾经带来了人的心灵的解放,但却导致了"单向度的人",人类自身正日益被物化和技术化,日益精细的社会分工造成个人实践活动的"片面化",并使人类重新堕落到一种新的"野蛮"状态,"启蒙运动"把人类从中世纪的蒙昧状态中拯救出来,提倡自由、平等、人权,恢复人的价值与尊严,然而却又在"人是目的、人是主宰"的口号下将人类重新置于现代性的对自然征服的"蒙昧"中。诚如马克斯·韦伯所说,"文明"时代是"祛魅"的时代,同时也是"附魅"的时代。"走出现代人的愚昧和野蛮状态,需要一次新的启蒙。"[①] 生态伦理思想的萌生为应对"生态困境"提供了一种新的契机,为"新的启蒙"提供了理论的指导。

因而,"人的第二次提升"不应当将人提升为"神",而应当将人重新还原为"人",在道德哲学的形上视野思考生态困境的根源,需要在"类本质"的引领下对人的"自然观""科技观"与"人性观"进行重新洗礼,克服生态自然世界中潜隐的实践悖论,使生态自然世界中的伦理实体作为"道德的主体"去行动,并建构伦理实体"冲动力的合理体系",实现伦理世界与道德世界"预定的和谐",从而走向生态自然世界的"绿色和谐"之境,应当说,在应对"生态困境"的问题上,这是一场"启蒙之后的启蒙"与"觉悟之后的觉悟"。所以,通过"理论的态度"和"实践的态度"的反省以及人的"类意识"的深层觉

[①] 卢风:《人类的家园——现代文化矛盾的哲学反思》,湖南大学出版社1996年版,第347页。

醒，使现代人类能够意识到人与自然的一体相依性，并像一个人那样去行动，可能是直面"生态困境"并"拯救人类"的关键点。

地球是人类的生命家园，大自然是人类的生存之根。经过"启蒙之后的启蒙"与"觉悟之后的觉悟"的人类应当反思自身并确立起明确的危机意识，唤醒潜藏于人们内心深处的生态意识，通过具体的生态道德实践行动升华生态实践主体的精神品格与道德情操。由此，人类应当超越功利的眼光来看待自然，透过道德、宗教、艺术、审美的文化视野感受生命自然，体悟人与自然之间密切的道德生命关联和生态伦理关系，大自然的完整、稳定和美丽是人类最高的生态道德诉求，为此，人类应当珍惜生命、热爱自然，并勇于承担生态道德责任和伦理义务；以宗教虔敬的心态审视自然，通过感受大自然包孕万有、化育万物的神奇魅力，不仅能够培养对大自然的神圣情感，而且能够以"敬畏生命"的人生态度对待自然；以艺术审美的眼光感受自然，不仅能够欣赏到大自然的神奇美妙，而且能够通过对大自然的领悟产生对生命的感悟，在愉悦的精神感受中陶冶情操，通过道德实践的行动并借助"文化"的手段凸显自然之美，创造"和谐"的生态意境，从而"诗意地栖居"；以生态科学的手段把握生命自然，通过对生态自然规律的阐释消除对自然的隔膜、紧张和不安，从而更好地认知自然，以极大的生命热情追求人与自然的"共生和谐"。所以，"人不是存在者的主人，人是存在的看护者"。① 大地是"欣欣向荣的结果实者，它伸展在岩石和五湖四海中，涌现为植物和动物"。② 因而，自然并非是供人类无限开采的"原料基地"，而是具有内在生命和价值的有机生态系统，"拯救地球"，使人类走下唯我独尊的圣坛，以谦卑的心态倾听自然的"言说"，才能够正确看待人与自然的关系。"倾听自然"就要理解自然，而不是彻底征服自然，是在探明自然局部规律的基础上，顺应自然生态规律，在体认人类局限性的基础上把握自然之无限性。所以，"看护"自然的责任不

---

① ［德］海德格尔：《海德格尔选集》，孙周兴编，上海三联书店1996年版，第385页。
② 转引自宋祖良《拯救地球和人类未来》，中国社会科学出版社1993年版，第181页。

仅是"为他"的义务，更是人类"自为"的天命，人类唯有自觉地承担起保护自然的责任和义务，才能够恢复自然的完整、稳定和美丽，绽放人类生命的生机和活力，因为，"拯救地球"也是拯救"人类自身"。

环境的污染源于心灵的遮蔽，资源的枯竭源于精神的萎缩，文明的病痛源于价值观的偏差。从道德哲学的形上深层试图触动人们尘封已久的生态良知，使生态实践主体得到精神的体悟与心灵的启蒙，是本书原初的动力和良好的"初衷"，并且，人类只有首先树立了正确的生态世界观和价值观，确立了科学的生态道德认知、意志与行动理念，才能够在人与人、人与自然之间建立一种以尊重为基础的和谐关系，全球性的环境危机和生态失衡问题才有望从根本上得到解决。未来的生态文明社会应当更加关注生态实践主体内在的心性满足，重视心性的价值，关注德性的培养，强调人际关系、代际关系、种际关系以及场际关系的"生态和谐"，并把"诗意地栖居"看作共同的目标追求，人是万物之"灵"，但不是万物之"主"，人类只有对大自然心存敬畏，不再把保护环境作为一种"聪明的自利"，并努力推动"道德规律"成为"自然规律"时，自然生命系统才能够从"根基"上得到保护，人类才能够真正安全并"诗意地栖居"于大地之上。

参考文献

一 著作类

[1] [美] 霍尔姆斯·罗尔斯顿：《环境伦理学》，杨通进译，中国社会科学出版社 2000 年版。

[2] [美] 霍尔姆斯·罗尔斯顿：《哲学走向荒野》，刘耳、叶平译，吉林人民出版社 1997 年版。

[3] [美] 阿尔多·利奥波德：《沙郡年记》，吴美真译，生活·读书·新知三联书店 1999 年版。

[4] [英] 彼得·辛格：《动物解放》，孟祥森、钱永祥译，光明日报出版社 1999 年版。

[5] [法] 阿尔贝特·史怀泽：《敬畏生命》，阿泽环译，上海社会科学院出版社 1996 年版。

[6] [美] 蕾切尔·卡逊：《寂静的春天》，吕瑞兰、李长生译，吉林人民出版社 1997 年版。

[7] [美] 丹尼斯·米都斯等：《增长的极限》，吉林人民出版社 1997 年版。

[8] [美] 丹尼尔·贝尔：《资本主义文化矛盾》，赵一凡、蒲隆、任晓晋译，生活·读书·新知三联书店 1989 年版。

[9] [德] 黑格尔：《小逻辑》，商务印书馆 1980 年版。

[10] [德] 黑格尔：《精神现象学》，贺麟、王玖兴译，商务印书馆 1997 年版。

[11] ［德］黑格尔:《法哲学原理》,范扬、张企泰译,商务印书馆1979年版。

[12] ［德］黑格尔:《历史哲学》(英译者序言),王造时译,上海书店出版社2001年版。

[13] ［德］卡尔·西奥多·雅斯贝尔斯:《什么是教育》,邹进译,生活·读书·新知三联书店1991年版。

[14] ［德］康德:《纯粹理性批判》,蓝公武译,商务印书馆2003年版。

[15] ［德］康德:《实践理性批判》,韩水法译,商务印书馆2003年版。

[16] ［古希腊］亚里士多德:《尼各马可伦理学》,廖申白译,商务印书馆2004年版。

[17] ［英］亚当·斯密:《道德情操论》,蒋自强等译,商务印书馆2004年版。

[18] ［德］汉斯·萨克塞:《生态哲学》,文韬、佩云译,东方出版社1991年版。

[19] ［美］纳什:《大自然的权利》,杨通进译,青岛出版社2000年版。

[20] ［美］戴斯·贾丁斯:《环境伦理学》,北京大学出版社2002年版。

[21] ［日］岩左茂:《环境的思想》,韩立新、张桂全、刘荣华译,中央编译出版社1997年版。

[22] ［美］诺兰:《伦理学与现实生活》,华夏出版社1998年版。

[23] ［美］大卫·格里芬:《后现代精神》,中央编译出版社1998年版。

[24] ［美］腾尼斯:《共同体与社会》,商务印书馆1999年版。

[25] ［匈］卢卡奇:《历史与阶级意识——关于马克思主义辩证法的研究》,杜章智、任立、燕宏远译,商务印书馆1996年版。

[26] ［美］查伦·斯普瑞特奈克:《真实之复兴》,张妮妮译,中央编译出版社2001年版。

[27] ［美］唐纳德·沃斯特:《自然的经济体系:生态思想史》,侯文蕙译,商务印书馆1999年版。

[28] ［美］B. 康芒纳:《封闭的循环》,侯文蕙译,吉林人民出版社1997年版。

[29] [美] 詹姆斯·奥康纳：《自然的理由——生态学马克思主义研究》，唐正东、臧佩洪译，南京大学出版社2003年版。

[30] [美] 卡普拉：《转折点——科学、社会、兴起中的新文化》，冯禹等译，中国人民大学出版社1989年版。

[31] [美] 卡络琳·麦茜特：《自然之死——妇女、生态和科学革命》，吴国盛等译，吉林人民出版社1999年版。

[32] [美] 戴利等：《珍惜地球》，马杰等译，商务印书馆2001年版。

[33] [巴西] 卢岑贝格：《自然不可改良》，黄凤祝译，生活·读书·新知三联书店1999年版。

[34] [美] 凯勒特：《生命的价值——生物多样性与人类社会》，王华、王向华译，知识出版社2001年版。

[35] [英] 尼斯比特：《逝去的伊甸园——人类生存环境的状况及其变化》，郭彩丽等译，中国青年出版社2001年版。

[36] [美] 德尼·古莱：《发展伦理学》，高铦等译，社会科学文献出版社2003年版。

[37] [英] 汤因比：《人类与大地母亲》，徐波等译，上海人民出版社1992年版。

[38] [日] 岸根卓郎：《环境论——人类最终的选择》，何鉴译，南京大学出版社1999年版。

[39] [美] 莱斯特·R. 布朗：《生态经济》，林自新等译，东方出版社2002年版。

[40] [美] 加勒特·哈丁：《生活在极限之内》，戴星翼、张真译，上海译文出版社2001年版。

[41] [美] 弗朗西斯·福山：《大分裂——人类本性与社会秩序的重建》，刘榜离等译，中国社会科学出版社2002年版。

[42] [德] 施密特：《马克思自然概念》，岳长龄等译，重庆出版社1993年版。

[43] [英] 怀特海：《自然的概念》，张桂权译，中国城市出版社2002年版。

［44］［德］海德格尔：《人，诗意地安居》，郜元宝译，广西师范大学出版社2000年版。

［45］世界环境与发展委员会：《我们共同的未来》，王之佳译，吉林人民出版社1997年版。

［46］［德］弗洛姆：《人类破坏性的剖析》，孟禅林译，中央民族大学出版社2000年版。

［47］［荷兰］舒尔曼：《科技文明与人类未来》，李小兵等译，东方出版社1995年版。

［48］［奥地利］康拉德·洛伦茨：《文明人类的八大罪孽》，徐筱春译，安徽文艺出版社2000年版。

［49］［德］马克斯·韦伯：《新教伦理与资本主义精神》，于晓等译，生活·读书·新知三联书店1987年版。

［50］［英］罗素：《伦理学与政治学中的人类社会》，肖巍译，中国社会科学出版社1992年版。

［51］［德］马克斯·舍勒：《价值的颠覆》，罗梯伦等译，生活·读书·新知三联书店1997年版。

［52］［美］弗雷德里克·詹姆逊：《文化转向》，胡亚敏等译，中国社会科学出版社2000年版。

［53］［美］大卫·格里芬：《后现代科学：科学魅力的再现》，马季方译，中央编译出版社1998年版。

［54］［美］大卫·格里芬：《后现代精神》，王成兵译，中央编译出版社1998年版。

［55］［美］道格拉斯·凯尔纳等：《后现代理论》，张志斌译，中央编译出版社2001年版。

［56］［英］齐格蒙特·鲍曼：《后现代伦理学》，张成岗译，江苏人民出版社2003年版。

［57］［英］齐格蒙·鲍曼：《生活在碎片之中——论后现代道德》，郁建兴等译，学林出版社2002年版。

［58］［法］利奥塔：《后现代道德》，莫伟民等译，学林出版社2000

年版。

[59] [法] 波德里亚：《消费社会》，刘成富等译，南京大学出版社2000年版。

[60] [英] 罗宾·柯林伍德：《自然的观念》，吴国盛、柯映红译，华夏出版社1999年版。

[61] 王育殊：《科学伦理学》，南京工学院出版社1988年版。

[62] 樊浩：《中国伦理精神的历史建构》，江苏人民出版社1992年版。

[63] 樊浩：《中国伦理精神的现代建构》，江苏人民出版社1997年版。

[64] 樊浩：《伦理精神的价值生态》，中国社会科学出版社2001年版。

[65] 樊浩：《道德形而上学体系的精神哲学基础》，中国社会科学出版社2006年版。

[66] 陈爱华：《现代科学伦理精神的生长》，东南大学出版社1995年版。

[67] 陈爱华：《科学与人文的契合：科学伦理精神历史生成》，吉林人民出版社2003年版。

[68] 田海平：《西方伦理精神》，东南大学出版社1998年版。

[69] 余谋昌：《惩罚中的醒悟——走向生态伦理学》，广东教育出版社1995年版。

[70] 余谋昌：《生态学哲学》，云南人民出版社1991年版。

[71] 余谋昌：《创造美好的生态环境》，中国社会科学出版社1997年版。

[72] 余谋昌：《文化新世纪：生态文化的理论阐释》，东北林业大学出版社1996年版。

[73] 余谋昌：《全球研究及其哲学思考——"地球村"工程》，中共中央党校出版社1995年版。

[74] 余谋昌：《高科技挑战道德》，天津科学技术出版社2001年版。

[75] 余某昌、王耀先：《环境伦理学》，高等教育出版社2004年版。

[76] 邓晓芒：《黑格尔辩证法讲演录》，北京大学出版社2005年版。

[77] 邓晓芒：《邓晓芒讲黑格尔》，北京大学出版社2006年版。

［78］宋希仁：《西方伦理思想史》，中国人民大学出版社 2004 年版。

［79］万俊人：《现代西方伦理学史》（上、下），北京大学出版社 1990 年版。

［80］万俊人：《寻求普世伦理》，商务印书馆 2001 年版。

［81］万俊人：《现代性的伦理话语》，黑龙江人民出版社 2002 年版。

［82］杨通进：《走向深层的环保》，四川人民出版社 2000 年版。

［83］傅华：《生态伦理学探究》，华夏出版社 2002 年版。

［84］徐嵩龄：《环境伦理学进展：评论与阐释》，社会科学文献出版社 1999 年版。

［85］何怀宏：《生态伦理——精神资源与哲学基础》，河北大学出版社 2002 年版。

［86］雷毅：《生态伦理学》，陕西人民出版社 2000 年版。

［87］雷毅：《深层生态学思想研究》，清华大学出版社 2001 年版。

［88］刘湘溶：《生态伦理学》，湖南师范大学出版社 1992 年版。

［89］刘湘溶：《生态文明论》，湖南教育出版社 1999 年版。

［90］叶平：《生态伦理学》，东北林业大学出版社 1994 年版。

［91］林娅：《环境哲学概论》，中国政法大学出版社 2000 年版。

［92］裴广川：《环境伦理学》，高等教育出版社 2002 年版。

［93］王海明：《新伦理学》，商务印书馆 2001 年版。

［94］卢风：《人类的家园》，湖南大学出版社 1996 年版。

［95］卢风：《应用伦理学导论》，当代中国出版社 2002 年版。

［96］卢风：《人类的家园——现代文化矛盾的哲学反思》，湖南大学出版社 1998 年版。

［97］卢风：《享乐与生存——现代人的生活方式与环境保护》，广东教育出版社 2000 年版。

［98］卢风：《应用伦理学——现代生活方式的哲学反思》，中央编译出版社 2004 年版。

［99］卢风：《启蒙之后》，湖南大学出版社 2003 年版。

［100］甘绍平：《应用伦理学前沿问题研究》，江西人民出版社 2002

年版。

[101] 季羡林：《走向天人合一——〈人与自然丛书〉总序》，东北林业大学出版社1996年版。

[102] 林德宏：《东方的智慧——东方自然观与科学的发展》，江苏科学技术出版社1995年版。

[103] 张立文：《和合学——21世纪文化战略的构想》（上、下），首都师范大学出版社1995年版。

[104] 郇庆治：《绿色乌托邦——生态主义的社会哲学》，泰山出版社1998年版。

[105] 李培超：《自然的伦理尊严》，江西人民出版社2001年版。

[106] 李培超：《西方环境伦理思潮研究》，湖南师范大学出版社2003年版。

[107] 刘大椿、岩佐茂：《环境思想研究》，中国人民大学出版社1998年版。

[108] 刘大椿：《在真与善之间》，中国社会科学出版社2000年版。

[109] 刘大椿：《科学技术哲学导论》，中国人民大学出版社2000年版。

[110] 徐恒醇：《生态美学》，陕西人民教育出版社2000年版。

[111] 佘正荣：《生态智慧论》，中国社会科学出版社1996年版。

[112] 佘正荣：《中国生态伦理传统的诠释与重建》，人民出版社2002年版。

[113] 邝福光：《环境伦理学教程》，中国环境科学出版社2000年版。

[114] 王伟：《生存与发展——地球伦理学》，人民出版社1995年版。

[115] 万以诚等：《新文明的路标——人类绿色运动史上的经典文献》，吉林人民出版社2000年版。

[116] 王一方：《敬畏生命》，江苏人民出版社2000年版。

[117] 陈立民等：《环境学原理》，科学出版社2003年版。

[118] 刘国城等：《生物圈与人类社会》，人民出版社1992年版。

[119] 李德顺：《价值论》，中国人民大学出版社1997年版。

[120] 欧阳致远：《最后的毁灭——文明的自毁与补救》，人民出版社

2000年版。

[121] 李连科：《哲学价值论》，中国人民大学出版社1991年版。

[122] 孟建伟：《论科学的人文价值》，中国社会科学出版社2000年版。

[123] 郭贵春：《后现代科学哲学》，湖南教育出版社1998年版。

[124] 廖小平：《伦理的代际之维》，人民出版社2004年版。

[125] 陈昌曙：《哲学视野中的可持续发展》，中国社会科学出版社2000年版。

[126] 解保军：《马克思自然观的生态哲学意蕴》，黑龙江人民出版社2002年版。

[127] 吴国盛：《追思自然》，辽海出版社1998年版。

[128] 葛剑雄：《未来生存空间》，上海三联书店1998年版。

[129] 姜晓萍、陈昌岑：《环境社会学》，四川人民出版社2000年版。

[130] 李章印：《自然的沉沦与拯救》，中国社会科学出版社1998年版。

[131] 李鹏程：《当代文化哲学沉思》，人民出版社1994年版。

[132] 刘放桐等：《新编现代西方哲学》，人民出版社2000年版。

[133] 《马克思恩格斯选集》（第1卷），人民出版社1995年版。

[134] 《马克思恩格斯选集》（第4卷），人民出版社1995年版。

[135] 马克思：《1844年经济学—哲学手稿》，人民出版社1979年版。

二 论文类

[1] 樊浩：《道德哲学体系中的个体、集体与实体》，《道德与文明》2006年第3期。

[2] 樊浩：《伦理实体的诸形态及其内在的伦理—道德悖论》，《中国人民大学学报》2006年第6期。

[3] 樊浩：《道德世界："预定的和谐"——以黑格尔道德哲学为学术资源的研究》，《南京政治学院学报》2006年第1期。

[4] 樊浩：《伦理世界"预定的和谐"——以黑格尔〈精神现象学〉为学术资源的研究》，《哲学动态》2006年第1期。

[5] 樊浩：《伦理的实体与不道德的个体》，《学术月刊》2006年第

5 期。

[6] 樊浩:《道德形而上学体系的精神哲学形态》,《天津社会科学》2006 年第 6 期。

[7] 樊浩:《伦理感、道德感与"实践道德精神"的培育》,《教育研究》2006 年第 6 期。

[8] 樊浩:《伦理—经济冲动力的合理体系》(上),《理论与现代化》2006 年第 5 期。

[9] 樊浩:《伦理—经济冲动力的合理体系》(下),《理论与现代化》2006 年第 6 期。

[10] 樊浩:《基因技术的道德哲学革命》,《中国社会科学》2006 年第 1 期。

[11] 樊浩:《伦理—经济概念互释中的意义对话及其价值异化》,《江海学刊》2006 年第 5 期。

[12] 樊浩:《论"伦理世界观"》,《道德与文明》2005 年第 4 期。

[13] 樊浩:《从本体伦理世界观到生态伦理世界观——当代道德哲学范式的转换》,《哲学动态》2005 年第 5 期。

[14] 樊浩:《"实践理性"与"伦理精神"——基于黑格尔道德形而上学理论资源的研究》,《哲学研究》2005 年第 4 期。

[15] 樊浩:《伦理—经济生态:一种道德哲学范式的转换》,《江苏社会科学》2005 年第 4 期。

[16] 陈爱华:《德意志意识形态中人与自然关系的哲学解读》,《马克思主义研究》2006 年第 9 期。

[17] 陈爱华:《论人与自然关系的伦理之维》,《上海师范大学学报》(哲学社会科学版)2006 年第 3 期。

[18] 陈爱华:《论人与自然和谐的伦理向度》,《学海》2006 年第 3 期。

[19] 陈爱华:《高技术的伦理风险及其应对》,《伦理学研究》2006 年第 4 期。

[20] 陈爱华:《环境伦理何以可能》,《上海师范大学学报》(哲学社会科学版)2004 年第 1 期。

[21] 陈爱华:《科学与控制自然的伦理透视——莱斯科学伦理观述评》,《自然辩证法研究》2002年第4期。

[22] 田海平:《从"本体思维"到"伦理思维"——对哲学思维路向之当代性的审查》,《学习与探索》2004年第5期。

[23] 田海平:《道德哲学的伦理思维进路》,《哲学研究》2005年第11期。

[24] 田海平:《环境伦理与21世纪人类文明》,《东南大学学报》(哲学社会科学版)2004年第5期。

[25] 田海平:《环境哲学如何可能》,《江海学刊》2002年第1期。

[26] 田海平:《启蒙价值与全球化——从生活世界的观点看》,《河北学刊》2001年第1期。

[27] 董群:《中国佛教对"文明对话"的历史经验》,《中国宗教》2006年第5期。

[28] 董群:《缘起论对于佛教道德哲学的基础意义》,《道德与文明》2006年第1期。

[29] 董群:《宗教道德哲学的基本原则》,《哲学研究》2005年第11期。

[30] 曾建平:《自然之思——西方生态伦理思想探究》,《道德与文明》2002年第4期。

[31] 曹孟勤:《自然界是对象性的人——对人与自然之间伦理关系的再思考》,《南京师范大学学报》(社会科学版)2006年第1期。

[32] 李承宗:《从价值论看"生态人"的合法性》,《自然辩证法研究》2006年第9期。

[33] 瞿永玲:《关于信仰危机问题研究综述》,《伦理学研究》2004年第4期。

[34] 杨茂明:《生态危机的人性根源及其出路》,《晋阳学刊》2005年第2期。

[35] 余谋昌:《可持续发展与哲学范式的转换》,《新视野》2001年第4期。

[36] 杨通进：《环境伦理学的基本理念》，《道德与文明》2001年第1期。

[37] 刘湘溶：《论生态伦理学的利益基础》，《道德与文明》2001年第5期。

[38] 张云：《试论人类中心主义的重构方向》，《教学与研究》2004年第4期。

[39] 万俊人：《生态伦理学三题》，《新华文摘》2003年第12期。

[40] 李培超：《西方环境伦理学思潮的理论渊源》，《湖南师范大学学报》2002年第6期。

[41] 钱俊生：《生态价值观的哲学意蕴》，《自然辩证法研究》2002年第10期。

[42] 卢风：《论环境伦理学的哲学基础》，《学术界》2002年第4期。

[43] 卢风：《环境伦理如何避免"环境法西斯主义"》，《新华文摘》2003年第12期。

[44] 陈凡：《技术异化的价值观审视》，《科学技术与辩证法》2002年第3期。

[45] 王正平：《深生态学：一种新的环境价值理念》，《新华文摘》2001年第4期。

[46] 徐春：《生态文明与价值观转向》，《自然辩证法研究》2004年第4期。

[47] 冯平：《哲学的价值观转向》，《哲学动态》2002年第11期。

[48] 方世南：《生态环境与人的全面发展》，《哲学研究》2002年第2期。

[49] 费孝通：《文化论中人与自然关系的再认识》，《新华文摘》2003年第1期。

[50] 张成岗：《"现代技术范式"的生态学转向》，《清华大学学报》2003年第4期。

[51] 佘正荣：《环境伦理学的价值论依据》，《科学技术与辩证法》2002年第4期。

［52］李德顺：《当前价值观的走向》，《新华文摘》2004年第1期。

［53］孙伟平：《当代哲学中的价值论转向》，《天津社会科学》2002年第5期。

［54］龚育之：《科学与人文：从分隔走向融合》，《毛泽东邓小平理论研究》2004年第1期。

［55］唐凯麟：《新技术革命条件下人的社会责任》，《新华文摘》2004年第3期。

三　外文文献

［1］ Albert Schweitzer, *The Philosophy of Civilization* Ⅱ, London and Charles Black, 1964.

［2］ P. W. Taylor, *Respect for Nature*, Princeton University Press, 1986.

［3］ Max Oelschlageger, *Postmodern Environmental Ethics*, State University of New York Press, 1995.

［4］ P. Singer, *Animal Liberation：A New Ethics for Our Treatment of Animals 2d ed.* N. Y., 1990.

［5］ Jurgen Habermas, *Justification and Application, Remarks on Discourse Ethics*, Polity Press, 1993.

［6］ Manuel Velasquez, *Ethics：Theory and Practice*, Prentice-Hall, Inc., 1985.

［7］ R. F. Nash, *The Right of Nature：A History of Environmental Ethics*, University of Wisconsin Press, 1989.

［8］ A. Macintyre, *After Value*, University of Notre Dame Press, 1981.

［9］ Odum, E. P., *Man's Impact on The Global Environment*, The MTT Press, Mass, 1970.

［10］ Pierce, C. and VanDeVeer, D., eds., *People, Penguins and Plastic Trees：Basic Issues in Environmental Ethics*, Wadsworth Publishing Co., 1995.

［11］ Pojman, L. P., ed., *Environmental Ethics：Readings in Theory and*

Application, Jones and Bartlett Publishers, 1994.

[12] Armstrong, S. and Botzler, R., eds., *Environmental Ethics: Divergence and Convergence*, New York: McGraw-Hill, 1993.

[13] Rolston, H., *Environmental Ethics: Duties to and Values in Natural World*, Temple University Press, 1988.

[14] Sterba, J. P., ed., *Earth Ethics: Environmental Ethics, Animal Rights, and Practcal Applications*, Englewood Cliffs: Prentice-Hall, 1995.

[15] Taylor, P., *Respect for Nature: A Theory of Environmental Ethics*, Princeton University Press, 1986.

[16] Zimmerman, M. E., et al., *Environmental Philosophy: From AnimalRights to Radical Ecology*, Englewood Cliffs: Prentice-Hall, 1993.

[17] Elise Boulding, *Building a Global Civic Culture*, Syracuse University Press Edition, 1990.

[18] Archie J. Bahm, *Why be Moral?* (second edition), World Books, 1992.

[19] Langford, Peter, *Modern Philosophies of Human Nature*, Martinus Nijhoff Publishers, Dordercht, 1986.

[20] Don Ihde, *Technology and Life World: From Garden to Earth*, Indiana University Press, Blooming and Indianapolis, 1991.

[21] David Rothenberg, *Hand's End: Technology and the Limits of Nature*, University of California Press, Berkeley, Los Angeles, London, 1993.

[22] Mary Tiles and Hans Oberdiek, *Living in a Technological Culture: Human Tools and Human Values*, Routledge, London and New York, 1995.

[23] Bryan G. Norton, "Environmental Ethics and Weak Anthropocentrism", *Environmental Ethics*, Vol. 6, No. 2, 1984.

[24] John Passmore, *Man's Responsibility for Nature*, London:

Duckworth, 1974.

[25] W. H. Murdy, "Anthropocentrism: A Modern View", in *Environmental Ethics: Divergence and Convergence*, 1993.

[26] J. R. Desjardins, *Environmental Ethics: An Introduction to Environmental Phylosophy*, Wadsworth Publishing Co., 1992.

后　　记

16年前，当我第一次踏上六朝古都南京这座沧桑、厚重的城市的土地，便开始与东南大学这所历史悠久的百年学府结缘，远离家乡、异地求学本是艰辛的"漂泊"，但是，在宁读书六载、工作十年，又似一次精神的寻"根"和心灵的归"家"。16年的学术探寻与坚守，让我经过了一番艰辛的"学术洗礼"，步入了人生的"不惑"之年。16年的攀登磨砺，甘苦自知；16年的奋斗耕耘，利钝人评。

这部著作是在博士学位论文的基础上修订完成的，当为这部融入了心血和汗水的习作画上最后一个句点时，没有特别的喜悦，更没有如释重负般的解脱。理性的滥觞、利欲的膨胀到处充斥的现代社会，人类如何正确运用自己的"灵性"摆正自己在自然中所处的位置，实现人与自然关系的真正和解？或许，我们应当在沉静中学会"敬畏"。整个自然生命系统数十亿年来一直在自然而然地"寻求"优秀和卓越，经过它的无数尝试和进化，最终产生了人类和人的意识与灵性这一地球上最美丽的"花朵"。所以，我们应当"敬畏"，敬畏孕育了生命的浩瀚无垠的宇宙天地，敬畏天籁之音的美妙神奇，敬畏无论是贫穷或富有、高贵或卑贱的人生，敬畏生活赐予的人生磨砺……正如罗尔斯顿所言，我们正要因此而感谢整个生态系统，就像花儿和果实感谢整棵树、感谢整个大地，因而，我们在敬畏中应当学会"感恩"。

在书稿即将付梓之际，首先要感谢我的博士导师樊和平教授，读博期间，我的每一点思维进展，每一步匍匐前行，都融入了先生博大之爱的浸润和独特智慧之光的烛照,几年"炼狱"般的学术磨砺成为今生最为宝贵的人生"财富",它让我感受到伦理学亲和的魅力和思辨哲学睿智的光芒,并一步步走进神圣的学术殿堂。我对书稿选题的正视和思考正是得益于先生的点拨、批评和指正,从资料准备到谋篇布局及至遣词用句,数番讨论、数次更易,字字凝聚着先生的心血、耗费着先生的辛劳。每次与先生一起谈论文,哪怕时间短暂,也能够从他平易的谈话中获得心灵的启迪和思想的洗礼,并不止一次折服于先生广袤开阔的学术视野、无可挑剔的逻辑思维与严谨负责的学术品格。先生身上那种圆融通达的人生境界、虚怀若谷的学术襟怀、平淡如水的哲学智慧与睿智博大的人格魅力使我铭记于心,并终生受益,先生发自内心深处对后学慈爱的至情期待让我在今后的生活和学术道路上不敢懈怠。

感谢对我进行学术启蒙的硕士导师陈爱华教授,陈教授是我学术研究的领路人,一路走来,我成长的每一点进步,无不渗透着陈教授对我的扶持、鼓励和鞭策之"恩",陈教授严谨细致的治学态度和求实高尚的人格风范激励着我在学术这条道路上奋勇攀爬,感谢您,恩师!此外,还要感谢学术团队中的其他诸位老师:王珏老师、田海平老师、董群老师、孙慕义老师、许建良老师、徐嘉老师等,感谢各位老师在课内、课外,在学习、生活等方面所给予的莫大鼓励和帮助;感谢文稿所参考和借鉴研究成果的诸位作者;感谢给予我真诚友谊和智慧的同窗好友,无数次思想的碰撞和交流,化为思维脉动的源头活水,感谢你们,亲爱的同学!工作以来,王国聘教授给予晚辈后学的倾力扶持和春风化雨般的点拨与帮助,曹顺仙教授、孙建华教授、王全权教授、刘海龙教授给予我教学、科研上亦师亦友的关怀,同事郭兆红、胡华强、薛桂波、窦立春、梁苗、乔永平、朱美芬等给予我生活上的关爱和学术研讨的"共鸣",南京林业大学浓厚的科研氛围和各级领导的督促推进,在此一并表示感谢!在文稿出版的后期工作中,东南大学的许敏教授和中国社会科学出版社张林主任给予了耐心细致的指导和帮助,在此一并表示衷心的感谢!

感谢给予我精神支撑和前行动力的父母亲人,多年来的求学生涯离不开他们的鼓励和支持,他们对我无私的爱和默默的关注是我成长最好的注脚,谨以此书献给我的父母至爱;感谢与我携手相伴、互相支撑的家人,善解人意的公婆、宽厚仁爱的丈夫和懂事可爱的女儿,他们为我清苦忙碌的生活平添了几分色彩,他们的理解、宽容和豁达给了我宁静生活的港湾,他们的信任、支持和激励使我获得坚守和前行的"伦理动力",从而能够在道德形而上的世界中尽情遨游。

牛庆燕

2018 年 12 月于宁樱驼山庄